ALEMÃO
VOCABULÁRIO

PALAVRAS MAIS ÚTEIS

PORTUGUÊS
ALEMÃO

Para alargar o seu léxico e apurar
as suas competências linguísticas

7000 palavras

Vocabulário Português-Alemão - 7000 palavras

Por Andrey Taranov

Os vocabulários da T&P Books destinam-se a ajudar a aprender, a memorizar, e a rever palavras estrangeiras. O dicionário é dividido em temas, cobrindo todas as principais esferas de atividades quotidianas, negócios, ciência, cultura, etc.

O processo de aprendizagem, utilizando os dicionários baseados em temáticas da T&P Books dá-lhe as seguintes vantagens:

- Informação de origem corretamente agrupada predetermina o sucesso em fases subsequentes da memorização de palavras
- Disponibilização de palavras derivadas da mesma raiz, o que permite a memorização de unidades de texto (em vez de palavras separadas)
- Pequenas unidades de palavras facilitam o processo de estabelecimento de vínculos associativos necessários para a consolidação do vocabulário
- O nível de conhecimento da língua pode ser estimado pelo número de palavras aprendidas

T&P Books Publishing
www.tpbooks.com

ISBN: 978-1-78400-892-5

Este livro também está disponível em formato E-book.
Por favor visite www.tpbooks.com ou as principais livrarias on-line.

VOCABULÁRIO ALEMÃO
palavras mais úteis

Os vocabulários da T&P Books destinam-se a ajudar a aprender, a memorizar, e a rever palavras estrangeiras. O vocabulário contém mais de 7000 palavras de uso comum organizadas tematicamente.

O vocabulário contém as palavras mais comummente usadas
Recomendado como adicional para qualquer curso de línguas
Satisfaz as necessidades dos iniciados e dos alunos avançados de línguas estrangeiras
Conveniente para o uso diário, sessões de revisão e atividades de auto-teste
Permite avaliar o seu vocabulário

Características especias do vocabulário

• As palavras estão organizadas de acordo com o seu significado, e não por ordem alfabética
• As palavras são apresentadas em três colunas para facilitar os processos de revisão e auto-teste
• As palavras compostas são divididas em pequenos blocos para facilitar o processo de aprendizagem
• O vocabulário oferece uma transcrição simples e adequada de cada palavra estrangeira

O vocabulário contém 198 tópicos incluindo:

Conceitos básicos, Números, Cores, Meses, Estações do ano, Unidades de medida, Roupas & Acessórios, Alimentos & Nutrição, Restaurante, Membros da Família, Parentes, Caráter, Sentimentos, Emoções, Doenças, Cidade, Passeios, Compras, Dinheiro, Casa, Lar, Escritório, Trabalho no Escritório, Importação & Exportação, Marketing, Pesquisa de Emprego, Desportos, Educação, Computador, Internet, Ferramentas, Natureza, Países, Nacionalidades e muito mais ...

TABELA DE CONTEÚDOS

GUIA DE PRONUNCIAÇÃO

Alfabeto fonético T&P	Exemplo Alemão	Exemplo Português

Vogais

[a]	Blatt	chamar
[ɐ]	Meister	amar
[e]	Melodie	metal
[ɛ]	Herbst	mesquita
[ə]	Leuchte	milagre
[ɔ]	Knopf	emboço
[o]	Operette	lobo
[œ]	Förster	orgulhoso
[ø]	nötig	orgulhoso
[æ]	Los Angeles	semana
[i]	Spiel	sinónimo
[ɪ]	Absicht	sinónimo
[ʊ]	Skulptur	bonita
[u]	Student	bonita
[y]	Pyramide	questionar
[ʏ]	Eukalyptus	questionar

Consoantes

[b]	Bibel	barril
[d]	Dorf	dentista
[f]	Elefant	safári
[ʒ]	Ingenieur	talvez
[dʒ]	Jeans	adjetivo
[j]	Interview	géiser
[g]	August	gosto
[h]	Haare	[h] aspirada
[ç]	glücklich	caixa
[x]	Kochtopf	fricativa uvular surda
[k]	Kaiser	kiwi
[l]	Verlag	libra
[m]	Messer	magnólia
[n]	Norden	natureza
[ŋ]	Onkel	alcançar
[p]	Gespräch	presente

Alfabeto fonético T&P	Exemplo Alemão	Exemplo Português
[r]	Force majeure	riscar
[ʁ]	Kirche	[r] vibrante
[R]	fragen	[r] vibrante
[s]	Fenster	sanita
[t]	Foto	tulipa
[ts]	Gesetz	tsé-tsé
[ʃ]	Anschlag	mês
[tʃ]	Deutsche	Tchau!
[w]	Sweater	página web
[v]	Antwort	fava
[z]	langsam	sésamo

Ditongos

[aɪ]	Speicher	cereais
[ɪa]	Miniatur	Himalaias
[ɪo]	Radio	ioga
[jo]	Illustration	ioga
[ɔɪ]	feucht	moita
[ɪe]	Karriere	folheto

Símbolos adicionais

[']	['aːbə]	acento principal
[ˌ]	['dɛŋkˌmaːl]	acento secundário
[ʔ]	[oˈliːvənˌʔøːl]	oclusiva glotal
[ː]	['myːlə]	som de longa duração
[·]	['RaɪzəˈbyˌRoː]	ponto mediano

11

ABREVIATURAS
usadas no vocabulário

Abreviaturas do Português

adj	-	adjetivo
adv	-	advérbio
anim.	-	animado
conj.	-	conjunção
desp.	-	desporto
etc.	-	etecetra
ex.	-	por exemplo
f	-	nome feminino
f pl	-	feminino plural
fem.	-	feminino
inanim.	-	inanimado
m	-	nome masculino
m pl	-	masculino plural
m, f	-	masculino, feminino
masc.	-	masculino
mat.	-	matemática
mil.	-	militar
pl	-	plural
prep.	-	preposição
pron.	-	pronome
sb.	-	sobre
sing.	-	singular
v aux	-	verbo auxiliar
vi	-	verbo intransitivo
vi, vt	-	verbo intransitivo, transitivo
vr	-	verbo reflexivo
vt	-	verbo transitivo

Abreviaturas do Alemão

f	-	nome feminino
f pl	-	feminino plural
f, n	-	feminino, neutro
m	-	nome masculino
m pl	-	masculino plural
m, f	-	masculino, feminino
m, n	-	masculino, neutro
n	-	neutro

n pl	-	neutro plural
pl	-	plural
v mod	-	verbo modal
vi	-	verbo intransitivo
vi, vt	-	verbo intransitivo, transitivo
vt	-	verbo transitivo

CONCEITOS BÁSICOS

Conceitos básicos. Parte 1

1. Pronomes

eu	ich	[ɪç]
tu	du	[duː]
ele	er	[eːɐ]
ela	sie	[ziː]
ele, ela (neutro)	es	[ɛs]
nós	wir	[viːɐ]
vocês	ihr	[iːɐ]
você (sing.)	Sie	[ziː]
você (pl)	Sie	[ziː]
eles, elas	sie	[ziː]

2. Cumprimentos. Saudações. Despedidas

Olá!	Hallo!	[haˈloː]
Bom dia! (formal)	Hallo!	[haˈloː]
Bom dia! (de manhã)	Guten Morgen!	[ˈguːtən ˈmɔʁgən]
Boa tarde!	Guten Tag!	[ˈguːtən ˈtaːk]
Boa noite!	Guten Abend!	[ˈguːtən ˈaːbənt]
cumprimentar (vt)	grüßen (vi, vt)	[ˈgʁyːsən]
Olá!	Hallo!	[haˈloː]
saudação (f)	Gruß (m)	[gʁuːs]
saudar (vt)	begrüßen (vt)	[bəˈgʁyːsən]
Como vai?	Wie geht's?	[ˌviː ˈgeːts]
O que há de novo?	Was gibt es Neues?	[vas giːpt ɛs ˈnɔɪəs]
Até à vista!	Auf Wiedersehen!	[aʊf ˈviːdɐˌzeːən]
Até breve!	Bis bald!	[bɪs balt]
Adeus! (sing.)	Lebe wohl!	[ˈleːbə voːl]
Adeus! (pl)	Leben Sie wohl!	[ˈleːbən ziː voːl]
despedir-se (vr)	sich verabschieden	[zɪç fɛɐˈapʃiːdən]
Até logo!	Tschüs!	[tʃyːs]
Obrigado! -a!	Danke!	[ˈdaŋkə]
Muito obrigado! -a!	Dankeschön!	[ˈdaŋkəʃøːn]
De nada	Bitte!	[ˈbɪtə]
Não tem de quê	Keine Ursache!	[ˈkaɪnə ˈuːɐˌzaχə]
De nada	Nichts zu danken!	[nɪçts tsu ˈdaŋkən]
Desculpa!	Entschuldige!	[ɛntˈʃʊldɪgə]

| Desculpe! | Entschuldigung! | [ɛnt'ʃʊldɪgʊŋ] |
| desculpar (vt) | entschuldigen (vt) | [ɛnt'ʃʊldɪgən] |

desculpar-se (vr)	sich entschuldigen	[zɪç ɛnt'ʃʊldɪgən]
As minhas desculpas	Verzeihung!	[fɛɐ'tsaɪʊŋ]
Desculpe!	Entschuldigung!	[ɛnt'ʃʊldɪgʊŋ]
perdoar (vt)	verzeihen (vt)	[fɛɐ'tsaɪən]
Não faz mal	Das macht nichts!	[das maxt nɪçts]
por favor	bitte	['bɪtə]

Não se esqueça!	Nicht vergessen!	[nɪçt fɛɐ'gɛsən]
Certamente! Claro!	Natürlich!	[na'ty:ɐlɪç]
Claro que não!	Natürlich nicht!	[na'ty:ɐlɪç 'nɪçt]
Está bem! De acordo!	Gut! Okay!	[gu:t], [o'ke:]
Basta!	Es ist genug!	[ɛs ist gə'nu:k]

3. Números cardinais. Parte 1

zero	null	[nʊl]
um	eins	[aɪns]
dois	zwei	[tsvaɪ]
três	drei	[dRaɪ]
quatro	vier	[fi:ɐ]

cinco	fünf	[fʏnf]
seis	sechs	[zɛks]
sete	sieben	['zi:bən]
oito	acht	[axt]
nove	neun	[nɔɪn]

dez	zehn	[tse:n]
onze	elf	[ɛlf]
doze	zwölf	[tsvœlf]
treze	dreizehn	['dRaɪtse:n]
catorze	vierzehn	['fɪʁtse:n]

quinze	fünfzehn	['fʏnftse:n]
dezasseis	sechzehn	['zɛçtse:n]
dezassete	siebzehn	['zi:ptse:n]
dezoito	achtzehn	['axtse:n]
dezanove	neunzehn	['nɔɪntse:n]

vinte	zwanzig	['tsvantsɪç]
vinte e um	einundzwanzig	['aɪn·ʊnt·'tsvantsɪç]
vinte e dois	zweiundzwanzig	['tsvaɪ·ʊnt·'tsvantsɪç]
vinte e três	dreiundzwanzig	['dRaɪ·ʊnt·'tsvantsɪç]

trinta	dreißig	['dRaɪsɪç]
trinta e um	einunddreißig	['aɪn·ʊnt·'dRaɪsɪç]
trinta e dois	zweiunddreißig	['tsvaɪ·ʊnt·'dRaɪsɪç]
trinta e três	dreiunddreißig	['dRaɪ·ʊnt·'dRaɪsɪç]

| quarenta | vierzig | ['fɪʁtsɪç] |
| quarenta e um | einundvierzig | ['aɪn·ʊnt·'fɪʁtsɪç] |

| quarenta e dois | zweiundvierzig | ['tsvaɪ·ʊnt·'fɪʁtsɪç] |
| quarenta e três | dreiundvierzig | ['dʀaɪ·ʊnt·'fɪʁtsɪç] |

cinquenta	fünfzig	['fʏnftsɪç]
cinquenta e um	einundfünfzig	['aɪn·ʊnt·'fʏnftsɪç]
cinquenta e dois	zweiundfünfzig	['tsvaɪ·ʊnt·'fʏnftsɪç]
cinquenta e três	dreiundfünfzig	['dʀaɪ·ʊnt·'fʏnftsɪç]

sessenta	sechzig	['zɛçtsɪç]
sessenta e um	einundsechzig	['aɪn·ʊnt·'zɛçtsɪç]
sessenta e dois	zweiundsechzig	['tsvaɪ·ʊnt·'zɛçtsɪç]
sessenta e três	dreiundsechzig	['dʀaɪ·ʊnt·'zɛçtsɪç]

setenta	siebzig	['ziːptsɪç]
setenta e um	einundsiebzig	['aɪn·ʊnt·'ziːptsɪç]
setenta e dois	zweiundsiebzig	['tsvaɪ·ʊnt·'ziːptsɪç]
setenta e três	dreiundsiebzig	['dʀaɪ·ʊnt·'ziːptsɪç]

oitenta	achtzig	['aχtsɪç]
oitenta e um	einundachtzig	['aɪn·ʊnt·'aχtsɪç]
oitenta e dois	zweiundachtzig	['tsvaɪ·ʊnt·'aχtsɪç]
oitenta e três	dreiundachtzig	['dʀaɪ·ʊnt·'aχtsɪç]

noventa	neunzig	['nɔɪntsɪç]
noventa e um	einundneunzig	['aɪn·ʊnt·'nɔɪntsɪç]
noventa e dois	zweiundneunzig	['tsvaɪ·ʊnt·'nɔɪntsɪç]
noventa e três	dreiundneunzig	['dʀaɪ·ʊnt·'nɔɪntsɪç]

4. Números cardinais. Parte 2

cem	einhundert	['aɪn‚hʊndət]
duzentos	zweihundert	['tsvaɪ‚hʊndət]
trezentos	dreihundert	['dʀaɪ‚hʊndət]
quatrocentos	vierhundert	['fiːɐ‚hʊndət]
quinhentos	fünfhundert	['fʏnf‚hʊndət]
seiscentos	sechshundert	[zɛks‚hʊndət]
setecentos	siebenhundert	['ziːbən‚hʊndət]
oitocentos	achthundert	['aχt‚hʊndət]
novecentos	neunhundert	['nɔɪn‚hʊndət]

mil	eintausend	['aɪn‚tauzənt]
dois mil	zweitausend	['tsvaɪ‚tauzənt]
três mil	dreitausend	['dʀaɪ‚tauzənt]
dez mil	zehntausend	['tsen‚tauzənt]
cem mil	hunderttausend	['hʊndət‚tauzənt]
um milhão	Million (f)	[mɪ'ljoːn]
mil milhões	Milliarde (f)	[mɪ'lɪaʁdə]

5. Números. Frações

| fração (f) | Bruch (m) | [bʀʊχ] |
| um meio | Hälfte (f) | ['hɛlftə] |

| um terço | Drittel (n) | ['dʀɪtəl] |
| um quarto | Viertel (n) | ['fɪʁtəl] |

um oitavo	Achtel (m, n)	['aχtəl]
um décimo	Zehntel (m, n)	['tse:ntəl]
dois terços	zwei Drittel	[tsvaɪ 'dʀɪtəl]
três quartos	drei Viertel	[dʀaɪ 'fɪʁtəl]

6. Números. Operações básicas

subtração (f)	Subtraktion (f)	[zʊptʀak'tsjo:n]
subtrair (vi, vt)	subtrahieren (vt)	[zʊptʀa'hi:ʀən]
divisão (f)	Division (f)	[divi'zjo:n]
dividir (vt)	dividieren (vt)	[divi'di:ʀən]

adição (f)	Addition (f)	[adi'tsjo:n]
somar (vt)	addieren (vt)	[a'di:ʀən]
adicionar (vt)	hinzufügen (vt)	[hɪn'tsu:ˌfy:gən]
multiplicação (f)	Multiplikation (f)	[mʊltiplika'tsjo:n]
multiplicar (vt)	multiplizieren (vt)	[mʊltipli'tsi:ʀən]

7. Números. Diversos

algarismo, dígito (m)	Ziffer (f)	['tsɪfɐ]
número (m)	Zahl (f)	[tsa:l]
numeral (m)	Zahlwort (n)	['tsa:lˌvɔʁt]
menos (m)	Minus (n)	['mi:nʊs]
mais (m)	Plus (n)	[plʊs]
fórmula (f)	Formel (f)	['fɔʁməl]

cálculo (m)	Berechnung (f)	[bə'ʀɛçnʊŋ]
contar (vt)	zählen (vt)	['tsɛ:lən]
calcular (vt)	berechnen (vt)	[bə'ʀɛçnən]
comparar (vt)	vergleichen (vt)	[fɛʁ'glaɪçən]

| Quanto? | Wie viel? | ['vi: fi:l] |
| Quantos? -as? | Wie viele? | [vi: 'fi:lə] |

soma (f)	Summe (f)	['zʊmə]
resultado (m)	Ergebnis (n)	[ɛʁ'ge:pnɪs]
resto (m)	Rest (m)	[ʀɛst]

alguns, algumas …	einige	['aɪnɪgə]
um pouco de …	wenig …	['ve:nɪç]
resto (m)	Übrige (n)	['y:bʀɪgə]
um e meio	anderthalb	['andɐt'halp]
dúzia (f)	Dutzend (n)	['dʊtsənt]

ao meio	entzwei	[ɛn'tsvaɪ]
em partes iguais	zu gleichen Teilen	[tsu 'glaɪçən 'taɪlən]
metade (f)	Hälfte (f)	['hɛlftə]
vez (f)	Mal (n)	[ma:l]

8. Os verbos mais importantes. Parte 1

abrir (vt)	öffnen (vt)	['œfnən]
acabar, terminar (vt)	beenden (vt)	[bə'ʔɛndən]
aconselhar (vt)	raten (vt)	['ʀaːtən]
adivinhar (vt)	richtig raten (vt)	['ʀɪçtɪç 'ʀaːtən]
advertir (vt)	warnen (vt)	['vaʀnən]

ajudar (vt)	helfen (vi)	['hɛlfən]
almoçar (vi)	zu Mittag essen	[tsu 'mɪtaːk 'ɛsən]
alugar (~ um apartamento)	mieten (vt)	['miːtən]
amar (vt)	lieben (vt)	['liːbən]
ameaçar (vt)	drohen (vi)	['dʀoːən]

anotar (escrever)	aufschreiben (vt)	['aʊfʃʀaɪbən]
apanhar (vt)	fangen (vt)	['faŋən]
apressar-se (vr)	sich beeilen	[zɪç bə'ʔaɪlən]
arrepender-se (vr)	bedauern (vt)	[bə'daʊɐn]
assinar (vt)	unterschreiben (vt)	[ˌʊntɐ'ʃʀaɪbən]
atirar, disparar (vi)	schießen (vi)	['ʃiːsən]
brincar (vi)	Witz machen	[vɪts 'maxən]
brincar, jogar (crianças)	spielen (vi, vt)	['ʃpiːlən]
buscar (vt)	suchen (vt)	['zuːxən]
caçar (vi)	jagen (vi)	['jaɡən]

cair (vi)	fallen (vi)	['falən]
cavar (vt)	graben (vt)	['ɡʀaːbən]
cessar (vt)	einstellen (vt)	['aɪnˌʃtɛlən]
chamar (~ por socorro)	rufen (vi)	['ʀuːfən]
chegar (vi)	ankommen (vi)	['anˌkɔmən]
chorar (vi)	weinen (vi)	['vaɪnən]
começar (vt)	beginnen (vt)	[bə'ɡɪnən]
comparar (vt)	vergleichen (vt)	[fɛɐ'ɡlaɪçən]
compreender (vt)	verstehen (vt)	[fɛɐ'ʃteːən]
concordar (vi)	zustimmen (vi)	['tsuːˌʃtɪmən]
confiar (vt)	vertrauen (vi)	[fɛɐ'tʀaʊən]

confundir (equivocar-se)	verwechseln (vt)	[fɛɐ'vɛksəln]
conhecer (vt)	kennen (vt)	['kɛnən]
contar (fazer contas)	rechnen (vt)	['ʀɛçnən]
contar com (esperar)	auf ... zählen	[aʊf ... 'tsɛːlən]
continuar (vt)	fortsetzen (vt)	['fɔʀtˌzɛtsən]

controlar (vt)	kontrollieren (vt)	[kɔntʀɔ'liːʀən]
convidar (vt)	einladen (vt)	['aɪnˌlaːdən]
correr (vi)	laufen (vi)	['laʊfən]
criar (vt)	schaffen (vt)	['ʃafən]
custar (vt)	kosten (vt)	['kɔstən]

9. Os verbos mais importantes. Parte 2

| dar (vt) | geben (vt) | ['ɡeːbən] |
| dar uma dica | andeuten (vt) | ['anˌdɔɪtən] |

decorar (enfeitar)	schmücken (vt)	[ˈʃmʏkən]
defender (vt)	verteidigen (vt)	[fɛɐˈtaɪdɪgən]
deixar cair (vt)	fallen lassen	[ˈfalən ˈlasən]

descer (para baixo)	herabsteigen (vi)	[hɛˈʀapʃtaɪgən]
desculpar-se (vr)	sich entschuldigen	[zɪç ɛntˈʃʊldɪgən]
dirigir (~ uma empresa)	leiten (vt)	[ˈlaɪtən]
discutir (notícias, etc.)	besprechen (vt)	[bəˈʃpʀɛçən]
dizer (vt)	sagen (vt)	[ˈzaːgən]

duvidar (vt)	zweifeln (vi)	[ˈtsvaɪfəln]
encontrar (achar)	finden (vt)	[ˈfɪndən]
enganar (vt)	täuschen (vt)	[ˈtɔɪʃən]
entrar (na sala, etc.)	hereinkommen (vi)	[hɛˈʀaɪnˌkɔmən]
enviar (uma carta)	abschicken (vt)	[ˈapʃɪkən]

errar (equivocar-se)	sich irren	[zɪç ˈɪʀən]
escolher (vt)	wählen (vt)	[ˈvɛːlən]
esconder (vt)	verstecken (vt)	[fɛɐˈʃtɛkən]
escrever (vt)	schreiben (vi, vt)	[ˈʃʀaɪbən]
esperar (o autocarro, etc.)	warten (vi)	[ˈvaʁtən]

esperar (ter esperança)	hoffen (vi)	[ˈhɔfən]
esquecer (vt)	vergessen (vt)	[fɛɐˈgɛsən]
estudar (vt)	lernen (vi)	[ˈlɛʁnən]
exigir (vt)	verlangen (vt)	[fɛɐˈlaŋən]
existir (vi)	existieren (vi)	[ˌɛksɪsˈtiːʀən]

explicar (vt)	erklären (vt)	[ɛɐˈklɛːʀən]
falar (vi)	sprechen (vi)	[ˈʃpʀɛçən]
faltar (clases, etc.)	versäumen (vt)	[fɛɐˈzɔɪmən]
fazer (vt)	machen (vt)	[ˈmaχən]
ficar em silêncio	schweigen (vi)	[ˈʃvaɪgən]
gabar-se, jactar-se (vr)	prahlen (vi)	[ˈpʀaːlən]

gostar (apreciar)	gefallen (vi)	[gəˈfalən]
gritar (vi)	schreien (vi)	[ˈʃʀaɪən]
guardar (cartas, etc.)	aufbewahren (vt)	[ˈaʊfbəˌvaːʀən]
informar (vt)	informieren (vt)	[ɪnfɔʁˈmiːʀən]
insistir (vi)	bestehen auf	[bəˈʃteːən aʊf]

insultar (vt)	kränken (vt)	[ˈkʀɛŋkən]
interessar-se (vr)	sich interessieren	[zɪç ɪntəʀɛˈsiːʀən]
ir (a pé)	gehen (vi)	[ˈgeːən]
ir nadar	schwimmen gehen	[ˈʃvɪmən ˈgeːən]
jantar (vi)	zu Abend essen	[tsu ˈaːbənt ˈɛsən]

10. Os verbos mais importantes. Parte 3

ler (vt)	lesen (vi, vt)	[ˈleːzən]
libertar (cidade, etc.)	befreien (vt)	[bəˈfʀaɪən]
matar (vt)	ermorden (vt)	[ɛɐˈmɔʁdən]
mencionar (vt)	erwähnen (vt)	[ɛɐˈvɛːnən]
mostrar (vt)	zeigen (vt)	[ˈtsaɪgən]

mudar (modificar)	ändern (vt)	['ɛndɐn]
nadar (vi)	schwimmen (vi)	['ʃvɪmən]
negar-se (vt)	sich weigern	[zɪç 'vaɪgɐn]
objetar (vt)	einwenden (vt)	['aɪn‚vɛndən]

observar (vt)	beobachten (vt)	[bə'ʔoːbaχtən]
ordenar (mil.)	befehlen (vt)	[‚bə'feːlən]
ouvir (vt)	hören (vt)	['høːʀən]
pagar (vt)	zahlen (vt)	['tsaːlən]
parar (vi)	stoppen (vt)	['ʃtɔpən]

participar (vi)	teilnehmen (vi)	['taɪl‚neːmən]
pedir (comida)	bestellen (vt)	[bə'ʃtɛlən]
pedir (um favor, etc.)	bitten (vt)	['bɪtən]
pegar (tomar)	nehmen (vt)	['neːmən]
pensar (vt)	denken (vi, vt)	['dɛŋkən]

perceber (ver)	bemerken (vt)	[bə'mɛʀkən]
perdoar (vt)	verzeihen (vt)	[fɛɛ'tsaɪən]
perguntar (vt)	fragen (vt)	['fʀaːgən]
permitir (vt)	erlauben (vt)	[ɛɛ'laʊbən]
pertencer (vt)	gehören (vi)	[gə'høːʀən]

planear (vt)	planen (vt)	['plaːnən]
poder (vi)	können (v mod)	['kœnən]
possuir (vt)	besitzen (vt)	[bə'zɪtsən]
preferir (vt)	vorziehen (vt)	['foɐ‚tsiːən]
preparar (vt)	zubereiten (vt)	['tsuːbə‚ʀaɪtən]

prever (vt)	voraussehen (vt)	[fo'ʀaʊs‚zeːən]
prometer (vt)	versprechen (vt)	[fɛɛ'ʃpʀɛçən]
pronunciar (vt)	aussprechen (vt)	['aʊsʃpʀɛçən]
propor (vt)	vorschlagen (vt)	['foːɐ‚ʃlaːgən]
punir (castigar)	bestrafen (vt)	[bə'ʃtʀaːfən]

11. Os verbos mais importantes. Parte 4

quebrar (vt)	brechen (vt)	['bʀɛçən]
queixar-se (vr)	klagen (vi)	['klaːgən]
querer (desejar)	wollen (vt)	['vɔlən]
recomendar (vt)	empfehlen (vt)	[ɛm'pfeːlən]
repetir (dizer outra vez)	noch einmal sagen	[nɔχ 'aɪnmaːl 'zaːgən]

repreender (vt)	schelten (vt)	['ʃɛltən]
reservar (~ um quarto)	reservieren (vt)	[ʀɛzɛʀ'viːʀən]
responder (vt)	antworten (vi)	['ant‚vɔʀtən]
rezar, orar (vi)	beten (vi)	['beːtən]
rir (vi)	lachen (vi)	['laχən]

roubar (vt)	stehlen (vt)	['ʃteːlən]
saber (vt)	wissen (vt)	['vɪsən]
sair (~ de casa)	ausgehen (vi)	['aʊs‚geːən]
salvar (vt)	retten (vt)	['ʀɛtən]
seguir ...	folgen (vi)	['fɔlgən]

sentar-se (vr)	sich setzen	[zɪç 'zɛtsən]
ser necessário	nötig sein	['nøːtɪç zaɪn]
ser, estar	sein (vi)	[zaɪn]
significar (vt)	bedeuten (vt)	[bə'dɔɪtən]

sorrir (vi)	lächeln (vi)	['lɛçəln]
subestimar (vt)	unterschätzen (vt)	[ˌʊntɐ'ʃɛtsən]
surpreender-se (vr)	staunen (vi)	['ʃtaunən]
tentar (vt)	versuchen (vt)	[fɛɐ'zuːχən]

ter (vt)	haben (vt)	[haːbən]
ter fome	hungrig sein	['hʊŋʀɪç zaɪn]
ter medo	Angst haben	['aŋst 'haːbən]
ter sede	Durst haben	['dʊʁst 'haːbən]

tocar (com as mãos)	berühren (vt)	[bə'ʀyːʀən]
tomar o pequeno-almoço	frühstücken (vi)	['fʀyːʃtʏkən]
trabalhar (vi)	arbeiten (vi)	['aʁbaɪtən]
traduzir (vt)	übersetzen (vt)	[ˌyːbɐ'zɛtsən]
unir (vt)	vereinigen (vt)	[fɛɐ'ʔaɪnɪgən]

vender (vt)	verkaufen (vt)	[fɛɐ'kaʊfən]
ver (vt)	sehen (vi, vt)	['zeːən]
virar (ex. ~ à direita)	abbiegen (vi)	['apˌbiːgən]
voar (vi)	fliegen (vi)	['fliːgən]

12. Cores

cor (f)	Farbe (f)	['faʁbə]
matiz (m)	Schattierung (f)	[ʃa'tiːʀʊŋ]
tom (m)	Farbton (m)	['faʁpˌtoːn]
arco-íris (m)	Regenbogen (m)	['ʀeːgənˌboːgən]

branco	weiß	[vaɪs]
preto	schwarz	[ʃvaʁts]
cinzento	grau	[gʀaʊ]

verde	grün	[gʀyːn]
amarelo	gelb	[gɛlp]
vermelho	rot	[ʀoːt]

azul	blau	[blaʊ]
azul claro	hellblau	['hɛlˌblaʊ]
rosa	rosa	['ʀoːza]
laranja	orange	[o'ʀaŋʃ]
violeta	violett	[vɪo'lɛt]
castanho	braun	[bʀaʊn]

dourado	golden	['gɔldən]
prateado	silbrig	['zɪlbʀɪç]

bege	beige	[beːʃ]
creme	cremefarben	['kʀɛːmˌfaʁbən]
turquesa	türkis	[tʏʁ'kiːs]

vermelho cereja	kirschrot	['kɪʁʃʀoːt]
lilás	lila	['liːla]
carmesim	himbeerrot	['hɪmbeːɐˌʀoːt]

claro	hell	[hɛl]
escuro	dunkel	['dʊŋkəl]
vivo	grell	[gʀɛl]

de cor	Farb-	['faʁp]
a cores	Farb-	['faʁp]
preto e branco	schwarz-weiß	['ʃvaʁtsˌvaɪs]
unicolor	einfarbig	['aɪnˌfaʁbɪç]
multicor	bunt	[bʊnt]

13. Questões

Quem?	Wer?	[veːɐ]
Que?	Was?	[vas]
Onde?	Wo?	[voː]
Para onde?	Wohin?	[voˈhɪn]
De onde?	Woher?	[voˈheːɐ]
Quando?	Wann?	[van]
Para quê?	Wozu?	[voˈtsuː]
Porquê?	Warum?	[vaˈʀʊm]

Para quê?	Wofür?	[voˈfyːɐ]
Como?	Wie?	[viː]
Qual?	Welcher?	['vɛlçɐ]
Qual? (entre dois ou mais)	Welcher?	['vɛlçɐ]

A quem?	Wem?	[veːm]
Sobre quem?	Über wen?	['yːbɐ veːn]
Do quê?	Wovon?	[voːˈfɔn]
Com quem?	Mit wem?	[mɪt veːm]

Quantos? -as?	Wie viele?	[viː ˈfiːlə]
Quanto?	Wie viel?	['viː fiːl]
De quem? (masc.)	Wessen?	['vɛsən]

14. Palavras funcionais. Advérbios. Parte 1

Onde?	Wo?	[voː]
aqui	hier	[hiːɐ]
lá, ali	dort	[dɔʁt]

| em algum lugar | irgendwo | ['ɪʁgəntˈvoː] |
| em lugar nenhum | nirgends | ['nɪʁgənts] |

ao pé de ...	an	[an]
ao pé da janela	am Fenster	[am 'fɛnstɐ]
Para onde?	Wohin?	[voˈhɪn]
para cá	hierher	['hiːɐˈheːɐ]

para lá	dahin	[da'hɪn]
daqui	von hier	[fɔn hi:ɐ]
de lá, dali	von da	[fɔn da:]

| perto | nah | [na:] |
| longe | weit | [vaɪt] |

perto de ...	in der Nähe von ...	[ɪn de:ɐ 'nɛ:ə fɔn]
ao lado de	in der Nähe	[ɪn de:ɐ 'nɛ:ə]
perto, não fica longe	unweit	['ʊnvaɪt]

esquerdo	link	[lɪŋk]
à esquerda	links	[lɪŋks]
para esquerda	nach links	[na:χ lɪŋks]

direito	recht	[Rɛçt]
à direita	rechts	[Rɛçts]
para direita	nach rechts	[na:χ Rɛçts]

à frente	vorne	['fɔʁnə]
da frente	Vorder-	['fɔʁdɐ]
em frente (para a frente)	vorwärts	['fo:ɐvɛʁts]

atrás de ...	hinten	['hɪntən]
por detrás (vir ~)	von hinten	[fɔn 'hɪntən]
para trás	rückwärts	['Rʏk͜vɛʁts]

| meio (m), metade (f) | Mitte (f) | ['mɪtə] |
| no meio | in der Mitte | [ɪn de:ɐ 'mɪtə] |

de lado	seitlich	['zaɪtlɪç]
em todo lugar	überall	[y:bɐ'ʔal]
ao redor (olhar ~)	ringsherum	[ˌRɪŋshɛ'Rʊm]

de dentro	von innen	[fɔn 'ɪnən]
para algum lugar	irgendwohin	['ɪʁgənt·vo'hɪn]
diretamente	geradeaus	[gəRa:də'ʔaʊs]
de volta	zurück	[tsu'Rʏk]

| de algum lugar | irgendwoher | ['ɪʁgənt·vo'he:ɐ] |
| de um lugar | von irgendwo | [fɔn ˌɪʁgənt'vo:] |

em primeiro lugar	erstens	['e:ɐstəns]
em segundo lugar	zweitens	['tsvaɪtəns]
em terceiro lugar	drittens	['dRɪtəns]

de repente	plötzlich	['plœtslɪç]
no início	zuerst	[tsu'ʔe:ɐst]
pela primeira vez	zum ersten Mal	[tsʊm 'e:ɐstən 'ma:l]
muito antes de ...	lange vor ...	['laŋə fo:ɐ]
de novo, novamente	von Anfang an	[fɔn 'an̩faŋ an]
para sempre	für immer	[fy:ɐ 'ɪmɐ]

nunca	nie	[ni:]
de novo	wieder	['vi:dɐ]
agora	jetzt	[jɛtst]

frequentemente	oft	[ɔft]
então	damals	['daːmaːls]
urgentemente	dringend	['dʀɪŋənt]
usualmente	gewöhnlich	[gə'vøːnlɪç]

a propósito, ...	übrigens, ...	['yːbʀɪgəns]
é possível	möglicherweise	['møːklɪçɐ'vaɪzə]
provavelmente	wahrscheinlich	[vaːɐ'ʃaɪnlɪç]
talvez	vielleicht	[fi'laɪçt]
além disso, ...	außerdem ...	['aʊsɐdeːm]
por isso ...	deshalb ...	['dɛs'halp]
apesar de ...	trotz ...	[tʀɔts]
graças a ...	dank ...	[daŋk]

que (pron.)	was	[vas]
que (conj.)	das	[das]
algo	etwas	['ɛtvas]
alguma coisa	irgendwas	['ɪʀgənt'vas]
nada	nichts	[nɪçts]

quem	wer	[veːɐ]
alguém (~ teve uma ideia ...)	jemand	['jeːmant]
alguém	irgendwer	['ɪʀgənt'veːɐ]

ninguém	niemand	['niːmant]
para lugar nenhum	nirgends	['nɪʀgənts]
de ninguém	niemandes	['niːmandəs]
de alguém	jemandes	['jeːmandəs]

tão	so	[zoː]
também (gostaria ~ de ...)	auch	['aʊχ]
também (~ eu)	ebenfalls	['eːbənˌfals]

15. Palavras funcionais. Advérbios. Parte 2

| Porquê? | Warum? | [va'ʀʊm] |
| por alguma razão | aus irgendeinem Grund | ['aʊs 'ɪʀgənt'ʔaɪnəm gʀʊnt] |

| porque ... | weil ... | [vaɪl] |
| por qualquer razão | zu irgendeinem Zweck | [tsu 'ɪʀgənt'ʔaɪnəm tsvɛk] |

e (tu ~ eu)	und	[ʊnt]
ou (ser ~ não ser)	oder	['oːdɐ]
mas (porém)	aber	['aːbɐ]
para (~ a minha mãe)	für	[fyːɐ]

demasiado, muito	zu	[tsuː]
só, somente	nur	[nuːɐ]
exatamente	genau	[gə'naʊ]
cerca de (~ 10 kg)	etwa	['ɛtva]

aproximadamente	ungefähr	['ʊngəfɛːɐ]
aproximado	ungefähr	['ʊngəfɛːɐ]
quase	fast	[fast]

resto (m)	Übrige (n)	['y:brɪgə]
o outro (segundo)	der andere	[de:ɐ 'andəʀə]
outro	andere	['andəʀə]
cada	jeder (m)	['je:dɐ]
qualquer	beliebig	[bɛ'li:bɪç]
muito	viel	[fi:l]
muitas pessoas	viele Menschen	['fi:lə 'mɛnʃən]
todos	alle	['alə]

em troca de ...	im Austausch gegen ...	[ɪm 'aʊsˌtaʊʃ 'ge:gən]
em troca	dafür	[da'fy:ɐ]
à mão	mit der Hand	[mɪt de:ɐ hant]
pouco provável	schwerlich	['ʃve:ɐlɪç]

provavelmente	wahrscheinlich	[va:ɐ'ʃaɪnlɪç]
de propósito	absichtlich	['apˌzɪçtlɪç]
por acidente	zufällig	['tsu:fɛlɪç]

muito	sehr	[ze:ɐ]
por exemplo	zum Beispiel	[tsʊm 'baɪˌʃpi:l]
entre	zwischen	['tsvɪʃən]
entre (no meio de)	unter	['ʊntɐ]
tanto	so viel	[zo: 'fi:l]
especialmente	besonders	[bə'zɔndɐs]

Conceitos básicos. Parte 2

16. Dias da semana

segunda-feira (f)	Montag (m)	['mo:nta:k]
terça-feira (f)	Dienstag (m)	['di:nsta:k]
quarta-feira (f)	Mittwoch (m)	['mɪtvɔχ]
quinta-feira (f)	Donnerstag (m)	['dɔnɐsta:k]
sexta-feira (f)	Freitag (m)	['fʀaɪta:k]
sábado (m)	Samstag (m)	['zamsta:k]
domingo (m)	Sonntag (m)	['zɔnta:k]

hoje	heute	['hɔɪtə]
amanhã	morgen	['mɔʁgən]
depois de amanhã	übermorgen	['y:bɐˌmɔʁgən]
ontem	gestern	['gɛstɐn]
anteontem	vorgestern	['fo:ɐgɛstɐn]

dia (m)	Tag (m)	[ta:k]
dia (m) de trabalho	Arbeitstag (m)	['aʁbaɪtsˌta:k]
feriado (m)	Feiertag (m)	['faɪɐˌta:k]
dia (m) de folga	freier Tag (m)	['fʀaɪɐ ta:k]
fim (m) de semana	Wochenende (n)	['vɔχənˌʔɛndə]

o dia todo	den ganzen Tag	[den 'gantsən 'ta:k]
no dia seguinte	am nächsten Tag	[am 'nɛ:çstən ta:k]
há dois dias	zwei Tage vorher	[tsvaɪ 'ta:gə 'fo:ɐhe:ɐ]
na véspera	am Vortag	[am 'fo:ɐˌta:k]
diário	täglich	['tɛ:klɪç]
todos os dias	täglich	['tɛ:klɪç]

semana (f)	Woche (f)	['vɔχə]
na semana passada	letzte Woche	['lɛtstə 'vɔχə]
na próxima semana	nächste Woche	['nɛ:çstə 'vɔχə]
semanal	wöchentlich	['vœçəntlɪç]
cada semana	wöchentlich	['vœçəntlɪç]
duas vezes por semana	zweimal pro Woche	['tsvaɪma:l pʀo 'vɔχə]
cada terça-feira	jeden Dienstag	['je:dən 'di:nsta:k]

17. Horas. Dia e noite

manhã (f)	Morgen (m)	['mɔʁgən]
de manhã	morgens	['mɔʁgəns]
meio-dia (m)	Mittag (m)	['mɪta:k]
à tarde	nachmittags	['na:χmɪˌta:ks]

noite (f)	Abend (m)	['a:bənt]
à noite (noitinha)	abends	['a:bənts]

noite (f)	Nacht (f)	[naχt]
à noite	nachts	[naχts]
meia-noite (f)	Mitternacht (f)	['mɪtɐ͵naχt]

segundo (m)	Sekunde (f)	[ze'kʊndə]
minuto (m)	Minute (f)	[mi'nu:tə]
hora (f)	Stunde (f)	['ʃtʊndə]
meia hora (f)	eine halbe Stunde	['aɪnə 'halbə 'ʃtʊndə]
quarto (m) de hora	Viertelstunde (f)	['fɪʁtəlˌʃtʊndə]
quinze minutos	fünfzehn Minuten	['fʏnftse:n mi'nu:tən]
vinte e quatro horas	Tag und Nacht	['ta:k ʊnt 'naχt]

nascer (m) do sol	Sonnenaufgang (m)	['zɔnən͵ʔaʊfgaŋ]
amanhecer (m)	Morgendämmerung (f)	['mɔʁgənˌdɛmərʊŋ]
madrugada (f)	früher Morgen (m)	['fʁy:ɐ 'mɔʁgən]
pôr do sol (m)	Sonnenuntergang (m)	['zɔnən͵ʔʊntɐgaŋ]

de madrugada	früh am Morgen	[fʁy: am 'mɔʁgən]
hoje de manhã	heute morgen	['hɔɪtə 'mɔʁgən]
amanhã de manhã	morgen früh	['mɔʁgən fʁy:]
hoje à tarde	heute Mittag	['hɔɪtə 'mɪta:k]
à tarde	nachmittags	['na:χmɪˌta:ks]
amanhã à tarde	morgen Nachmittag	['mɔʁgən 'na:χmɪˌta:k]
hoje à noite	heute Abend	['hɔɪtə 'a:bənt]
amanhã à noite	morgen Abend	['mɔʁgən 'a:bənt]

às três horas em ponto	Punkt drei Uhr	[pʊŋkt dʁaɪ u:ɐ]
por volta das quatro	gegen vier Uhr	['ge:gn fi:ɐ u:ɐ]
às doze	um zwölf Uhr	[ʊm tsvœlf u:ɐ]

dentro de vinte minutos	in zwanzig Minuten	[ɪn 'tsvantsɪç mi'nu:tən]
dentro duma hora	in einer Stunde	[ɪn 'aɪnɐ 'ʃtʊndə]
a tempo	rechtzeitig	['ʁɛçtˌtsaɪtɪç]

menos um quarto	Viertel vor ...	['fɪʁtəl fo:ɐ]
durante uma hora	innerhalb einer Stunde	['ɪnɐhalp 'aɪnɐ 'ʃtʊndə]
a cada quinze minutos	alle fünfzehn Minuten	['alə 'fʏnftse:n mi'nu:tən]
as vinte e quatro horas	Tag und Nacht	['ta:k ʊnt 'naχt]

18. Meses. Estações

janeiro (m)	Januar (m)	['janua:ɐ]
fevereiro (m)	Februar (m)	['fe:bʁua:ɐ]
março (m)	März (m)	[mɛʁts]
abril (m)	April (m)	[a'pʁɪl]
maio (m)	Mai (m)	[maɪ]
junho (m)	Juni (m)	['ju:ni]

julho (m)	Juli (m)	['ju:li]
agosto (m)	August (m)	[aʊ'gʊst]
setembro (m)	September (m)	[zɛp'tɛmbɐ]
outubro (m)	Oktober (m)	[ɔk'to:bɐ]
novembro (m)	November (m)	[no'vɛmbɐ]
dezembro (m)	Dezember (m)	[de'tsɛmbɐ]

primavera (f)	Frühling (m)	['fʁyːlɪŋ]
na primavera	im Frühling	[ɪm 'fʁyːlɪŋ]
primaveril	Frühlings-	['fʁyːlɪŋs]

verão (m)	Sommer (m)	['zɔmɐ]
no verão	im Sommer	[ɪm 'zɔmɐ]
de verão	Sommer-	['zɔmɐ]

outono (m)	Herbst (m)	[hɛʁpst]
no outono	im Herbst	[ɪm hɛʁpst]
outonal	Herbst-	[hɛʁpst]

inverno (m)	Winter (m)	['vɪntɐ]
no inverno	im Winter	[ɪm 'vɪntɐ]
de inverno	Winter-	['vɪntɐ]

mês (m)	Monat (m)	['moːnat]
este mês	in diesem Monat	[ɪn 'diːzəm 'moːnat]
no próximo mês	nächsten Monat	['nɛːçstən 'moːnat]
no mês passado	letzten Monat	['lɛtstən 'moːnat]

há um mês	vor einem Monat	[foːɐ 'aɪnəm 'moːnat]
dentro de um mês	über eine Monat	['yːbɐ 'aɪnɐ 'moːnat]
dentro de dois meses	in zwei Monaten	[ɪn tsvaɪ 'moːnatən]
todo o mês	einen ganzen Monat	['aɪnən 'gantsən 'moːnat]
um mês inteiro	den ganzen Monat	[deːn 'gantsən 'moːnat]

mensal	monatlich	['moːnatlɪç]
mensalmente	monatlich	['moːnatlɪç]
cada mês	jeden Monat	['jeːdən 'moːnat]
duas vezes por mês	zweimal pro Monat	['tsvaɪmaːl pʁo 'moːnat]

ano (m)	Jahr (n)	[jaːɐ]
este ano	dieses Jahr	['diːzəs jaːɐ]
no próximo ano	nächstes Jahr	['nɛːçstəs jaːɐ]
no ano passado	voriges Jahr	['foːʁɪgəs jaːɐ]

há um ano	vor einem Jahr	[foːɐ 'aɪnəm jaːɐ]
dentro dum ano	in einem Jahr	[ɪn 'aɪnəm jaːɐ]
dentro de 2 anos	in zwei Jahren	[ɪn tsvaɪ 'jaːʁən]
todo o ano	ein ganzes Jahr	[aɪn 'gantsəs jaːɐ]
um ano inteiro	das ganze Jahr	[das 'gantsə jaːɐ]

cada ano	jedes Jahr	['jeːdəs jaːɐ]
anual	jährlich	['jɛːɐlɪç]
anualmente	jährlich	['jɛːɐlɪç]
quatro vezes por ano	viermal pro Jahr	['fiːɐmaːl pʁo jaːɐ]

data (~ de hoje)	Datum (n)	['daːtʊm]
data (ex. ~ de nascimento)	Datum (n)	['daːtʊm]
calendário (m)	Kalender (m)	[ka'lɛndɐ]

meio ano	ein halbes Jahr	[aɪn 'halbəs jaːɐ]
seis meses	Halbjahr (n)	['halpˌjaːɐ]
estação (f)	Saison (f)	[zɛ'zɔŋ]
século (m)	Jahrhundert (n)	[jaːɐ'hʊndɐt]

19. Tempo. Diversos

tempo (m)	Zeit (f)	[tsaɪt]
momento (m)	Augenblick (m)	[ˌaʊɡənˈblɪk]
instante (m)	Moment (m)	[moˈmɛnt]
instantâneo	augenblicklich	[ˌaʊɡənˈblɪklɪç]
lapso (m) de tempo	Zeitspanne (f)	[ˈtsaɪtˌʃpanə]
vida (f)	Leben (n)	[ˈleːbən]
eternidade (f)	Ewigkeit (f)	[ˈeːvɪçkaɪt]

época (f)	Epoche (f)	[eˈpɔxə]
era (f)	Ära (f)	[ˈɛːʀa]
ciclo (m)	Zyklus (m)	[ˈtsyːklʊs]
período (m)	Periode (f)	[peˈʀioːdə]
prazo (m)	Frist (f)	[fʀɪst]

futuro (m)	Zukunft (f)	[ˈtsuːˌkʊnft]
futuro	zukünftig	[ˈtsuːˌkʏnftɪç]
da próxima vez	nächstes Mal	[ˈnɛːçstəs mal]
passado (m)	Vergangenheit (f)	[ˌfɛɐˈɡaŋənhaɪt]
passado	vorig	[ˈfoːʀɪç]
na vez passada	letztes Mal	[ˈlɛtstəs maːl]

mais tarde	später	[ˈʃpɛːtɐ]
depois	danach	[daˈnaːx]
atualmente	zur Zeit	[tsuːɐ ˈtsaɪt]
agora	jetzt	[jɛtst]
imediatamente	sofort	[zoˈfɔɐt]
em breve, brevemente	bald	[balt]
de antemão	im Voraus	[ɪm foˈʀaʊs]

há muito tempo	lange her	[ˈlaŋə heːɐ]
há pouco tempo	vor kurzem	[foːɐ ˈkʊɐtsəm]
destino (m)	Schicksal (n)	[ˈʃɪkˌzaːl]
recordações (f pl)	Erinnerungen (pl)	[ɛɐˈʔɪnəʀʊŋən]
arquivo (m)	Archiv (n)	[aɐˈçiːf]

durante ...	während ...	[ˈvɛːʀənt]
durante muito tempo	lange	[ˈlaŋə]
pouco tempo	nicht lange	[nɪçt ˈlaŋə]
cedo (levantar-se ~)	früh	[fʀyː]
tarde (deitar-se ~)	spät	[ʃpɛːt]

para sempre	für immer	[fyːɐ ˈɪmɐ]
começar (vt)	beginnen (vt)	[bəˈɡɪnən]
adiar (vt)	verschieben (vt)	[fɛɐˈʃiːbən]

simultaneamente	gleichzeitig	[ˈɡlaɪçˌtsaɪtɪç]
permanentemente	ständig	[ˈʃtɛndɪç]
constante (ruído, etc.)	konstant	[kɔnˈstant]
temporário	zeitweilig	[ˈtsaɪtvaɪlɪç]

às vezes	manchmal	[ˈmançmaːl]
raramente	selten	[ˈzɛltən]
frequentemente	oft	[ɔft]

20. Opostos

rico	reich	[ʀaɪç]
pobre	arm	[aʁm]
doente	krank	[kʀaŋk]
são	gesund	[gə'zʊnt]
grande	groß	[gʀoːs]
pequeno	klein	[klaɪn]
rapidamente	schnell	[ʃnɛl]
lentamente	langsam	['laŋzaːm]
rápido	schnell	[ʃnɛl]
lento	langsam	['laŋzaːm]
alegre	froh	[fʀoː]
triste	traurig	['tʀaʊʀɪç]
juntos	zusammen	[tsu'zamən]
separadamente	getrennt	[gə'tʀɛnt]
em voz alta (ler ~)	laut	[laʊt]
para si (em silêncio)	still	[ʃtɪl]
alto	hoch	[hoːχ]
baixo	niedrig	['niːdʀɪç]
profundo	tief	[tiːf]
pouco fundo	flach	[flaχ]
sim	ja	[jaː]
não	nein	[naɪn]
distante (no espaço)	fern	[fɛʁn]
próximo	nah	[naː]
longe	weit	[vaɪt]
perto	nebenan	[neːbən'ʔan]
longo	lang	[laŋ]
curto	kurz	[kʊʁts]
bom, bondoso	gut	[guːt]
mau	böse	['bøːzə]
casado	verheiratet	[fɛə'haɪʀaːtət]
solteiro	ledig	['leːdɪç]
proibir (vt)	verbieten (vt)	[fɛə'biːtən]
permitir (vt)	erlauben (vt)	[ɛʁ'laʊbən]
fim (m)	Ende (n)	['ɛndə]
começo (m)	Anfang (m)	['anfaŋ]

| esquerdo | link | [lɪŋk] |
| direito | recht | [ʀɛçt] |

| primeiro | der erste | [de:ɐ 'ɛʀstə] |
| último | der letzte | [de:ɐ 'lɛtstə] |

| crime (m) | Verbrechen (n) | [fɛɐ'bʀɛçən] |
| castigo (m) | Bestrafung (f) | [bə'ʃtʀa:fʊŋ] |

| ordenar (vt) | befehlen (vt) | [ˌbə'fe:lən] |
| obedecer (vt) | gehorchen (vi) | [gə'hɔʀçən] |

| reto | gerade | [gə'ʀa:də] |
| curvo | krumm | [kʀʊm] |

| paraíso (m) | Paradies (n) | [paʀa'di:s] |
| inferno (m) | Hölle (f) | ['hœlə] |

| nascer (vi) | geboren sein | [gə'bo:ʀən zaɪn] |
| morrer (vi) | sterben (vi) | ['ʃtɛʀbən] |

| forte | stark | [ʃtaʀk] |
| fraco, débil | schwach | ['ʃvaχ] |

| idoso | alt | [alt] |
| jovem | jung | [jʊŋ] |

| velho | alt | [alt] |
| novo | neu | [nɔɪ] |

| duro | hart | [haʀt] |
| mole | weich | [vaɪç] |

| tépido | warm | [vaʀm] |
| frio | kalt | [kalt] |

| gordo | dick | [dɪk] |
| magro | mager | ['ma:gɐ] |

| estreito | eng | [ɛŋ] |
| largo | breit | [bʀaɪt] |

| bom | gut | [gu:t] |
| mau | schlecht | [ʃlɛçt] |

| valente | tapfer | ['tapfɐ] |
| cobarde | feige | ['faɪgə] |

21. Linhas e formas

quadrado (m)	Quadrat (n)	[kva'dʀa:t]
quadrado	quadratisch	[kva'dʀa:tɪʃ]
círculo (m)	Kreis (m)	[kʀaɪs]
redondo	rund	[ʀʊnt]

| triângulo (m) | Dreieck (n) | ['dʀaɪʔɛk] |
| triangular | dreieckig | ['dʀaɪʔɛkɪç] |

oval (f)	Oval (n)	[o'va:l]
oval	oval	[o'va:l]
retângulo (m)	Rechteck (n)	['ʀɛçt?ɛk]
retangular	rechteckig	['ʀɛçt?ɛkɪç]

pirâmide (f)	Pyramide (f)	[pyʀa'mi:də]
rombo, losango (m)	Rhombus (m)	['ʀɔmbʊs]
trapézio (m)	Trapez (n)	[tʀa'pe:ts]
cubo (m)	Würfel (m)	['vʏʀfəl]
prisma (m)	Prisma (n)	['pʀɪsma]

circunferência (f)	Kreis (m)	[kʀaɪs]
esfera (f)	Sphäre (f)	['sfɛ:ʀə]
globo (m)	Kugel (f)	['ku:gəl]
diâmetro (m)	Durchmesser (m)	['dʊʀç,mɛsɐ]
raio (m)	Radius (m)	['ʀa:dɪʊs]
perímetro (m)	Umfang (m)	['ʊmfaŋ]
centro (m)	Zentrum (n)	['tsɛntʀʊm]

| horizontal | waagerecht | ['va:gəʀɛçt] |
| vertical | senkrecht | ['zɛŋkʀɛçt] |

| paralela (f) | Parallele (f) | [paʀa'le:lə] |
| paralelo | parallel | [paʀa'le:l] |

linha (f)	Linie (f)	['li:niə]
traço (m)	Strich (m)	[ʃtʀɪç]
reta (f)	Gerade (f)	[gə'ʀa:də]
curva (f)	Kurve (f)	['kʊʀvə]
fino (linha ~a)	dünn	[dʏn]
contorno (m)	Kontur (m, f)	[kɔn'tu:ɐ]

interseção (f)	Schnittpunkt (m)	['ʃnɪt,pʊŋkt]
ângulo (m) reto	rechter Winkel (m)	['ʀɛçtɐ 'vɪŋkəl]
segmento (m)	Segment (n)	[zɛ'gmɛnt]
setor (m)	Sektor (m)	['zɛkto:ɐ]
lado (de um triângulo, etc.)	Seite (f)	['zaɪtə]
ângulo (m)	Winkel (m)	['vɪŋkəl]

22. Unidades de medida

peso (m)	Gewicht (n)	[gə'vɪçt]
comprimento (m)	Länge (f)	['lɛŋə]
largura (f)	Breite (f)	['bʀaɪtə]
altura (f)	Höhe (f)	['hø:ə]
profundidade (f)	Tiefe (f)	['ti:fə]
volume (m)	Volumen (n)	[vo'lu:mən]
área (f)	Fläche (f)	['flɛçə]

| grama (m) | Gramm (n) | [gʀam] |
| miligrama (m) | Milligramm (n) | ['mɪli,gʀam] |

quilograma (m)	Kilo (n)	['ki:lo]
tonelada (f)	Tonne (f)	['tɔnə]
libra (453,6 gramas)	Pfund (n)	[pfʊnt]
onça (f)	Unze (f)	['ʊntsə]

metro (m)	Meter (m, n)	['me:tɐ]
milímetro (m)	Millimeter (m)	['mɪliˌme:tɐ]
centímetro (m)	Zentimeter (m, n)	[ˌtsɛnti'me:tɐ]
quilómetro (m)	Kilometer (m)	[ˌkilo'me:tɐ]
milha (f)	Meile (f)	['maɪlə]

polegada (f)	Zoll (m)	[tsɔl]
pé (304,74 mm)	Fuß (m)	[fu:s]
jarda (914,383 mm)	Yard (n)	[ja:ɐt]

| metro (m) quadrado | Quadratmeter (m) | [kva'dʀa:tˌme:tɐ] |
| hectare (m) | Hektar (n) | ['hɛkta:ɐ] |

litro (m)	Liter (m, n)	['li:tɐ]
grau (m)	Grad (m)	[gʀa:t]
volt (m)	Volt (n)	[vɔlt]
ampere (m)	Ampere (n)	[am'pe:ɐ]
cavalo-vapor (m)	Pferdestärke (f)	['pfe:ɐdəˌʃtɛʀkə]

quantidade (f)	Anzahl (f)	['antsa:l]
um pouco de ...	etwas ...	['ɛtvas]
metade (f)	Hälfte (f)	['hɛlftə]
dúzia (f)	Dutzend (n)	['dʊtsənt]
peça (f)	Stück (n)	[ʃtʏk]

| dimensão (f) | Größe (f) | ['gʀø:sə] |
| escala (f) | Maßstab (m) | ['ma:sˌʃta:p] |

mínimo	minimal	[mini'ma:l]
menor, mais pequeno	der kleinste	[de:ɐ 'klaɪnstə]
médio	mittler, mittel-	['mɪtlɐ], ['mɪtəl]
máximo	maximal	[maksi'ma:l]
maior, mais grande	der größte	[de:ɐ 'gʀø:stə]

23. Recipientes

boião (m) de vidro	Glas (n)	[gla:s]
lata (~ de cerveja)	Dose (f)	['do:zə]
balde (m)	Eimer (m)	['aɪmɐ]
barril (m)	Fass (n), Tonne (f)	[fas], ['tɔnə]

bacia (~ de plástico)	Waschschüssel (n)	['vaʃˌʃʏsəl]
tanque (m)	Tank (m)	[taŋk]
cantil (m) de bolso	Flachmann (m)	['flaxman]
bidão (m) de gasolina	Kanister (m)	[ka'nɪstɐ]
cisterna (f)	Zisterne (f)	[tsɪs'tɛʀnə]

| caneca (f) | Kaffeebecher (m) | ['kafeˌbɛçɐ] |
| chávena (f) | Tasse (f) | ['tasə] |

pires (m)	Untertasse (f)	['ʊntɐˌtasə]
copo (m)	Wasserglas (n)	['vasɐˌglaːs]
taça (f) de vinho	Weinglas (n)	['vaɪnˌglaːs]
panela, caçarola (f)	Kochtopf (m)	['kɔχˌtɔpf]

| garrafa (f) | Flasche (f) | ['flaʃə] |
| gargalo (m) | Flaschenhals (m) | ['flaʃənˌhals] |

jarro, garrafa (f)	Karaffe (f)	[ka'ʀafə]
jarro (m) de barro	Tonkrug (m)	['toːnˌkʀuːk]
recipiente (m)	Gefäß (n)	[gə'fɛːs]
pote (m)	Tontopf (m)	['toːnˌtɔpf]
vaso (m)	Vase (f)	['vaːzə]

frasco (~ de perfume)	Flakon (n)	[fla'kɔŋ]
frasquinho (ex. ~ de iodo)	Fläschchen (n)	['flɛʃçən]
tubo (~ de pasta dentífrica)	Tube (f)	['tuːbə]

saca (ex. ~ de açúcar)	Sack (m)	[zak]
saco (~ de plástico)	Tüte (f)	['tyːtə]
maço (m)	Schachtel (f)	['ʃaχtəl]

caixa (~ de sapatos, etc.)	Karton (m)	[kaʁ'tɔŋ]
caixa (~ de madeira)	Kiste (f)	['kɪstə]
cesta (f)	Korb (m)	[kɔʁp]

24. Materiais

material (m)	Stoff (n)	[ʃtɔf]
madeira (f)	Holz (n)	[hɔlts]
de madeira	hölzern	['hœltsɐn]

| vidro (m) | Glas (n) | [glaːs] |
| de vidro | gläsern, Glas- | ['glɛːzɐn], [glaːs] |

| pedra (f) | Stein (m) | [ʃtaɪn] |
| de pedra | steinern | ['ʃtaɪnɐn] |

| plástico (m) | Kunststoff (m) | ['kʊnstʃtɔf] |
| de plástico | Kunststoff- | ['kʊnstʃtɔf] |

| borracha (f) | Gummi (m, n) | ['gʊmi] |
| de borracha | Gummi- | ['gʊmi] |

| tecido, pano (m) | Stoff (m) | [ʃtɔf] |
| de tecido | aus Stoff | ['aʊs ʃtɔf] |

| papel (m) | Papier (n) | [pa'piːɐ] |
| de papel | Papier- | [pa'piːɐ] |

cartão (m)	Pappe (f)	['papə]
de cartão	Pappen-	['papən]
polietileno (m)	Polyäthylen (n)	[polyʔɛty'leːn]
celofane (m)	Zellophan (n)	[tsɛlo'faːn]

| linóleo (m) | Linoleum (n) | [li'no:leʊm] |
| contraplacado (m) | Furnier (n) | [fʊʁ'ni:ɐ] |

porcelana (f)	Porzellan (n)	[pɔʁtsɛ'la:n]
de porcelana	aus Porzellan	['aʊs pɔʁtsɛ'la:n]
barro (f)	Ton (m)	[to:n]
de barro	Ton-	[to:n]
cerâmica (f)	Keramik (f)	[ke'ʀa:mɪk]
de cerâmica	keramisch	[ke'ʀa:mɪʃ]

25. Metais

metal (m)	Metall (n)	[me'tal]
metálico	metallisch, Metall-	[me'talɪʃ], [me'tal]
liga (f)	Legierung (f)	[le'gi:ʀʊŋ]

ouro (m)	Gold (n)	[gɔlt]
de ouro	golden	['gɔldən]
prata (f)	Silber (n)	['zɪlbɐ]
de prata	silbern, Silber-	['zɪlbɐn], ['zɪlbɐ]

ferro (m)	Eisen (n)	['aɪzən]
de ferro	eisern, Eisen-	['aɪzɐn], ['aɪzən]
aço (m)	Stahl (m)	[ʃta:l]
de aço	stählern	['ʃtɛ:lɐn]
cobre (m)	Kupfer (n)	['kʊpfɐ]
de cobre	kupfern, Kupfer-	['kʊpfɐn], ['kʊpfɐ]

alumínio (m)	Aluminium (n)	[alu:'mi:njʊm]
de alumínio	Aluminium-	[alu:'mi:njʊm]
bronze (m)	Bronze (f)	['bʀɔŋsə]
de bronze	bronzen	['bʀɔŋsən]

latão (m)	Messing (n)	['mɛsɪŋ]
níquel (m)	Nickel (n)	['nɪkəl]
platina (f)	Platin (n)	['pla:ti:n]
mercúrio (m)	Quecksilber (n)	['kvɛkˌzɪlbɐ]
estanho (m)	Zinn (n)	[tsɪn]
chumbo (m)	Blei (n)	[blaɪ]
zinco (m)	Zink (n)	[tsɪŋk]

O SER HUMANO

O ser humano. O corpo

26. Humanos. Conceitos básicos

ser (m) humano	Mensch (m)	[mɛnʃ]
homem (m)	Mann (m)	[man]
mulher (f)	Frau (f)	[fʀaʊ]
criança (f)	Kind (n)	[kɪnt]
menina (f)	Mädchen (n)	['mɛːtçən]
menino (m)	Junge (m)	['jʊŋə]
adolescente (m)	Teenager (m)	['tiːneːdʒɐ]
velho, ancião (m)	Greis (m)	[gʀaɪs]
velha, anciã (f)	alte Frau (f)	['altə 'fʀaʊ]

27. Anatomia humana

organismo (m)	Organismus (m)	[ˌɔʀgaˈnɪsmʊs]
coração (m)	Herz (n)	[hɛʀts]
sangue (m)	Blut (n)	[bluːt]
artéria (f)	Arterie (f)	[aʀˈteːʀiə]
veia (f)	Vene (f)	['veːnə]
cérebro (m)	Gehirn (n)	[gəˈhɪʀn]
nervo (m)	Nerv (m)	[nɛʀf]
nervos (m pl)	Nerven (pl)	['nɛʀfən]
vértebra (f)	Wirbel (m)	['vɪʀbəl]
coluna (f) vertebral	Wirbelsäule (f)	['vɪʀbəlˌzɔɪlə]
estômago (m)	Magen (m)	['maːgən]
intestinos (m pl)	Gedärm (n)	[gəˈdɛʀm]
intestino (m)	Darm (m)	[daʀm]
fígado (m)	Leber (f)	['leːbɐ]
rim (m)	Niere (f)	['niːʀə]
osso (m)	Knochen (m)	['knɔχən]
esqueleto (m)	Skelett (n)	[skeˈlɛt]
costela (f)	Rippe (f)	['ʀɪpə]
crânio (m)	Schädel (m)	['ʃɛːdəl]
músculo (m)	Muskel (m)	['mʊskəl]
bíceps (m)	Bizeps (m)	['biːtsɛps]
tríceps (m)	Trizeps (m)	['tʀiːtsɛps]
tendão (m)	Sehne (f)	['zeːnə]
articulação (f)	Gelenk (n)	[gəˈlɛŋk]

pulmões (m pl)	Lungen (pl)	['luŋən]
órgãos (m pl) genitais	Geschlechtsorgane (pl)	[gə'ʃlɛçts?ɔʁ,ga:nə]
pele (f)	Haut (f)	[haʊt]

28. Cabeça

cabeça (f)	Kopf (m)	[kɔpf]
cara (f)	Gesicht (n)	[gə'zɪçt]
nariz (m)	Nase (f)	['na:zə]
boca (f)	Mund (m)	[mʊnt]

olho (m)	Auge (n)	['aʊgə]
olhos (m pl)	Augen (pl)	['aʊgən]
pupila (f)	Pupille (f)	[pu'pɪlə]
sobrancelha (f)	Augenbraue (f)	['aʊgən,bʁaʊə]
pestana (f)	Wimper (f)	['vɪmpə]
pálpebra (f)	Augenlid (n)	['aʊgən,li:t]

língua (f)	Zunge (f)	['tsʊŋə]
dente (m)	Zahn (m)	[tsa:n]
lábios (m pl)	Lippen (pl)	['lɪpən]
maçãs (f pl) do rosto	Backenknochen (pl)	['bakən,knɔχən]
gengiva (f)	Zahnfleisch (n)	['tsa:n,flaɪʃ]
paladar (m)	Gaumen (m)	['gaʊmən]

narinas (f pl)	Nasenlöcher (pl)	['na:zən,lœçɐ]
queixo (m)	Kinn (n)	[kɪn]
mandíbula (f)	Kiefer (m)	['ki:fɐ]
bochecha (f)	Wange (f)	['vaŋə]

testa (f)	Stirn (f)	[ʃtɪʁn]
têmpora (f)	Schläfe (f)	['ʃlɛ:fə]
orelha (f)	Ohr (n)	[o:ɐ]
nuca (f)	Nacken (m)	['nakən]
pescoço (m)	Hals (m)	[hals]
garganta (f)	Kehle (f)	['ke:lə]

cabelos (m pl)	Haare (pl)	['ha:ʁə]
penteado (m)	Frisur (f)	[,fʁi'zu:ɐ]
corte (m) de cabelo	Haarschnitt (m)	['ha:ɐ,ʃnɪt]
peruca (f)	Perücke (f)	[pe'ʁykə]

bigode (m)	Schnurrbart (m)	['ʃnʊʁ,ba:ɐt]
barba (f)	Bart (m)	[ba:ɐt]
usar, ter (~ barba, etc.)	haben (vt)	[ha:bən]
trança (f)	Zopf (m)	[tsɔpf]
suíças (f pl)	Backenbart (m)	['bakən,ba:ɐt]

ruivo	rothaarig	['ʁo:t,ha:ʁɪç]
grisalho	grau	[gʁaʊ]
calvo	kahl	[ka:l]
calva (f)	Glatze (f)	['glatsə]
rabo-de-cavalo (m)	Pferdeschwanz (m)	['pfe:ɐdə,ʃvants]
franja (f)	Pony (m)	['pɔni]

29. Corpo humano

| mão (f) | Hand (f) | [hant] |
| braço (m) | Arm (m) | [aʁm] |

dedo (m)	Finger (m)	['fɪŋɐ]
dedo (m) do pé	Zehe (f)	['tse:ə]
polegar (m)	Daumen (m)	['daʊmən]
dedo (m) mindinho	kleiner Finger (m)	['klaɪnɐ 'fɪŋɐ]
unha (f)	Nagel (m)	['na:gəl]

punho (m)	Faust (f)	[faʊst]
palma (f) da mão	Handfläche (f)	['hant·ˌflɛçə]
pulso (m)	Handgelenk (n)	['hant·gəˌlɛŋk]
antebraço (m)	Unterarm (m)	['ʊntɐˌʔaʁm]
cotovelo (m)	Ellbogen (m)	['ɛlˌboːgən]
ombro (m)	Schulter (f)	['ʃʊltɐ]

perna (f)	Bein (n)	[baɪn]
pé (m)	Fuß (m)	[fuːs]
joelho (m)	Knie (n)	[kniː]
barriga (f) da perna	Wade (f)	['va:də]
anca (f)	Hüfte (f)	['hʏftə]
calcanhar (m)	Ferse (f)	['fɛʁzə]

corpo (m)	Körper (m)	['kœʁpɐ]
barriga (f)	Bauch (m)	['baʊx]
peito (m)	Brust (f)	[bʁʊst]
seio (m)	Busen (m)	['bu:zən]
lado (m)	Seite (f), Flanke (f)	['zaɪtə], ['flaŋkə]
costas (f pl)	Rücken (m)	['ʁʏkən]
região (f) lombar	Kreuz (n)	[kʁɔɪts]
cintura (f)	Taille (f)	['taljə]

umbigo (m)	Nabel (m)	['na:bəl]
nádegas (f pl)	Gesäßbacken (pl)	[gə'zɛːs·bakən]
traseiro (m)	Hinterteil (n)	['hɪntɐˌtaɪl]

sinal (m)	Leberfleck (m)	['le:bɐˌflɛk]
sinal (m) de nascença	Muttermal (n)	['mu:tɐˌma:l]
tatuagem (f)	Tätowierung (f)	[tɛto'vi:ʁʊŋ]
cicatriz (f)	Narbe (f)	['naʁbə]

Vestuário & Acessórios

30. Roupa exterior. Casacos

roupa (f)	Kleidung (f)	['klaɪdʊŋ]
roupa (f) exterior	Oberkleidung (f)	['o:bɐ͵klaɪdʊŋ]
roupa (f) de inverno	Winterkleidung (f)	['vɪntɐ͵klaɪdʊŋ]
sobretudo (m)	Mantel (m)	['mantəl]
casaco (m) de peles	Pelzmantel (m)	['pɛlts͵mantəl]
casaco curto (m) de peles	Pelzjacke (f)	['pɛltsˌjakə]
casaco (m) acolchoado	Daunenjacke (f)	['daʊnənˌjakə]
casaco, blusão (m)	Jacke (f)	['jakə]
impermeável (m)	Regenmantel (m)	['ʁe:ɡənˌmantəl]
impermeável	wasserdicht	['vasɐˌdɪçt]

31. Vestuário de homem & mulher

camisa (f)	Hemd (n)	[hɛmt]
calças (f pl)	Hose (f)	['ho:zə]
calças (f pl) de ganga	Jeans (f)	[dʒi:ns]
casaco (m) de fato	Jackett (n)	[ʒa'kɛt]
fato (m)	Anzug (m)	['anˌtsu:k]
vestido (ex. ~ vermelho)	Kleid (n)	[klaɪt]
saia (f)	Rock (m)	[ʁɔk]
blusa (f)	Bluse (f)	['blu:zə]
casaco (m) de malha	Strickjacke (f)	['ʃtʁɪkˌjakə]
casaco, blazer (m)	Jacke (f)	['jakə]
T-shirt, camiseta (f)	T-Shirt (n)	['ti:ˌʃø:ɐt]
calções (Bermudas, etc.)	Shorts (pl)	[ʃɔʁts]
fato (m) de treino	Sportanzug (m)	['ʃpɔʁtˌantsu:k]
roupão (m) de banho	Bademantel (m)	['ba:dəˌmantəl]
pijama (m)	Schlafanzug (m)	['ʃla:fʔanˌtsu:k]
suéter (m)	Sweater (m)	['swɛtɐ]
pulôver (m)	Pullover (m)	[pʊ'lo:vɐ]
colete (m)	Weste (f)	['vɛstə]
fraque (m)	Frack (m)	[fʁak]
smoking (m)	Smoking (m)	['smo:kɪŋ]
uniforme (m)	Uniform (f)	['ʊniˌfɔʁm]
roupa (f) de trabalho	Arbeitskleidung (f)	['aʁbaɪtsˌklaɪdʊŋ]
fato-macaco (m)	Overall (m)	['o:vɐʁal]
bata (~ branca, etc.)	Kittel (m)	['kɪtəl]

32. Vestuário. Roupa interior

roupa (f) interior	Unterwäsche (f)	['ʊntɐˌvɛʃə]
cuecas boxer (f pl)	Herrenslip (m)	['hɛʀənˌslɪp]
cuecas (f pl)	Damenslip (m)	['da:mənˌslɪp]
camisola (f) interior	Unterhemd (n)	['ʊntɐˌhɛmt]
peúgas (f pl)	Socken (pl)	['zɔkən]
camisa (f) de noite	Nachthemd (n)	['naχtˌhɛmt]
sutiã (m)	Büstenhalter (m)	['bystənˌhaltɐ]
meias longas (f pl)	Kniestrümpfe (pl)	['kni:ˌʃtʀʏmpfə]
meias-calças (f pl)	Strumpfhose (f)	['ʃtʀʊmpfˌho:zə]
meias (f pl)	Strümpfe (pl)	['ʃtʀʏmpfə]
fato (m) de banho	Badeanzug (m)	['ba:dəˌʔantsu:k]

33. Adereços de cabeça

chapéu (m)	Mütze (f)	['mʏtsə]
chapéu (m) de feltro	Filzhut (m)	['fɪltsˌhu:t]
boné (m) de beisebol	Baseballkappe (f)	['bɛɪsbɔːlˌkapə]
boné (m)	Schiebermütze (f)	['ʃi:bɐˌmʏtsə]
boina (f)	Baskenmütze (f)	['baskənˌmʏtsə]
capuz (m)	Kapuze (f)	[ka'pu:tsə]
panamá (m)	Panamahut (m)	['panama:ˌhu:t]
gorro (m) de malha	Strickmütze (f)	['ʃtʀɪkˌmʏtsə]
lenço (m)	Kopftuch (n)	['kɔpfˌtu:χ]
chapéu (m) de mulher	Damenhut (m)	['da:mənˌhu:t]
capacete (m) de proteção	Schutzhelm (m)	['ʃʊtsˌhɛlm]
bivaque (m)	Feldmütze (f)	['fɛltˌmʏtsə]
capacete (m)	Helm (m)	[hɛlm]
chapéu-coco (m)	Melone (f)	[me'lo:nə]
chapéu (m) alto	Zylinder (m)	[tsy'lɪndɐ]

34. Calçado

calçado (m)	Schuhe (pl)	['ʃu:ə]
botinas (f pl)	Stiefeletten (pl)	[ʃti:fə'lɛtən]
sapatos (de salto alto, etc.)	Halbschuhe (pl)	['halpˌʃu:ə]
botas (f pl)	Stiefel (pl)	['ʃti:fəl]
pantufas (f pl)	Hausschuhe (pl)	['haʊsˌʃu:ə]
ténis (m pl)	Tennisschuhe (pl)	['tɛnɪsˌʃu:ə]
sapatilhas (f pl)	Leinenschuhe (pl)	['laɪnən·ʃu:ə]
sandálias (f pl)	Sandalen (pl)	[zan'da:lən]
sapateiro (m)	Schuster (m)	['ʃu:stɐ]
salto (m)	Absatz (m)	['apˌzats]

par (m)	Paar (n)	[pa:ɐ]
atacador (m)	Schnürsenkel (m)	[ˈʃnyːɐˌsɛŋkəl]
apertar os atacadores	schnüren (vt)	[ˈʃnyːʀən]
calçadeira (f)	Schuhlöffel (m)	[ˈʃuːˌlœfəl]
graxa (f) para calçado	Schuhcreme (f)	[ˈʃuːˌkʀɛːm]

35. Têxtil. Tecidos

algodão (m)	Baumwolle (f)	[ˈbaʊmˌvɔlə]
de algodão	Baumwolle-	[ˈbaʊmˌvɔlə]
linho (m)	Leinen (m)	[ˈlaɪnən]
de linho	Leinen-	[ˈlaɪnən]

seda (f)	Seide (f)	[ˈzaɪdə]
de seda	Seiden-	[ˈzaɪdən]
lã (f)	Wolle (f)	[ˈvɔlə]
de lã	Woll-	[ˈvɔl]

veludo (m)	Samt (m)	[zamt]
camurça (f)	Wildleder (n)	[ˈvɪltˌleːdɐ]
bombazina (f)	Cord (m)	[kɔʀt]

náilon (m)	Nylon (n)	[ˈnaɪlɔn]
de náilon	Nylon-	[ˈnaɪlɔn]
poliéster (m)	Polyester (m)	[polɪˈɛstɐ]
de poliéster	Polyester-	[polɪˈɛstɐ]

couro (m)	Leder (n)	[ˈleːdɐ]
de couro	Leder	[ˈleːdɐ]
pele (f)	Pelz (m)	[pɛlts]
de peles, de pele	Pelz-	[pɛlts]

36. Acessórios pessoais

luvas (f pl)	Handschuhe (pl)	[ˈhantˌʃuːə]
mitenes (f pl)	Fausthandschuhe (pl)	[ˈfaʊst·hantˌʃuːə]
cachecol (m)	Schal (m)	[ʃaːl]

óculos (m pl)	Brille (f)	[ˈbʀɪlə]
armação (f) de óculos	Brillengestell (n)	[ˈbʀɪlən·gəˈʃtɛl]
guarda-chuva (m)	Regenschirm (m)	[ˈʀeːgənˌʃɪʀm]
bengala (f)	Spazierstock (m)	[ʃpaˈtsiːɐˌʃtɔk]
escova (f) para o cabelo	Haarbürste (f)	[ˈhaːɐˌbyʀstə]
leque (m)	Fächer (m)	[ˈfɛçɐ]

gravata (f)	Krawatte (f)	[kʀaˈvatə]
gravata-borboleta (f)	Fliege (f)	[ˈfliːgə]
suspensórios (m pl)	Hosenträger (pl)	[ˈhoːzənˌtʀɛːgɐ]
lenço (m)	Taschentuch (n)	[ˈtaʃənˌtuːx]

| pente (m) | Kamm (m) | [kam] |
| travessão (m) | Haarspange (f) | [ˈhaːɐˌʃpaŋə] |

gancho (m) de cabelo	**Haarnadel** (f)	['ha:ɐ̯na:dəl]
fivela (f)	**Schnalle** (f)	['ʃnalə]

cinto (m)	**Gürtel** (m)	['gʏʁtəl]
correia (f)	**Umhängegurt** (m)	['ʊmhɛŋəˌgʊʁt]

mala (f)	**Tasche** (f)	['taʃə]
mala (f) de senhora	**Handtasche** (f)	['hantˌtaʃə]
mochila (f)	**Rucksack** (m)	['ʁʊkˌzak]

37. Vestuário. Diversos

moda (f)	**Mode** (f)	['mo:də]
na moda	**modisch**	['mo:dɪʃ]
estilista (m)	**Modedesigner** (m)	['mo:də·di'zaɪnɐ]

colarinho (m), gola (f)	**Kragen** (m)	['kʁa:gən]
bolso (m)	**Tasche** (f)	['taʃə]
de bolso	**Taschen-**	['taʃən]
manga (f)	**Ärmel** (m)	['ɛʁməl]
presilha (f)	**Aufhänger** (m)	['aʊfˌhɛŋɐ]
braguilha (f)	**Hosenschlitz** (m)	['ho:zənˌʃlɪts]

fecho (m) de correr	**Reißverschluss** (m)	['ʁaɪs·fɛɐˌʃlʊs]
fecho (m), colchete (m)	**Verschluss** (m)	[fɛɐ'ʃlʊs]
botão (m)	**Knopf** (m)	[knɔpf]
casa (f) de botão	**Knopfloch** (n)	['knɔpfˌlɔχ]
saltar (vi) (botão, etc.)	**abgehen** (vi)	['apˌge:ən]

coser, costurar (vi)	**nähen** (vi, vt)	['nɛ:ən]
bordar (vt)	**sticken** (vt)	['ʃtɪkən]
bordado (m)	**Stickerei** (f)	[ʃtɪkə'ʁaɪ]
agulha (f)	**Nadel** (f)	['na:dəl]
fio (m)	**Faden** (m)	['fa:dən]
costura (f)	**Naht** (f)	[na:t]

sujar-se (vr)	**sich beschmutzen**	[zɪç bə'ʃmʊtsən]
mancha (f)	**Fleck** (m)	[flɛk]
engelhar-se (vr)	**sich knittern**	[zɪç 'knɪtən]
rasgar (vt)	**zerreißen** (vt)	[tsɛɐ'ʁaɪsən]
traça (f)	**Motte** (f)	['mɔtə]

38. Cuidados pessoais. Cosméticos

pasta (f) de dentes	**Zahnpasta** (f)	['tsa:nˌpasta]
escova (f) de dentes	**Zahnbürste** (f)	['tsa:nˌbʏʁstə]
escovar os dentes	**Zähne putzen**	['tsɛ:nə 'pʊtsən]

máquina (f) de barbear	**Rasierer** (m)	[ʁa'zi:ʁɐ]
creme (m) de barbear	**Rasiercreme** (f)	[ʁa'zi:ɐˌkʁɛ:m]
barbear-se (vr)	**sich rasieren**	[zɪç ʁa'zi:ʁən]
sabonete (m)	**Seife** (f)	['zaɪfə]

champô (m)	Shampoo (n)	['ʃampu]
tesoura (f)	Schere (f)	['ʃe:ʀə]
lima (f) de unhas	Nagelfeile (f)	['na:gəlˌfaɪlə]
corta-unhas (m)	Nagelzange (f)	['na:gəlˌtsaŋə]
pinça (f)	Pinzette (f)	[pɪn'tsɛtə]

cosméticos (m pl)	Kosmetik (f)	[kɔs'me:tɪk]
máscara (f) facial	Gesichtsmaske (f)	[gə'zɪçtsˌmaskə]
manicura (f)	Maniküre (f)	[mani'ky:ʀə]
fazer a manicura	Maniküre machen	[mani'ky:ʀə 'maχən]
pedicure (f)	Pediküre (f)	[pedi'ky:ʀə]

mala (f) de maquilhagem	Kosmetiktasche (f)	[kɔs'me:tɪkˌtaʃə]
pó (m)	Puder (m)	['pu:dɐ]
caixa (f) de pó	Puderdose (f)	['pu:dɐˌdo:zə]
blush (m)	Rouge (n)	[ʀu:ʒ]

perfume (m)	Parfüm (n)	[paʁ'fy:m]
água (f) de toilette	Duftwasser (n)	['dʊftˌvasɐ]
loção (f)	Lotion (f)	[lo'tsjo:n]
água-de-colónia (f)	Kölnischwasser (n)	['kœlnɪʃˌvasɐ]

sombra (f) de olhos	Lidschatten (m)	['li:tʃatən]
lápis (m) delineador	Kajalstift (m)	[ka'ja:lˌʃtɪft]
máscara (f), rímel (m)	Wimperntusche (f)	['vɪmpɐnˌtuʃə]

batom (m)	Lippenstift (m)	['lɪpənˌʃtɪft]
verniz (m) de unhas	Nagellack (m)	['na:gəlˌlak]
laca (f) para cabelos	Haarlack (m)	['ha:ɐˌlak]
desodorizante (m)	Deodorant (n)	[deodo'ʀant]

creme (m)	Creme (f)	[kʀɛ:m]
creme (m) de rosto	Gesichtscreme (f)	[gə'zɪçtsˌkʀɛ:m]
creme (m) de mãos	Handcreme (f)	['hantˌkʀɛ:m]
creme (m) antirrugas	Anti-Falten-Creme (f)	[ˌanti'faltən·kʀɛ:m]
creme (m) de dia	Tagescreme (f)	['ta:gəsˌkʀɛ:m]
creme (m) de noite	Nachtcreme (f)	['naχtˌkʀɛ:m]
de dia	Tages-	['ta:gəs]
da noite	Nacht-	[naχt]

tampão (m)	Tampon (m)	['tampo:n]
papel (m) higiénico	Toilettenpapier (n)	[toa'lɛtən·paˌpi:ɐ]
secador (m) elétrico	Föhn (m)	['fø:n]

39. Joalheria

joias (f pl)	Schmuck (m)	[ʃmʊk]
precioso	Edel-	['e:dəl]
marca (f) de contraste	Repunze (f)	[ʀe'pʊntsə]

anel (m)	Ring (m)	[ʀɪŋ]
aliança (f)	Ehering (m)	['e:əˌʀɪŋ]
pulseira (f)	Armband (n)	['aʁmˌbant]
brincos (m pl)	Ohrringe (pl)	['o:ɐˌʀɪŋə]

colar (m)	Kette (f)	['kɛtə]
coroa (f)	Krone (f)	['kʀoːnə]
colar (m) de contas	Halskette (f)	['hals͵kɛtə]

diamante (m)	Brillant (m)	[bʀɪl'jant]
esmeralda (f)	Smaragd (m)	[sma'ʀakt]
rubi (m)	Rubin (m)	[ʀu'biːn]
safira (f)	Saphir (m)	['zaːfiɐ]
pérola (f)	Perle (f)	['pɛʁlə]
âmbar (m)	Bernstein (m)	['bɛʁnͺʃtaɪn]

40. Relógios de pulso. Relógios

relógio (m) de pulso	Armbanduhr (f)	['aʁmbant͵ʔuːɐ]
mostrador (m)	Zifferblatt (n)	['tsɪfɐ͵blat]
ponteiro (m)	Zeiger (m)	['tsaɪgɐ]
bracelete (f) em aço	Metallarmband (n)	[me'tal͵ʔaʁmbant]
bracelete (f) em pele	Uhrenarmband (n)	['uːʀən͵ʔaʁmbant]

pilha (f)	Batterie (f)	[batə'ʀiː]
descarregar-se	verbraucht sein	[fɛɐ'bʀaʊxt zaɪn]
trocar a pilha	die Batterie wechseln	[di batə'ʀi: 'vɛksəln]
estar adiantado	vorgehen (vi)	['foːɐ͵geːən]
estar atrasado	nachgehen (vi)	['naːχ͵geːən]

relógio (m) de parede	Wanduhr (f)	['vant͵ʔuːɐ]
ampulheta (f)	Sanduhr (f)	['zant͵ʔuːɐ]
relógio (m) de sol	Sonnenuhr (f)	['zɔnən͵ʔuːɐ]
despertador (m)	Wecker (m)	['vɛkɐ]
relojoeiro (m)	Uhrmacher (m)	['uːɐ͵maχɐ]
reparar (vt)	reparieren (vt)	[ʀepa'ʀiːʀən]

Alimantação. Nutrição

41. Comida

carne (f)	Fleisch (n)	[flaɪʃ]
galinha (f)	Hühnerfleisch (n)	['hy:nə͵flaɪʃ]
frango (m)	Küken (n)	['ky:kən]
pato (m)	Ente (f)	['ɛntə]
ganso (m)	Gans (f)	[gans]
caça (f)	Wild (n)	[vɪlt]
peru (m)	Pute (f)	['pu:tə]

carne (f) de porco	Schweinefleisch (n)	['ʃvaɪnə͵flaɪʃ]
carne (f) de vitela	Kalbfleisch (n)	['kalp͵flaɪʃ]
carne (f) de carneiro	Hammelfleisch (n)	['haməl͵flaɪʃ]
carne (f) de vaca	Rindfleisch (n)	['ʀɪnt͵flaɪʃ]
carne (f) de coelho	Kaninchenfleisch (n)	[ka'ni:nçən͵flaɪʃ]

chouriço, salsichão (m)	Wurst (f)	[vʊʀst]
salsicha (f)	Würstchen (n)	['vʏʀstçən]
bacon (m)	Schinkenspeck (m)	['ʃɪŋkənʃpɛk]
fiambre (f)	Schinken (m)	['ʃɪŋkən]
presunto (m)	Räucherschinken (m)	['ʀɔɪçə͵ʃɪŋkən]

patê (m)	Pastete (f)	[pas'te:tə]
fígado (m)	Leber (f)	['le:bɐ]
carne (f) moída	Hackfleisch (n)	['hak͵flaɪʃ]
língua (f)	Zunge (f)	['tsʊŋə]

ovo (m)	Ei (n)	[aɪ]
ovos (m pl)	Eier (pl)	['aɪɐ]
clara (f) do ovo	Eiweiß (n)	['aɪvaɪs]
gema (f) do ovo	Eigelb (n)	['aɪgɛlp]

peixe (m)	Fisch (m)	[fɪʃ]
marisco (m)	Meeresfrüchte (pl)	['me:ʀəs͵fʀʏçtə]
crustáceos (m pl)	Krebstiere (pl)	['kʀe:ps͵ti:ʀə]
caviar (m)	Kaviar (m)	['ka:vɪaʀ]

caranguejo (m)	Krabbe (f)	['kʀabə]
camarão (m)	Garnele (f)	[gaʀ'ne:lə]
ostra (f)	Auster (f)	['aʊstɐ]
lagosta (f)	Languste (f)	[laŋ'gʊstə]
polvo (m)	Krake (m)	['kʀa:kə]
lula (f)	Kalmar (m)	['kalmaʀ]

esturjão (m)	Störfleisch (n)	['ʃtø:ɐ͵flaɪʃ]
salmão (m)	Lachs (m)	[laks]
halibute (m)	Heilbutt (m)	['haɪlbʊt]
bacalhau (m)	Dorsch (m)	[dɔʀʃ]

cavala, sarda (f)	Makrele (f)	[ma'kʀe:lə]
atum (m)	Tunfisch (m)	['tu:nfɪʃ]
enguia (f)	Aal (m)	[a:l]

truta (f)	Forelle (f)	[ˌfo'ʀɛlə]
sardinha (f)	Sardine (f)	[zaʁ'di:nə]
lúcio (m)	Hecht (m)	[hɛçt]
arenque (m)	Hering (m)	['he:ʀɪŋ]

pão (m)	Brot (n)	[bʀo:t]
queijo (m)	Käse (m)	['kɛ:zə]
açúcar (m)	Zucker (m)	['tsʊkɐ]
sal (m)	Salz (n)	[zalts]

arroz (m)	Reis (m)	[ʀaɪs]
massas (f pl)	Teigwaren (pl)	['taɪkˌva:ʀən]
talharim (m)	Nudeln (pl)	['nu:dəln]

manteiga (f)	Butter (f)	['bʊtɐ]
óleo (m) vegetal	Pflanzenöl (n)	['pflantsənˌʔø:l]
óleo (m) de girassol	Sonnenblumenöl (n)	['zɔnənblu:mənˌʔø:l]
margarina (f)	Margarine (f)	[maʁga'ʀi:nə]

| azeitonas (f pl) | Oliven (pl) | [o'li:vən] |
| azeite (m) | Olivenöl (n) | [o'li:vənˌʔø:l] |

leite (m)	Milch (f)	[mɪlç]
leite (m) condensado	Kondensmilch (f)	[kɔn'dɛnsˌmɪlç]
iogurte (m)	Joghurt (m, f)	['jo:gʊʁt]
nata (f)	saure Sahne (f)	['zaʊʀə 'za:nə]
nata (f) do leite	Sahne (f)	['za:nə]

| maionese (f) | Mayonnaise (f) | [majɔ'nɛ:zə] |
| creme (m) | Buttercreme (f) | ['bʊtɐˌkʀɛ:m] |

grãos (m pl) de cereais	Grütze (f)	['gʀʏtsə]
farinha (f)	Mehl (n)	[me:l]
enlatados (m pl)	Konserven (pl)	[kɔn'zɛʁvən]

flocos (m pl) de milho	Maisflocken (pl)	[maɪs'flɔkən]
mel (m)	Honig (m)	['ho:nɪç]
doce (m)	Marmelade (f)	[ˌmaʁmə'la:də]
pastilha (f) elástica	Kaugummi (m, n)	['kaʊˌgʊmi]

42. Bebidas

água (f)	Wasser (n)	['vasɐ]
água (f) potável	Trinkwasser (n)	['tʀɪŋkˌvasɐ]
água (f) mineral	Mineralwasser (n)	[mine'ʀa:lˌvasɐ]

sem gás	still	[ʃtɪl]
gaseificada	mit Kohlensäure	[mɪt 'ko:lənˌzɔɪʀə]
com gás	mit Gas	[mɪt ga:s]
gelo (m)	Eis (n)	[aɪs]

com gelo	mit Eis	[mɪt aɪs]
sem álcool	alkoholfrei	['alkohoːlˈfʀaɪ]
bebida (f) sem álcool	alkoholfreies Getränk (n)	['alkohoːlˈfʀaɪəs gəˈtʀɛŋk]
refresco (m)	Erfrischungsgetränk (n)	[ɛɐˈfʀɪʃʊŋsˈgəˌtʀɛŋk]
limonada (f)	Limonade (f)	[limoˈnaːdə]

bebidas (f pl) alcoólicas	Spirituosen (pl)	[ʃpiʀiˈtʊoːzən]
vinho (m)	Wein (m)	[vaɪn]
vinho (m) branco	Weißwein (m)	['vaɪsˌvaɪn]
vinho (m) tinto	Rotwein (m)	['ʀoːtˌvaɪn]

licor (m)	Likör (m)	[liˈkøːɐ]
champanhe (m)	Champagner (m)	[ʃamˈpanjɐ]
vermute (m)	Wermut (m)	['veːɐmuːt]

uísque (m)	Whisky (m)	['vɪski]
vodka (f)	Wodka (m)	['vɔtka]
gim (m)	Gin (m)	[dʒɪn]
conhaque (m)	Kognak (m)	['kɔnjak]
rum (m)	Rum (m)	[ʀʊm]

café (m)	Kaffee (m)	['kafe]
café (m) puro	schwarzer Kaffee (m)	['ʃvaʁtsɐ 'kafe]
café (m) com leite	Milchkaffee (m)	['mɪlçˌkaˌfeː]
cappuccino (m)	Cappuccino (m)	[ˌkapʊ'tʃiːno]
café (m) solúvel	Pulverkaffee (m)	['pʊlfɐˌkafe]

leite (m)	Milch (f)	[mɪlç]
coquetel (m)	Cocktail (m)	['kɔktɛɪl]
batido (m) de leite	Milchcocktail (m)	['mɪlçˌkɔktɛɪl]

sumo (m)	Saft (m)	[zaft]
sumo (m) de tomate	Tomatensaft (m)	[toˈmaːtənˌzaft]
sumo (m) de laranja	Orangensaft (m)	[oˈʀaːnʒənˌzaft]
sumo (m) fresco	frisch gepresster Saft (m)	[fʀɪʃ gəˈpʀɛstə zaft]

cerveja (f)	Bier (n)	[biːɐ]
cerveja (f) clara	Helles (n)	['hɛlɛs]
cerveja (f) preta	Dunkelbier (n)	['dʊŋkəlˌbiːɐ]

chá (m)	Tee (m)	[teː]
chá (m) preto	schwarzer Tee (m)	['ʃvaʁtsɐ 'teː]
chá (m) verde	grüner Tee (m)	['gʀyːnɐ teː]

43. Vegetais

| legumes (m pl) | Gemüse (n) | [gəˈmyːzə] |
| verduras (f pl) | grünes Gemüse (pl) | ['gʀyːnəs gəˈmyːzə] |

tomate (m)	Tomate (f)	[toˈmaːtə]
pepino (m)	Gurke (f)	['gʊʁkə]
cenoura (f)	Karotte (f)	[kaˈʀɔtə]
batata (f)	Kartoffel (f)	[kaʁˈtɔfəl]
cebola (f)	Zwiebel (f)	['tsviːbəl]

alho (m)	**Knoblauch** (m)	['knoːpˌlaʊχ]
couve (f)	**Kohl** (m)	[koːl]
couve-flor (f)	**Blumenkohl** (m)	['bluːmənˌkoːl]
couve-de-bruxelas (f)	**Rosenkohl** (m)	['ʀoːzənˌkoːl]
brócolos (m pl)	**Brokkoli** (m)	['bʀɔkoli]

beterraba (f)	**Rote Bete** (f)	[ˌʀoːtə'beːtə]
beringela (f)	**Aubergine** (f)	[ˌobɛʀ'ʒiːnə]
curgete (f)	**Zucchini** (f)	[tsʊ'kiːni]
abóbora (f)	**Kürbis** (m)	['kʏʀbɪs]
nabo (m)	**Rübe** (f)	['ʀyːbə]

salsa (f)	**Petersilie** (f)	[petɐ'ziːlɪə]
funcho, endro (m)	**Dill** (m)	[dɪl]
alface (f)	**Kopf Salat** (m)	[kɔpf za'laːt]
aipo (m)	**Sellerie** (m)	['zɛləʀi]
espargo (m)	**Spargel** (m)	['ʃpaʀɡəl]
espinafre (m)	**Spinat** (m)	[ʃpi'naːt]

ervilha (f)	**Erbse** (f)	['ɛʀpsə]
fava (f)	**Bohnen** (pl)	['boːnən]
milho (m)	**Mais** (m)	['maɪs]
feijão (m)	**weiße Bohne** (f)	['vaɪsə 'boːnə]

pimentão (m)	**Paprika** (m)	['papʀika]
rabanete (m)	**Radieschen** (n)	[ʀa'diːsçən]
alcachofra (f)	**Artischocke** (f)	[aʀti'ʃɔkə]

44. Frutos. Nozes

fruta (f)	**Frucht** (f)	[fʀʊχt]
maçã (f)	**Apfel** (m)	['apfəl]
pera (f)	**Birne** (f)	['bɪʀnə]
limão (m)	**Zitrone** (f)	[tsi'tʀoːnə]
laranja (f)	**Apfelsine** (f)	[apfəl'ziːnə]
morango (m)	**Erdbeere** (f)	['eːɐtˌbeːʀə]

tangerina (f)	**Mandarine** (f)	[ˌmanda'ʀiːnə]
ameixa (f)	**Pflaume** (f)	['pflaʊmə]
pêssego (m)	**Pfirsich** (m)	['pfɪʀzɪç]
damasco (m)	**Aprikose** (f)	[ˌapʀi'koːzə]
framboesa (f)	**Himbeere** (f)	['hɪmˌbeːʀə]
ananás (m)	**Ananas** (f)	['ananas]

banana (f)	**Banane** (f)	[ba'naːnə]
melancia (f)	**Wassermelone** (f)	['vasɐmeˌloːnə]
uva (f)	**Weintrauben** (pl)	['vaɪnˌtʀaʊbən]
ginja (f)	**Sauerkirsche** (f)	['zaʊɐˌkɪʀʃə]
cereja (f)	**Süßkirsche** (f)	['zyːsˌkɪʀʃə]
meloa (f)	**Melone** (f)	[me'loːnə]

toranja (f)	**Grapefruit** (f)	['gʀɛɪpˌfʀuːt]
abacate (m)	**Avocado** (f)	[avo'kaːdo]
papaia (f)	**Papaya** (f)	[pa'paːja]

| manga (f) | Mango (f) | ['maŋgo] |
| romã (f) | Granatapfel (m) | [gʀa'na:t͡ʔapfəl] |

groselha (f) vermelha	rote Johannisbeere (f)	['ʀo:tə jo:'hanɪsbe:ʀə]
groselha (f) preta	schwarze Johannisbeere (f)	['ʃvaʀtsə jo:'hanɪsbe:ʀə]
groselha (f) espinhosa	Stachelbeere (f)	['ʃtaχəl͜be:ʀə]
mirtilo (m)	Heidelbeere (f)	['haɪdəl͜be:ʀə]
amora silvestre (f)	Brombeere (f)	['bʀɔm͜be:ʀə]

uvas (f pl) passas	Rosinen (pl)	[ʀo'zi:nən]
figo (m)	Feige (f)	['faɪgə]
tâmara (f)	Dattel (f)	['datəl]

amendoim (m)	Erdnuss (f)	['e:ɐt͜nʊs]
amêndoa (f)	Mandel (f)	['mandəl]
noz (f)	Walnuss (f)	['val͜nʊs]
avelã (f)	Haselnuss (f)	['ha:zəl͜nʊs]
coco (m)	Kokosnuss (f)	['ko:kɔs͜nʊs]
pistáchios (m pl)	Pistazien (pl)	[pɪs'ta:tsɪən]

45. Pão. Bolaria

pastelaria (f)	Konditorwaren (pl)	[kɔn'dito:ɐ͜va:ʀən]
pão (m)	Brot (n)	[bʀo:t]
bolacha (f)	Keks (m, n)	[ke:ks]

chocolate (m)	Schokolade (f)	[ʃoko'la:də]
de chocolate	Schokoladen-	[ʃoko'la:dən]
rebuçado (m)	Bonbon (m, n)	[bɔŋ'bɔn]
bolo (cupcake, etc.)	Kuchen (m)	['ku:χən]
bolo (m) de aniversário	Torte (f)	['tɔʀtə]

| tarte (~ de maçã) | Kuchen (m) | ['ku:χən] |
| recheio (m) | Füllung (f) | ['fʏlʊŋ] |

doce (m)	Konfitüre (f)	[͜kɔnfi'ty:ʀə]
geleia (f) de frutas	Marmelade (f)	[͜maʀmə'la:də]
waffle (m)	Waffeln (pl)	[vafəln]
gelado (m)	Eis (n)	[aɪs]
pudim (m)	Pudding (m)	['pʊdɪŋ]

46. Pratos cozinhados

prato (m)	Gericht (n)	[gə'ʀɪçt]
cozinha (~ portuguesa)	Küche (f)	['kʏçə]
receita (f)	Rezept (n)	[ʀe'tsɛpt]
porção (f)	Portion (f)	[poʀ'tsjo:n]

salada (f)	Salat (m)	[za'la:t]
sopa (f)	Suppe (f)	['zʊpə]
caldo (m)	Brühe (f), Bouillon (f)	['bʀy:ə], [bul'jɔŋ]
sandes (f)	belegtes Brot (n)	[bə'le:ktəs bʀo:t]

ovos (m pl) estrelados	Spiegelei (n)	['ʃpiːgəl,ʔaɪ]
hambúrguer (m)	Hamburger (m)	['ham,bʊʁgɐ]
bife (m)	Beefsteak (n)	['biːfˌʃteːk]

conduto (m)	Beilage (f)	['baɪˌlaːgə]
espaguete (m)	Spaghetti (pl)	[ʃpa'gɛti]
puré (m) de batata	Kartoffelpüree (n)	[kaʁ'tɔfəlˈpyˌʁeː]
pizza (f)	Pizza (f)	['pɪtsa]
papa (f)	Brei (m)	[bʁaɪ]
omelete (f)	Omelett (n)	[ɔm'lɛt]

cozido em água	gekocht	[gə'kɔχt]
fumado	geräuchert	[gə'ʁɔɪçɐt]
frito	gebraten	[gə'bʁaːtən]
seco	getrocknet	[gə'tʁɔknət]
congelado	tiefgekühlt	['tiːfgəˌkyːlt]
em conserva	mariniert	[maʁi'niːɐt]

doce (açucarado)	süß	[zyːs]
salgado	salzig	['zaltsɪç]
frio	kalt	[kalt]
quente	heiß	[haɪs]
amargo	bitter	['bɪtɐ]
gostoso	lecker	['lɛkɐ]

cozinhar (em água a ferver)	kochen (vt)	['kɔχən]
fazer, preparar (vt)	zubereiten (vt)	['tsuːbəˌʁaɪtən]
fritar (vt)	braten (vt)	['bʁaːtən]
aquecer (vt)	aufwärmen (vt)	['aʊfˌvɛʁmən]

salgar (vt)	salzen (vt)	['zaltsən]
apimentar (vt)	pfeffern (vt)	['pfɛfɐn]
ralar (vt)	reiben (vt)	['ʁaɪbən]
casca (f)	Schale (f)	['ʃaːlə]
descascar (vt)	schälen (vt)	['ʃɛːlən]

47. Especiarias

sal (m)	Salz (n)	[zalts]
salgado	salzig	['zaltsɪç]
salgar (vt)	salzen (vt)	['zaltsən]

pimenta (f) preta	schwarzer Pfeffer (m)	['ʃvaʁtsɐ 'pfɛfɐ]
pimenta (f) vermelha	roter Pfeffer (m)	['ʁoːtɐ 'pfɛfɐ]
mostarda (f)	Senf (m)	[zɛnf]
raiz-forte (f)	Meerrettich (m)	['meːɐˌʁɛtɪç]

condimento (m)	Gewürz (n)	[gə'vʏʁts]
especiaria (f)	Gewürz (n)	[gə'vʏʁts]
molho (m)	Soße (f)	['zoːsə]
vinagre (m)	Essig (m)	['ɛsɪç]

| anis (m) | Anis (m) | [a'niːs] |
| manjericão (m) | Basilikum (n) | [ba'ziːlikʊm] |

cravo (m)	Nelke (f)	['nɛlkə]
gengibre (m)	Ingwer (m)	['ɪŋvɐ]
coentro (m)	Koriander (m)	[ko'ʀɪandɐ]
canela (f)	Zimt (m)	[tsɪmt]

sésamo (m)	Sesam (m)	['ze:zam]
folhas (f pl) de louro	Lorbeerblatt (n)	['lɔʁbeːɐˌblat]
páprica (f)	Paprika (m)	['papʁika]
cominho (m)	Kümmel (m)	['kʏməl]
açafrão (m)	Safran (m)	['zafʀan]

48. Refeições

comida (f)	Essen (n)	['ɛsən]
comer (vt)	essen (vi, vt)	['ɛsən]

pequeno-almoço (m)	Frühstück (n)	['fʀy:ʃtʏk]
tomar o pequeno-almoço	frühstücken (vi)	['fʀy:ʃtʏkən]
almoço (m)	Mittagessen (n)	['mɪta:kˌʔɛsən]
almoçar (vi)	zu Mittag essen	[tsu 'mɪta:k 'ɛsən]
jantar (m)	Abendessen (n)	['a:bəntˌʔɛsən]
jantar (vi)	zu Abend essen	[tsu 'a:bənt 'ɛsən]

apetite (m)	Appetit (m)	[ape'ti:t]
Bom apetite!	Guten Appetit!	[ˌgutən ˌʔape'ti:t]

abrir (~ uma lata, etc.)	öffnen (vt)	['œfnən]
derramar (vt)	verschütten (vt)	[fɛɐ'ʃʏtən]
derramar-se (vr)	verschüttet werden	[fɛɐ'ʃʏtət 've:ɐdən]

ferver (vi)	kochen (vi)	['kɔχən]
ferver (vt)	kochen (vt)	['kɔχən]
fervido	gekocht	[gə'kɔχt]

arrefecer (vt)	kühlen (vt)	['ky:lən]
arrefecer-se (vr)	abkühlen (vi)	['apˌky:lən]

sabor, gosto (m)	Geschmack (m)	[gə'ʃmak]
gostinho (m)	Beigeschmack (m)	['baɪgəˌʃmak]

fazer dieta	auf Diät sein	[aʊf di'ɛ:t zaɪn]
dieta (f)	Diät (f)	[di'ɛ:t]
vitamina (f)	Vitamin (n)	[vita'mi:n]
caloria (f)	Kalorie (f)	[kalo'ʀi:]

vegetariano (m)	Vegetarier (m)	[vege'ta:ʀɪɐ]
vegetariano	vegetarisch	[vege'ta:ʀɪʃ]

gorduras (f pl)	Fett (n)	[fɛt]
proteínas (f pl)	Protein (n)	[pʀote'i:n]
carboidratos (m pl)	Kohlenhydrat (n)	['ko:lənhyˌdʀa:t]
fatia (~ de limão, etc.)	Scheibchen (n)	['ʃaɪpçən]
pedaço (~ de bolo)	Stück (n)	[ʃtʏk]
migalha (f)	Krümel (m)	['kʀy:məl]

49. Por a mesa

colher (f)	Löffel (m)	['lœfəl]
faca (f)	Messer (n)	['mɛsɐ]
garfo (m)	Gabel (f)	[ga:bəl]
chávena (f)	Tasse (f)	['tasə]
prato (m)	Teller (m)	['tɛlɐ]
pires (m)	Untertasse (f)	['ʊntɐˌtasə]
guardanapo (m)	Serviette (f)	[zɛʁ'vɪɛtə]
palito (m)	Zahnstocher (m)	['tsa:nˌʃtɔχɐ]

50. Restaurante

restaurante (m)	Restaurant (n)	[ʀɛsto'ʀaŋ]
café (m)	Kaffeehaus (n)	[ka'fe:ˌhaʊs]
bar (m), cervejaria (f)	Bar (f)	[ba:ɐ]
salão (m) de chá	Teesalon (m)	['te:ˑza'lɔŋ]

empregado (m) de mesa	Kellner (m)	['kɛlnɐ]
empregada (f) de mesa	Kellnerin (f)	['kɛlnəʀɪn]
barman (m)	Barmixer (m)	['ba:ɐˌmɪksɐ]

ementa (f)	Speisekarte (f)	['ʃpaɪzəˌkaʁtə]
lista (f) de vinhos	Weinkarte (f)	['vaɪnˌkaʁtə]
reservar uma mesa	einen Tisch reservieren	['aɪnən tɪʃ ʀezɛʁ'vi:ʀən]

prato (m)	Gericht (n)	[gə'ʀɪçt]
pedir (vt)	bestellen (vt)	[bə'ʃtɛlən]
fazer o pedido	eine Bestellung aufgeben	['aɪnə bə'ʃtɛlʊŋ 'aʊfˌge:bən]

aperitivo (m)	Aperitif (m)	[apeʀi'ti:f]
entrada (f)	Vorspeise (f)	['fo:ɐˌʃpaɪzə]
sobremesa (f)	Nachtisch (m)	['na:χˌtɪʃ]

conta (f)	Rechnung (f)	['ʀɛçnʊŋ]
pagar a conta	Rechnung bezahlen	['ʀɛçnʊŋ bə'tsa:lən]
dar o troco	das Wechselgeld geben	[das 'vɛksəlˌgɛlt 'ge:bən]
gorjeta (f)	Trinkgeld (n)	['tʀɪŋkˌgɛlt]

Família, parentes e amigos

51. Informação pessoal. Formulários

nome (m)	Vorname (m)	['fo:ɐ̯na:mə]
apelido (m)	Name (m)	['na:mə]
data (f) de nascimento	Geburtsdatum (n)	[gə'bu:ɛts͵da:tʊm]
local (m) de nascimento	Geburtsort (m)	[gə'bu:ɛts͵ʔɔʁt]

nacionalidade (f)	Nationalität (f)	[natsjɔnali'tɛ:t]
lugar (m) de residência	Wohnort (m)	['vo:n͵ʔɔʁt]
país (m)	Land (n)	[lant]
profissão (f)	Beruf (m)	[bə'ʀu:f]

sexo (m)	Geschlecht (n)	[gə'ʃlɛçt]
estatura (f)	Größe (f)	['gʀø:sə]
peso (m)	Gewicht (n)	[gə'vɪçt]

52. Membros da família. Parentes

mãe (f)	Mutter (f)	['mʊte]
pai (m)	Vater (m)	['fa:te]
filho (m)	Sohn (m)	[zo:n]
filha (f)	Tochter (f)	['tɔxte]

filha (f) mais nova	jüngste Tochter (f)	['jʏŋstə 'tɔxte]
filho (m) mais novo	jüngste Sohn (m)	['jʏŋstə 'zo:n]
filha (f) mais velha	ältere Tochter (f)	['ɛltəʀe 'tɔxte]
filho (m) mais velho	älterer Sohn (m)	['ɛltəʀe 'zo:n]

| irmão (m) | Bruder (m) | ['bʀu:de] |
| irmã (f) | Schwester (f) | ['ʃvɛste] |

primo (m)	Cousin (m)	[ku'zɛŋ]
prima (f)	Cousine (f)	[ku'zi:nə]
mamã (f)	Mama (f)	['mama]
papá (m)	Papa (m)	['papa]
pais (pl)	Eltern (pl)	['ɛlten]
criança (f)	Kind (n)	[kɪnt]
crianças (f pl)	Kinder (pl)	['kɪnde]

avó (f)	Großmutter (f)	['gʀo:s͵mʊte]
avô (m)	Großvater (m)	['gʀo:s͵fa:te]
neto (m)	Enkel (m)	['ɛŋkəl]
neta (f)	Enkelin (f)	['ɛŋkəlɪn]
netos (pl)	Enkelkinder (pl)	['ɛŋkəl͵kɪnde]
tio (m)	Onkel (m)	['ɔŋkəl]
tia (f)	Tante (f)	['tantə]

| sobrinho (m) | Neffe (m) | ['nɛfə] |
| sobrinha (f) | Nichte (f) | ['nɪçtə] |

sogra (f)	Schwiegermutter (f)	['ʃviːgə͵mʊtə]
sogro (m)	Schwiegervater (m)	['ʃviːgə͵faːtə]
genro (m)	Schwiegersohn (m)	['ʃviːgə͵zoːn]
madrasta (f)	Stiefmutter (f)	['ʃtiːf͵mʊtə]
padrasto (m)	Stiefvater (m)	['ʃtiːf͵faːtə]

criança (f) de colo	Säugling (m)	['zɔɪklɪŋ]
bebé (m)	Kleinkind (n)	['klaɪn͵kɪnt]
menino (m)	Kleine (m)	['klaɪnə]

mulher (f)	Frau (f)	[fʀaʊ]
marido (m)	Mann (m)	[man]
esposo (m)	Ehemann (m)	['eːə͵man]
esposa (f)	Gemahlin (f)	[gə'maːlɪn]

casado	verheiratet	[fɛɐ'haɪʀaːtət]
casada	verheiratet	[fɛɐ'haɪʀaːtət]
solteiro	ledig	['leːdɪç]
solteirão (m)	Junggeselle (m)	['jʊŋgə͵zɛlə]
divorciado	geschieden	[gə'ʃiːdən]
viúva (f)	Witwe (f)	['vɪtvə]
viúvo (m)	Witwer (m)	['vɪtvɐ]

parente (m)	Verwandte (m)	[fɛɐ'vantə]
parente (m) próximo	naher Verwandter (m)	['naːɐ fɛɐ'vantə]
parente (m) distante	entfernter Verwandter (m)	[ɛnt'fɛɐntɐ fɛɐ'vantə]
parentes (m pl)	Verwandte (pl)	[fɛɐ'vantə]

órfão (m), órfã (f)	Waise (m, f)	['vaɪzə]
tutor (m)	Vormund (m)	['foːɐ͵mʊnt]
adotar (um filho)	adoptieren (vt)	[adɔp'tiːʀən]
adotar (uma filha)	adoptieren (vt)	[adɔp'tiːʀən]

53. Amigos. Colegas de trabalho

amigo (m)	Freund (m)	[fʀɔɪnt]
amiga (f)	Freundin (f)	['fʀɔɪndɪn]
amizade (f)	Freundschaft (f)	['fʀɔɪntʃaft]
ser amigos	befreundet sein	[bə'fʀɔɪndət zaɪn]

amigo (m)	Freund (m)	[fʀɔɪnt]
amiga (f)	Freundin (f)	['fʀɔɪndɪn]
parceiro (m)	Partner (m)	['paʁtnɐ]

chefe (m)	Chef (m)	[ʃɛf]
superior (m)	Vorgesetzte (m)	['foːɐgə͵zɛtstə]
proprietário (m)	Besitzer (m)	[bə'zɪtsɐ]
subordinado (m)	Untergeordnete (m)	['ʊntɐgə͵ʔɔʁtnətə]
colega (m)	Kollege (m), Kollegin (f)	[kɔ'leːgə], [kɔ'leːgɪn]
conhecido (m)	Bekannte (m)	[bə'kantə]
companheiro (m) de viagem	Reisegefährte (m)	['ʀaɪzə͵gə'fɛːɐtə]

colega (m) de classe	Mitschüler (m)	['mɪtʃyːlɐ]
vizinho (m)	Nachbar (m)	['naxˌbaːɐ]
vizinha (f)	Nachbarin (f)	['naxbaːʀɪn]
vizinhos (pl)	Nachbarn (pl)	['naxbaːɐn]

54. Homem. Mulher

mulher (f)	Frau (f)	[fʀaʊ]
rapariga (f)	Mädchen (n)	['mɛːtçən]
noiva (f)	Braut (f)	[bʀaʊt]

bonita	schöne	['ʃøːnə]
alta	große	['gʀoːsə]
esbelta	schlanke	['ʃlaŋkə]
de estatura média	kleine	['klaɪnə]

| loura (f) | Blondine (f) | [blɔn'diːnə] |
| morena (f) | Brünette (f) | [bʀy'nɛtə] |

de senhora	Damen-	['daːmən]
virgem (f)	Jungfrau (f)	['jʊŋfʀaʊ]
grávida	schwangere	['ʃvaŋəʀə]

homem (m)	Mann (m)	[man]
louro (m)	Blonde (m)	['blɔndə]
moreno (m)	Brünette (m)	[bʀy'nɛtə]
alto	hoch	[hoːx]
de estatura média	klein	[klaɪn]

rude	grob	[gʀoːp]
atarracado	untersetzt	[ˌʊntɐ'zɛtst]
robusto	robust	[ʀo'bʊst]
forte	stark	[ʃtaʀk]
força (f)	Kraft (f)	[kʀaft]

gordo	dick	[dɪk]
moreno	dunkelhäutig	['dʊŋkəlˌhɔɪtɪç]
esbelto	schlank	[ʃlaŋk]
elegante	elegant	[ele'gant]

55. Idade

idade (f)	Alter (n)	['altɐ]
juventude (f)	Jugend (f)	['juːgənt]
jovem	jung	[jʊŋ]

| mais novo | jünger | ['jʏŋɐ] |
| mais velho | älter | ['ɛltɐ] |

jovem (m)	Junge (m)	['jʊŋə]
adolescente (m)	Teenager (m)	['tiːneːdʒɐ]
rapaz (m)	Bursche (m)	['bʊʀʃə]

| velhote (m) | Greis (m) | [gʀaɪs] |
| velhota (f) | alte Frau (f) | ['altə 'fʀaʊ] |

adulto	Erwachsene (f)	[ɛɐ'vaksənə]
de meia-idade	in mittleren Jahren	[ɪn 'mɪtləʀən 'jaːʀən]
de certa idade	älterer	['ɛltəʀɐ]
idoso	alt	[alt]

reforma (f)	Ruhestand (m)	['ʀuːəʃtant]
reformar-se (vr)	in Rente gehen	[ɪn 'ʀɛntə 'geːən]
reformado (m)	Rentner (m)	['ʀɛntnɐ]

56. Crianças

criança (f)	Kind (n)	[kɪnt]
crianças (f pl)	Kinder (pl)	['kɪndɐ]
gémeos (m pl)	Zwillinge (pl)	['tsvɪlɪŋə]

berço (m)	Wiege (f)	['viːgə]
guizo (m)	Rassel (f)	['ʀasəl]
fralda (f)	Windel (f)	['vɪndəl]

chupeta (f)	Schnuller (m)	['ʃnʊlɐ]
carrinho (m) de bebé	Kinderwagen (m)	['kɪndɐˌvaːgən]
jardim (m) de infância	Kindergarten (m)	['kɪndɐˌgaʀtən]
babysitter (f)	Kinderfrau (f)	['kɪndɐˌfʀaʊ]

infância (f)	Kindheit (f)	['kɪnthaɪt]
boneca (f)	Puppe (f)	['pʊpə]
brinquedo (m)	Spielzeug (n)	['ʃpiːlˌtsɔɪk]
jogo (m) de armar	Baukasten (m)	['baʊˌkastən]

bem-educado	wohlerzogen	['voːlɛɐˌtsoːgən]
mal-educado	ungezogen	['ʊngəˌtsoːgən]
mimado	verwöhnt	[fɛɐ'vøːnt]

ser travesso	unartig sein	['ʊnʔaʀtɪç zaɪn]
travesso, traquinas	unartig	['ʊnʔaʀtɪç]
travessura (f)	Unart (f)	['ʊnʔaʀt]
criança (f) travessa	Schelm (m)	[ʃɛlm]

| obediente | gehorsam | [gə'hoːɐzaːm] |
| desobediente | ungehorsam | ['ʊngəˌhoːɐzaːm] |

dócil	fügsam	[fyːksam]
inteligente	klug	[kluːk]
menino (m) prodígio	Wunderkind (n)	['vʊndɐˌkɪnt]

57. Casais. Vida de família

| beijar (vt) | küssen (vt) | ['kʏsən] |
| beijar-se (vr) | sich küssen | [zɪç 'kʏsən] |

família (f)	Familie (f)	[fa'mi:liə]
familiar	Familien-	[fa'mi:liən]
casal (m)	Paar (n)	[pa:ɐ]
matrimónio (m)	Ehe (f)	['e:ə]
lar (m)	Heim (n)	['haɪm]
dinastia (f)	Dynastie (f)	[dynas'ti:]

| encontro (m) | Rendezvous (n) | [ʀande'vu:] |
| beijo (m) | Kuss (m) | [kʊs] |

amor (m)	Liebe (f)	['li:bə]
amar (vt)	lieben (vt)	['li:bən]
amado, querido	geliebt	[gə'li:pt]

ternura (f)	Zärtlichkeit (f)	['tsɛ:ɐtlɪçkaɪt]
terno, afetuoso	zärtlich	['tsɛ:ɐtlɪç]
fidelidade (f)	Treue (f)	['tʀɔɪə]
fiel	treu	[tʀɔɪ]
cuidado (m)	Fürsorge (f)	['fy:ɐ‚zɔʀgə]
carinhoso	sorgsam	['zɔʀkza:m]

recém-casados (m pl)	Frischvermählte (pl)	['fʀɪʃˌfɛɐ'mɛ:ltə]
lua de mel (f)	Flitterwochen (pl)	['flɪtɐˌvɔχən]
casar-se (com um homem)	heiraten (vi)	['haɪʀa:tən]
casar-se (com uma mulher)	heiraten (vi)	['haɪʀa:tən]

boda (f)	Hochzeit (f)	['hɔχˌtsaɪt]
bodas (f pl) de ouro	goldene Hochzeit (f)	['gɔldənə 'hɔχˌtsaɪt]
aniversário (m)	Jahrestag (m)	['ja:ʀəsˌta:k]

| amante (m) | Geliebte (m) | [gə'li:ptə] |
| amante (f) | Geliebte (f) | [gə'li:ptə] |

adultério (m)	Ehebruch (m)	['e:əˌbʀʊχ]
cometer adultério	Ehebruch begehen	['e:əˌbʀʊχ bə'ge:ən]
ciumento	eifersüchtig	['aɪfɐˌzʏçtɪç]
ser ciumento	eifersüchtig sein	['aɪfɐˌzʏçtɪç zaɪn]
divórcio (m)	Scheidung (f)	['ʃaɪdʊŋ]
divorciar-se (vr)	sich scheiden lassen	[zɪç 'ʃaɪdən 'lasən]

brigar (discutir)	streiten (vi)	['ʃtʀaɪtən]
fazer as pazes	sich versöhnen	[zɪç fɛɐ'zø:nən]
juntos	zusammen	[tsu'zamən]
sexo (m)	Sex (m)	[sɛks], [zɛks]

felicidade (f)	Glück (n)	[glʏk]
feliz	glücklich	['glʏklɪç]
infelicidade (f)	Unglück (n)	['ʊnˌglʏk]
infeliz	unglücklich	['ʊnˌglʏklɪç]

Caráter. Sentimentos. Emoções

58. Sentimentos. Emoções

sentimento (m)	Gefühl (n)	[gə'fy:l]
sentimentos (m pl)	Gefühle (pl)	[gə'fy:lə]
sentir (vt)	fühlen (vt)	['fy:lən]
fome (f)	Hunger (m)	['hʊŋə]
ter fome	hungrig sein	['hʊŋʀɪç zaɪn]
sede (f)	Durst (m)	[dʊʁst]
ter sede	Durst haben	['dʊʁst 'ha:bən]
sonolência (f)	Schläfrigkeit (f)	['ʃlɛ:fʀɪçkaɪt]
estar sonolento	schlafen wollen	['ʃla:fən 'vɔlən]
cansaço (m)	Müdigkeit (f)	['my:dɪçkaɪt]
cansado	müde	['my:də]
ficar cansado	müde werden	['my:də 've:ɐdən]
humor (m)	Laune (f)	['laʊnə]
tédio (m)	Langeweile (f)	['laŋəˌvaɪlə]
aborrecer-se (vr)	sich langweilen	[zɪç 'laŋˌvaɪlən]
isolamento (m)	Zurückgezogenheit (n)	[tsu'ʀʏkgəˌtso:gənhaɪt]
isolar-se	sich zurückziehen	[zɪç tsu'ʀʏkˌtsi:ən]
preocupar (vt)	beunruhigen (vt)	[bə'ʔʊnˌʀu:ɪgən]
preocupar-se (vr)	sorgen (vi)	['zɔʁgən]
preocupação (f)	Besorgnis (f)	[bə'zɔʁknɪs]
ansiedade (f)	Angst (f)	['aŋst]
preocupado	besorgt	[bə'zɔʁkt]
estar nervoso	nervös sein	[nɛʁ'vø:s zaɪn]
entrar em pânico	in Panik verfallen (vi)	[ɪn 'pa:nɪk fɛɐ'falən]
esperança (f)	Hoffnung (f)	['hɔfnʊŋ]
esperar (vt)	hoffen (vi)	['hɔfən]
certeza (f)	Sicherheit (f)	['zɪçɐhaɪt]
certo	sicher	['zɪçɐ]
indecisão (f)	Unsicherheit (f)	['ʊnˌzɪçɐhaɪt]
indeciso	unsicher	['ʊnˌzɪçɐ]
ébrio, bêbado	betrunken	[bə'tʀʊŋkən]
sóbrio	nüchtern	['nʏçtən]
fraco	schwach	['ʃvaχ]
feliz	glücklich	['glʏklɪç]
assustar (vt)	erschrecken (vt)	[ɛɐ'ʃʀɛkən]
fúria (f)	Wut (f)	[vu:t]
ira, raiva (f)	Rage (f)	['ʀa:ʒə]
depressão (f)	Depression (f)	[depʀɛ'sjo:n]
desconforto (m)	Unbehagen (n)	['ʊnbəˌha:gən]

conforto (m)	Komfort (m)	[kɔm'foːɐ]
arrepender-se (vr)	bedauern (vt)	[bə'dauən]
arrependimento (m)	Bedauern (n)	[bə'dauən]
azar (m), má sorte (f)	Missgeschick (n)	['mɪsgəˌʃɪk]
tristeza (f)	Kummer (m)	['kʊmɐ]

vergonha (f)	Scham (f)	[ʃaːm]
alegria (f)	Freude (f)	['frɔɪdə]
entusiasmo (m)	Begeisterung (f)	[bə'gaɪstərʊŋ]
entusiasta (m)	Enthusiast (m)	[ɛntu'zɪast]
mostrar entusiasmo	Begeisterung zeigen	[bə'gaɪstərʊŋ 'tsaɪgən]

59. Caráter. Personalidade

caráter (m)	Charakter (m)	[ka'ʀaktɐ]
falha (f) de caráter	Charakterfehler (m)	[ka'ʀaktɐˌfeːlɐ]
mente (f)	Verstand (m)	[fɛɐ'ʃtant]
razão (f)	Vernunft (f)	[fɛɐ'nʊnft]

consciência (f)	Gewissen (n)	[gə'vɪsən]
hábito (m)	Gewohnheit (f)	[gə'voːnhaɪt]
habilidade (f)	Fähigkeit (f)	['fɛːɪçkaɪt]
saber (~ nadar, etc.)	können (v mod)	['kœnən]

paciente	geduldig	[gə'dʊldɪç]
impaciente	ungeduldig	['ʊngədʊldɪç]
curioso	neugierig	['nɔɪˌgiːʀɪç]
curiosidade (f)	Neugier (f)	['nɔɪˌgiːɐ]

modéstia (f)	Bescheidenheit (f)	[bə'ʃaɪdənhaɪt]
modesto	bescheiden	[bə'ʃaɪdən]
imodesto	unbescheiden	['ʊnbə'ʃaɪdən]

preguiça (f)	Faulheit (f)	['faʊlhaɪt]
preguiçoso	faul	[faʊl]
preguiçoso (m)	Faulenzer (m)	['faʊlɛntsɐ]

astúcia (f)	Listigkeit (f)	['lɪstɪçkaɪt]
astuto	listig	['lɪstɪç]
desconfiança (f)	Misstrauen (n)	['mɪsˌtʀaʊən]
desconfiado	misstrauisch	['mɪstʀaʊɪʃ]

generosidade (f)	Freigebigkeit (f)	['fʀaɪˌgeːbɪçkaɪt]
generoso	freigebig	['fʀaɪˌgeːbɪç]
talentoso	talentiert	[talɛn'tiːɐt]
talento (m)	Talent (n)	[ta'lɛnt]

corajoso	tapfer	['tapfɐ]
coragem (f)	Tapferkeit (f)	['tapfɐkaɪt]
honesto	ehrlich	['eːɐlɪç]
honestidade (f)	Ehrlichkeit (f)	['eːɐlɪçkaɪt]

| prudente | vorsichtig | ['foːɐˌzɪçtɪç] |
| valente | tapfer | ['tapfɐ] |

| sério | ernst | [ɛʁnst] |
| severo | streng | [ʃtʁɛŋ] |

decidido	entschlossen	[ɛnt'ʃlɔsən]
indeciso	unentschlossen	['ʊn?ɛntʃlɔsən]
tímido	schüchtern	['ʃʏçtɐn]
timidez (f)	Schüchternheit (f)	['ʃʏçtɐnhaɪt]

confiança (f)	Vertrauen (n)	[fɛɐ'tʁaʊən]
confiar (vt)	vertrauen (vi)	[fɛɐ'tʁaʊən]
crédulo	vertrauensvoll	[fɛɐ'tʁaʊəns͵fɔl]

sinceramente	aufrichtig	['aʊf͵ʁɪçtɪç]
sincero	aufrichtig	['aʊf͵ʁɪçtɪç]
sinceridade (f)	Aufrichtigkeit (f)	['aʊf͵ʁɪçtɪçkaɪt]
aberto	offen	['ɔfən]

calmo	still	[ʃtɪl]
franco	freimütig	['fʁaɪ͵myːtɪç]
ingénuo	naiv	[na'iːf]
distraído	zerstreut	[tsɛɐ'ʃtʁɔɪt]
engraçado	drollig, komisch	['dʁɔlɪç], ['koːmɪʃ]

ganância (f)	Gier (f)	[giːɐ]
ganancioso	habgierig	['haːp͵giːʁɪç]
avarento	geizig	['gaɪtsɪç]
mau	böse	['bøːzə]
teimoso	hartnäckig	['haʁt͵nɛkɪç]
desagradável	unangenehm	['ʊn?angə͵neːm]

egoísta (m)	Egoist (m)	[ego'ɪst]
egoísta	egoistisch	[ego'ɪstɪʃ]
cobarde (m)	Feigling (m)	['faɪklɪŋ]
cobarde	feige	['faɪgə]

60. O sono. Sonhos

dormir (vi)	schlafen (vi)	['ʃlaːfən]
sono (m)	Schlaf (m)	[ʃlaːf]
sonho (m)	Traum (m)	[tʁaʊm]
sonhar (vi)	träumen (vi, vt)	['tʁɔɪmən]
sonolento	verschlafen	[fɛɐ'ʃlaːfən]

cama (f)	Bett (n)	[bɛt]
colchão (m)	Matratze (f)	[ma'tʁatsə]
cobertor (m)	Decke (f)	['dɛkə]
almofada (f)	Kissen (n)	['kɪsən]
lençol (m)	Laken (n)	['laːkən]

insónia (f)	Schlaflosigkeit (f)	['ʃlaːflo:zɪçkaɪt]
insone	schlaflos	['ʃlaːflo:s]
sonífero (m)	Schlafmittel (n)	['ʃlaːf͵mɪtəl]
tomar um sonífero	Schlafmittel nehmen	['ʃlaːf͵mɪtəl 'neːmən]
estar sonolento	schlafen wollen	['ʃlaːfən 'vɔlən]

bocejar (vi)	gähnen (vi)	['gɛ:nən]
ir para a cama	schlafen gehen	['ʃla:fən 'ge:ən]
fazer a cama	das Bett machen	[das bɛt 'maxən]
adormecer (vi)	einschlafen (vi)	['aɪnʃaltən]

pesadelo (m)	Alptraum (m)	['alp̩traʊm]
ronco (m)	Schnarchen (n)	['ʃnaʁçən]
roncar (vi)	schnarchen (vi)	['ʃnaʁçən]

despertador (m)	Wecker (m)	['vɛkɐ]
acordar, despertar (vt)	aufwecken (vt)	['aʊf̩vɛkən]
acordar (vi)	erwachen (vi)	[ɛɐ'vaxən]
levantar-se (vr)	aufstehen (vi)	['aʊfˌʃte:ən]
lavar-se (vr)	sich waschen	[zɪç 'vaʃən]

61. Humor. Riso. Alegria

humor (m)	Humor (m)	[hu'mo:ɐ]
sentido (m) de humor	Sinn (m) für Humor	[zɪn fy:ɐ hu'mo:ɐ]
divertir-se (vr)	sich amüsieren	[zɪç amy'zi:ʁən]
alegre	froh	[fʁo:]
alegria (f)	Fröhlichkeit (f)	['fʁø:lɪçˌkaɪt]

sorriso (m)	Lächeln (n)	['lɛçəln]
sorrir (vi)	lächeln (vi)	['lɛçəln]
começar a rir	auflachen (vi)	['aʊflaxən]
rir (vi)	lachen (vi)	['laxən]
riso (m)	Lachen (n)	['laxən]

anedota (f)	Anekdote, Witz (m)	[anɛk'do:tə], [vɪts]
engraçado	lächerlich	['lɛçəlɪç]
ridículo	komisch	['ko:mɪʃ]

brincar, fazer piadas	Witz machen	[vɪts 'maxən]
piada (f)	Spaß (m)	[ʃpa:s]
alegria (f)	Freude (f)	['fʁɔɪdə]
regozijar-se (vr)	sich freuen	[zɪç 'fʁɔɪən]
alegre	froh	[fʁo:]

62. Discussão, conversação. Parte 1

| comunicação (f) | Kommunikation (f) | [kɔmunika'tsɪo:n] |
| comunicar-se (vr) | kommunizieren (vi) | [kɔmuni'tsi:ʁən] |

conversa (f)	Konversation (f)	[kɔnvɛʁza'tsjo:n]
diálogo (m)	Dialog (m)	[dia'lo:k]
discussão (f)	Diskussion (f)	[dɪskʊ'sjo:n]
debate (m)	Streitgespräch (n)	['ʃtraɪt·gə'ʃpʁɛ:ç]
debater (vt)	streiten (vi)	['ʃtraɪtən]

| interlocutor (m) | Gesprächspartner (m) | [gə'ʃpʁɛ:çsˌpaʁtnɐ] |
| tema (m) | Thema (n) | ['te:ma] |

ponto (m) de vista	Gesichtspunkt (m)	[gə'zɪçts͵puŋkt]
opinião (f)	Meinung (f)	['maɪnʊŋ]
discurso (m)	Rede (f)	['ʀe:də]

discussão (f)	Besprechung (f)	[bə'ʃpʀɛçʊŋ]
discutir (vt)	besprechen (vt)	[bə'ʃpʀɛçən]
conversa (f)	Gespräch (n)	[gə'ʃpʀɛ:ç]
conversar (vi)	Gespräche führen	[gə'ʃpʀɛ:çə 'fy:ʀən]
encontro (m)	Treffen (n)	['tʀɛfən]
encontrar-se (vr)	sich treffen	[zɪç 'tʀɛfən]

provérbio (m)	Sprichwort (n)	['ʃpʀɪç͵vɔʀt]
ditado (m)	Redensart (f)	['ʀe:dəns͵ʔa:ɐt]
adivinha (f)	Rätsel (n)	['ʀɛ:tsəl]
dizer uma adivinha	ein Rätsel aufgeben	[aɪn 'ʀɛ:tsəl 'aʊf͵ge:bən]
senha (f)	Parole (f)	[pa'ʀo:lə]
segredo (m)	Geheimnis (n)	[gə'haɪmnɪs]

juramento (m)	Eid (m), Schwur (m)	[aɪt], [ʃvu:ɐ]
jurar (vi)	schwören (vi, vt)	['ʃvø:ʀən]
promessa (f)	Versprechen (n)	[fɛɐ'ʃpʀɛçən]
prometer (vt)	versprechen (vt)	[fɛɐ'ʃpʀɛçən]

conselho (m)	Rat (m)	[ʀa:t]
aconselhar (vt)	raten (vt)	['ʀa:tən]
seguir o conselho	einen Rat befolgen	['aɪnən ʀa:t bə'fɔlgən]
escutar (~ os conselhos)	gehorchen (vi)	[gə'hɔʀçən]

novidade, notícia (f)	Neuigkeit (f)	['nɔjɪçkaɪt]
sensação (f)	Sensation (f)	[zɛnza'tsjo:n]
informação (f)	Informationen (pl)	[ɪnfɔʀma'tsjo:nən]
conclusão (f)	Schlussfolgerung (f)	['ʃlʊs͵fɔlgəʀʊŋ]
voz (f)	Stimme (f)	['ʃtɪmə]
elogio (m)	Kompliment (n)	[͵kɔmpli'mɛnt]
amável	freundlich	['fʀɔɪntlɪç]

palavra (f)	Wort (n)	[vɔʀt]
frase (f)	Phrase (f)	['fʀa:zə]
resposta (f)	Antwort (f)	['antvɔʀt]

| verdade (f) | Wahrheit (f) | ['va:ɐhaɪt] |
| mentira (f) | Lüge (f) | ['ly:gə] |

pensamento (m)	Gedanke (m)	[gə'daŋkə]
ideia (f)	Idee (f)	[i'de:]
fantasia (f)	Phantasie (f)	[fanta'zi:]

63. Discussão, conversação. Parte 2

estimado	angesehen	['angə͵ze:ən]
respeitar (vt)	respektieren (vt)	[ʀɛspɛk'ti:ʀən]
respeito (m)	Respekt (m)	[ʀe'spɛkt]
Estimado ..., Caro ...	Sehr geehrter ...	[ze:ɐ gə'le:ɐtɐ]
apresentar (vt)	bekannt machen	[bə'kant 'maxən]

travar conhecimento	**kennenlernen** (vt)	['kɛnənˌlɛʁnən]
intenção (f)	**Absicht** (f)	['apzɪçt]
tencionar (vt)	**beabsichtigen** (vt)	[bə'ʔapzɪçtɪgən]
desejo (m)	**Wunsch** (m)	[vʊnʃ]
desejar (ex. ~ boa sorte)	**wünschen** (vt)	['vʏnʃən]
surpresa (f)	**Staunen** (n)	['ʃtaunən]
surpreender (vt)	**erstaunen** (vt)	[ɛɐ'ʃtaʊnən]
surpreender-se (vr)	**staunen** (vi)	['ʃtaunən]
dar (vt)	**geben** (vt)	['ge:bən]
pegar (tomar)	**nehmen** (vt)	['ne:mən]
devolver (vt)	**herausgeben** (vt)	[hɛ'ʁaʊsˌge:bən]
dar de volta	**zurückgeben** (vt)	[tsu'ʁʏkˌge:bən]
desculpar-se (vr)	**sich entschuldigen**	[zɪç ɛnt'ʃʊldɪgən]
desculpa (f)	**Entschuldigung** (f)	[ɛnt'ʃʊldɪgʊŋ]
perdoar (vt)	**verzeihen** (vt)	[fɛɐ'tsaɪən]
falar (vi)	**sprechen** (vi)	['ʃpʁɛçən]
escutar (vt)	**hören** (vt), **zuhören** (vi)	['hø:ʁən], ['tsu:ˌhø:ʁən]
ouvir até o fim	**sich anhören**	[zɪç 'anˌhø:ʁən]
compreender (vt)	**verstehen** (vt)	[fɛɐ'ʃte:ən]
mostrar (vt)	**zeigen** (vt)	['tsaɪgən]
olhar para ...	**ansehen** (vt)	['anze:ən]
chamar (dizer em voz alta o nome)	**rufen** (vt)	['ʁu:fən]
distrair (vt)	**belästigen** (vt)	[bə'lɛstɪgən]
perturbar (vt)	**stören** (vt)	['ʃtø:ʁən]
entregar (~ em mãos)	**übergeben** (vt)	[y:bɐ'ge:bən]
pedido (m)	**Bitte** (f)	['bɪtə]
pedir (ex. ~ ajuda)	**bitten** (vt)	['bɪtən]
exigência (f)	**Verlangen** (n)	[fɛɐ'laŋən]
exigir (vt)	**verlangen** (vt)	[fɛɐ'laŋən]
chamar nomes (vt)	**necken** (vt)	['nɛkən]
zombar (vt)	**spotten** (vi)	['ʃpɔtən]
zombaria (f)	**Spott** (m)	[ʃpɔt]
alcunha (f)	**Spitzname** (m)	['ʃpɪtsˌna:mə]
insinuação (f)	**Andeutung** (f)	['anˌdɔɪtʊŋ]
insinuar (vt)	**andeuten** (vt)	['anˌdɔɪtən]
subentender (vt)	**meinen** (vt)	['maɪnən]
descrição (f)	**Beschreibung** (f)	[bə'ʃʁaɪbʊŋ]
descrever (vt)	**beschreiben** (vt)	[bə'ʃʁaɪbən]
elogio (m)	**Lob** (n)	[lo:p]
elogiar (vt)	**loben** (vt)	['lo:bən]
desapontamento (m)	**Enttäuschung** (f)	[ɛnt'tɔɪʃʊŋ]
desapontar (vt)	**enttäuschen** (vt)	[ɛnt'tɔɪʃən]
desapontar-se (vr)	**enttäuscht sein**	[ɛnt'tɔɪʃt zaɪn]
suposição (f)	**Vermutung** (f)	[fɛɐ'mu:tʊŋ]
supor (vt)	**vermuten** (vt)	[fɛɐ'mu:tən]

| advertência (f) | Warnung (f) | ['vaʁnʊŋ] |
| advertir (vt) | warnen (vt) | ['vaʁnən] |

64. Discussão, conversação. Parte 3

| convencer (vt) | überreden (vt) | [y:bɐ'ʁe:dən] |
| acalmar (vt) | beruhigen (vt) | [bə'ʁu:ɪgən] |

silêncio (o ~ é de ouro)	Schweigen (n)	['ʃvaɪgən]
ficar em silêncio	schweigen (vi)	['ʃvaɪgən]
sussurrar (vt)	flüstern (vt)	['flʏstɐn]
sussurro (m)	Flüstern (n)	['flʏstɐn]

| francamente | offen | ['ɔfən] |
| a meu ver ... | meiner Meinung nach ... | ['maɪnə 'maɪnʊŋ na:χ] |

detalhe (~ da história)	Detail (n)	[de'taɪ]
detalhado	ausführlich	['aʊsˌfy:ɐlɪç]
detalhadamente	ausführlich	['aʊsˌfy:ɐlɪç]

| dica (f) | Tipp (m) | [tɪp] |
| dar uma dica | einen Tipp geben | ['aɪnən tɪp 'ge:bən] |

olhar (m)	Blick (m)	[blɪk]
dar uma vista de olhos	anblicken (vt)	['anblikən]
fixo (olhar ~)	starr	[ʃtaʁ]
piscar (vi)	blinzeln (vi)	['blɪntsəln]
pestanejar (vt)	zwinkern (vi)	['tsvɪŋkən]
acenar (com a cabeça)	nicken (vi)	['nɪkən]

suspiro (m)	Seufzer (m)	['zɔɪftsɐ]
suspirar (vi)	aufseufzen (vi)	['aʊfˌzɔɪftsən]
estremecer (vi)	zusammenzucken (vi)	[tsu'zamənˌtsʊkən]
gesto (m)	Geste (f)	['gɛstə]
tocar (com as mãos)	berühren (vt)	[bə'ʁy:ʁən]
agarrar (algm pelo braço)	ergreifen (vt)	[ɛɐ'gʁaɪfən]
bater de leve	klopfen (vt)	['klɔpfən]

Cuidado!	Vorsicht!	['fo:ɐˌzɪçt]
A sério?	Wirklich?	['vɪʁklɪç]
Boa sorte!	Viel Glück!	[fi:l glʏk]
Compreendi!	Klar!	[kla:ɐ]
Que pena!	Schade!	['ʃa:də]

65. Acordo. Recusa

consentimento (~ mútuo)	Einverständnis (n)	['aɪnfɛɐˌʃtɛntnɪs]
consentir (vi)	zustimmen (vi)	['tsu:ˌʃtɪmən]
aprovação (f)	Billigung (f)	['bɪlɪgʊŋ]
aprovar (vt)	billigen (vt)	['bɪlɪgən]
recusa (f)	Absage (f)	['apˌza:gə]
negar-se (vt)	sich weigern	[zɪç 'vaɪgən]

Está ótimo!	Ausgezeichnet!	['aʊsgəˌtsaɪçnət]
Muito bem!	Ganz recht!	[gants ʀɛçt]
Está bem! De acordo!	Gut! Okay!	[gu:t], [o'ke:]

proibido	verboten	[fɛɐ'bo:tən]
é proibido	Es ist verboten	[ɛs ist fɛɐ'bo:tən]
é impossível	Es ist unmöglich	[ɛs ist 'ʊnmø:klɪç]
incorreto	falsch	[falʃ]

rejeitar (~ um pedido)	ablehnen (vt)	['apˌle:nən]
apoiar (vt)	unterstützen (vt)	[ˌʊntɐ'ʃtʏtsən]
aceitar (desculpas, etc.)	akzeptieren (vt)	[ˌaktsɛp'ti:ʀən]

confirmar (vt)	bestätigen (vt)	[bə'ʃtɛ:tɪgən]
confirmação (f)	Bestätigung (f)	[bə'ʃtɛ:tɪgʊŋ]
permissão (f)	Erlaubnis (f)	[ɛɐ'laʊpnɪs]
permitir (vt)	erlauben (vt)	[ɛɐ'laʊbən]
decisão (f)	Entscheidung (f)	[ɛnt'ʃaɪdʊŋ]
não dizer nada	schweigen (vi)	['ʃvaɪgən]

condição (com uma ~)	Bedingung (f)	[bə'dɪŋʊŋ]
pretexto (m)	Ausrede (f)	['aʊsˌʀe:də]
elogio (m)	Lob (n)	[lo:p]
elogiar (vt)	loben (vt)	['lo:bən]

66. Sucesso. Boa sorte. Insucesso

êxito, sucesso (m)	Erfolg (m)	[ɛɐ'fɔlk]
com êxito	erfolgreich	[ɛɐ'fɔlkʀaɪç]
bem sucedido	erfolgreich	[ɛɐ'fɔlkʀaɪç]

| sorte (fortuna) | Glück (n) | [glʏk] |
| Boa sorte! | Viel Glück! | [fi:l glʏk] |

| de sorte | Glücks- | [glʏks] |
| sortudo, felizardo | glücklich | ['glʏklɪç] |

fracasso (m)	Misserfolg (m)	['mɪsʔɛɐˌfɔlk]
pouca sorte (f)	Missgeschick (n)	['mɪsgəʃɪk]
azar (m), má sorte (f)	Unglück (n)	['ʊnˌglʏk]

| mal sucedido | missglückt | [mɪs'glʏkt] |
| catástrofe (f) | Katastrophe (f) | [ˌkatas'tʀo:fə] |

orgulho (m)	Stolz (m)	[ʃtɔlts]
orgulhoso	stolz	[ʃtɔlts]
estar orgulhoso	stolz sein	[ʃtɔlts zaɪn]

vencedor (m)	Sieger (m)	['zi:gɐ]
vencer (vi)	siegen (vi)	['zi:gən]
perder (vt)	verlieren (vt)	[fɛɐ'li:ʀən]
tentativa (f)	Versuch (m)	[fɛɐ'zu:χ]
tentar (vt)	versuchen (vt)	[fɛɐ'zu:χən]
chance (m)	Chance (f)	['ʃaŋsə]

67. Conflitos. Emoções negativas

grito (m)	Schrei (m)	[ʃʀaɪ]
gritar (vi)	schreien (vi)	['ʃʀaɪən]
começar a gritar	beginnen zu schreien	[bə'ɡɪnən tsu 'ʃʀaɪən]

discussão (f)	Zank (m)	[tsaŋk]
discutir (vt)	sich zanken	[zɪç 'tsaŋkən]
escândalo (m)	Riesenkrach (m)	['ʀiːzənˌkʀax]
criar escândalo	Krach haben	['kʀax haːbən]
conflito (m)	Konflikt (m)	[kɔn'flɪkt]
mal-entendido (m)	Missverständnis (n)	['mɪsfɛɐˌʃtɛntnɪs]

insulto (m)	Kränkung (f)	['kʀɛŋkʊŋ]
insultar (vt)	kränken (vt)	['kʀɛŋkən]
insultado	gekränkt	[ɡə'kʀɛŋkt]
ofensa (f)	Beleidigung (f)	[bə'laɪdɪɡʊŋ]
ofender (vt)	beleidigen (vt)	[bə'laɪdɪɡən]
ofender-se (vr)	sich beleidigt fühlen	[zɪç bə'laɪdɪçt 'fyːlən]

indignação (f)	Empörung (f)	[ɛm'pøːʀʊŋ]
indignar-se (vr)	sich empören	[zɪç ɛm'pøːʀən]
queixa (f)	Klage (f)	['klaːɡə]
queixar-se (vr)	klagen (vi)	['klaːɡən]

desculpa (f)	Entschuldigung (f)	[ɛnt'ʃʊldɪɡʊŋ]
desculpar-se (vr)	sich entschuldigen	[zɪç ɛnt'ʃʊldɪɡən]
pedir perdão	um Entschuldigung bitten	[ʊm ɛnt'ʃʊldɪɡʊŋ 'bɪtən]

crítica (f)	Kritik (f)	[kʀi'tiːk]
criticar (vt)	kritisieren (vt)	[kʀiti'ziːʀən]
acusação (f)	Anklage (f)	['anklaːɡə]
acusar (vt)	anklagen (vt)	['anˌklaːɡən]

vingança (f)	Rache (f)	['ʀaxə]
vingar (vt)	rächen (vt)	['ʀɛçən]
pagar de volta	sich rächen	[zɪç 'ʀɛçən]

desprezo (m)	Verachtung (f)	[fɛɐ'ʔaxtʊŋ]
desprezar (vt)	verachten (vt)	[fɛɐ'ʔaxtən]
ódio (m)	Hass (m)	[has]
odiar (vt)	hassen (vt)	['hasən]

nervoso	nervös	[nɛʁ'vøːs]
estar nervoso	nervös sein	[nɛʁ'vøːs zaɪn]
zangado	verärgert	[fɛɐ'ɛʁɡɐt]
zangar (vt)	ärgern (vt)	['ɛʁɡən]

humilhação (f)	Erniedrigung (f)	[ɛɐ'niːdʀɪɡʊŋ]
humilhar (vt)	erniedrigen (vt)	[ɛɐ'niːdʀɪɡən]
humilhar-se (vr)	sich erniedrigen	[zɪç ɛɐ'niːdʀɪɡən]

choque (m)	Schock (m)	[ʃɔk]
chocar (vt)	schockieren (vt)	[ʃɔ'kiːʀən]
aborrecimento (m)	Ärger (m)	['ɛʁɡɐ]

desagradável	unangenehm	['ʊnʔangə‚ne:m]
medo (m)	Angst (f)	['aŋst]
terrível (tempestade, etc.)	furchtbar	['fʊʁçtba:ɐ]
assustador (ex. história ~a)	schrecklich	['ʃʁɛklɪç]
horror (m)	Entsetzen (n)	[ɛnt'zɛtsən]
horrível (crime, etc.)	entsetzlich	[ɛnt'zɛtslɪç]

começar a tremer	zittern (vi)	['tsɪtən]
chorar (vi)	weinen (vi)	['vaɪnən]
começar a chorar	anfangen zu weinen	['an‚faŋən tsu: 'vaɪnən]
lágrima (f)	Träne (f)	['tʁɛ:nə]

falta (f)	Schuld (f)	[ʃʊlt]
culpa (f)	Schuldgefühl (n)	['ʃʊltgə‚fy:l]
desonra (f)	Schmach (f)	[ʃma:χ]
protesto (m)	Protest (m)	[pʁo'tɛst]
stress (m)	Stress (m)	[stʁɛs]

perturbar (vt)	stören (vt)	['ʃtø:ʁən]
zangar-se com ...	sich ärgern	[zɪç 'ɛʁgən]
zangado	ärgerlich	['ɛʁgə‚lɪç]
terminar (vt)	abbrechen (vi)	['ap‚bʁɛçən]
praguejar	schelten (vi)	['ʃɛltən]

assustar-se	erschrecken (vi)	[ɛɐ'ʃʁɛkən]
golpear (vt)	schlagen (vt)	['ʃla:gən]
brigar (na rua, etc.)	sich prügeln	[zɪç 'pʁy:gəln]

resolver (o conflito)	beilegen (vt)	['baɪ‚le:gən]
descontente	unzufrieden	['ʊntsu‚fʁi:dən]
furioso	wütend	['vy:tənt]

Não está bem!	Das ist nicht gut!	[das is nɪçt gu:t]
É mau!	Das ist schlecht!	[das is ʃlɛçt]

Medicina

68. Doenças

doença (f)	**Krankheit** (f)	['kʀaŋkhaɪt]
estar doente	**krank sein**	[kʀaŋk zaɪn]
saúde (f)	**Gesundheit** (f)	[gə'zʊnthaɪt]

nariz (m) a escorrer	**Schnupfen** (m)	['ʃnʊpfən]
amigdalite (f)	**Angina** (f)	[aŋ'giːna]
constipação (f)	**Erkältung** (f)	[ɛɐ'kɛltʊŋ]
constipar-se (vr)	**sich erkälten**	[zɪç ɛɐ'kɛltən]

bronquite (f)	**Bronchitis** (f)	[bʀɔn'çiːtɪs]
pneumonia (f)	**Lungenentzündung** (f)	['lʊŋən?ɛnt,tsʏndʊŋ]
gripe (f)	**Grippe** (f)	['gʀɪpə]

míope	**kurzsichtig**	['kʊɐts,zɪçtɪç]
presbita	**weitsichtig**	['vaɪt,zɪçtɪç]
estrabismo (m)	**Schielen** (n)	['ʃiːlən]
estrábico	**schielend**	['ʃiːlənt]
catarata (f)	**grauer Star** (m)	['gʀaʊɐ ʃtaːɐ]
glaucoma (m)	**Glaukom** (n)	[glau'koːm]

AVC (m), apoplexia (f)	**Schlaganfall** (m)	['ʃlaːk?an,fal]
ataque (m) cardíaco	**Infarkt** (m)	[ɪn'faʀkt]
enfarte (m) do miocárdio	**Herzinfarkt** (m)	['hɛɐts?ɪn,faʀkt]
paralisia (f)	**Lähmung** (f)	['lɛːmʊŋ]
paralisar (vt)	**lähmen** (vt)	['lɛːmən]

alergia (f)	**Allergie** (f)	[,alɛɐ'giː]
asma (f)	**Asthma** (n)	['astma]
diabetes (f)	**Diabetes** (m)	[dia'beːtɛs]

dor (f) de dentes	**Zahnschmerz** (m)	['tsaːn,ʃmɛʀts]
cárie (f)	**Karies** (f)	['kaːʀɪɛs]

diarreia (f)	**Durchfall** (m)	['dʊʀç,fal]
prisão (f) de ventre	**Verstopfung** (f)	[fɛɐ'ʃtɔpfʊŋ]
desarranjo (m) intestinal	**Magenverstimmung** (f)	['maːgən·fɛɐ,ʃtɪmʊŋ]
intoxicação (f) alimentar	**Vergiftung** (f)	[fɛɐ'gɪftʊŋ]
intoxicar-se	**Vergiftung bekommen**	[fɛɐ'gɪftʊŋ bə'kɔmən]

artrite (f)	**Arthritis** (f)	[aʀ'tʀiːtɪs]
raquitismo (m)	**Rachitis** (f)	[ʀa'xiːtɪs]
reumatismo (m)	**Rheumatismus** (m)	[ʀɔɪma'tɪsmʊs]
arteriosclerose (f)	**Atherosklerose** (f)	[atɛʀɔskle'ʀoːzə]

gastrite (f)	**Gastritis** (f)	[gas'tʀiːtɪs]
apendicite (f)	**Blinddarmentzündung** (f)	['blɪntdaʀm?ɛnt,tsʏndʊŋ]

| colecistite (f) | Cholezystitis (f) | [çoletsʏs'ti:tɪs] |
| úlcera (f) | Geschwür (n) | [gə'ʃvy:ɐ] |

sarampo (m)	Masern (pl)	['ma:zɐn]
rubéola (f)	Röteln (pl)	['ʀø:tɐln]
iterícia (f)	Gelbsucht (f)	['gɛlp,zuχt]
hepatite (f)	Hepatitis (f)	[ˌhepa'ti:tɪs]

esquizofrenia (f)	Schizophrenie (f)	[ʃitsofʀe'ni:]
raiva (f)	Tollwut (f)	['tɔl,vu:t]
neurose (f)	Neurose (f)	[nɔɪ'ʀo:zə]
comoção (f) cerebral	Gehirnerschütterung (f)	[gə'hɪʀn?ɛɐˌʃytəʀʊŋ]

cancro (m)	Krebs (m)	[kʀe:ps]
esclerose (f)	Sklerose (f)	[skle'ʀo:zə]
esclerose (f) múltipla	multiple Sklerose (f)	[mʊl'ti:plə skle'ʀo:zə]

alcoolismo (m)	Alkoholismus (m)	[ˌalkoho'lɪsmʊs]
alcoólico (m)	Alkoholiker (m)	[alko'ho:likɐ]
sífilis (f)	Syphilis (f)	['zy:filɪs]
SIDA (f)	AIDS	['eɪts]

tumor (m)	Tumor (m)	['tu:moːɐ]
maligno	bösartig	['bø:s,?a:ɐtɪç]
benigno	gutartig	['gu:t,?a:ɐtɪç]
febre (f)	Fieber (n)	['fi:bɐ]
malária (f)	Malaria (f)	[ma'la:ʀɪa]
gangrena (f)	Gangrän (f, n)	[gaŋ'gʀɛ:n]
enjoo (m)	Seekrankheit (f)	['ze:ˌkʀaŋkhaɪt]
epilepsia (f)	Epilepsie (f)	[epilɛ'psi:]

epidemia (f)	Epidemie (f)	[epide'mi:]
tifo (m)	Typhus (m)	['ty:fʊs]
tuberculose (f)	Tuberkulose (f)	[tubɛʀku'lo:zə]
cólera (f)	Cholera (f)	['ko:leʀa]
peste (f)	Pest (f)	[pɛst]

69. Simtomas. Tratamentos. Parte 1

sintoma (m)	Symptom (n)	[zʏmp'to:m]
temperatura (f)	Temperatur (f)	[tɛmpəʀa'tu:ɐ]
febre (f)	Fieber (n)	['fi:bɐ]
pulso (m)	Puls (m)	[pʊls]

vertigem (f)	Schwindel (m)	['ʃvɪndəl]
quente (testa, etc.)	heiß	[haɪs]
calafrio (m)	Schüttelfrost (m)	['ʃʏtəlˌfʀɔst]
pálido	blass	[blas]

tosse (f)	Husten (m)	['hu:stən]
tossir (vi)	husten (vi)	['hu:stən]
espirrar (vi)	niesen (vi)	['ni:zən]
desmaio (m)	Ohnmacht (f)	['o:nˌmaχt]
desmaiar (vi)	ohnmächtig werden	['o:nˌmɛçtɪç 've:ɐdən]

nódoa (f) negra	blauer Fleck (m)	['blauɐ flɛk]
galo (m)	Beule (f)	['bɔɪlə]
magoar-se (vr)	sich stoßen	[zɪç 'ʃto:sən]
pisadura (f)	Prellung (f)	['pRɛlʊŋ]
aleijar-se (vr)	sich stoßen	[zɪç 'ʃto:sən]

coxear (vi)	hinken (vi)	['hɪŋkən]
deslocação (f)	Verrenkung (f)	[fɛɐ'Rɛnkuŋ]
deslocar (vt)	ausrenken (vt)	['aus,Rɛŋkən]
fratura (f)	Fraktur (f)	[fRak'tu:ɐ]
fraturar (vt)	brechen (vt)	['bRɛçən]

corte (m)	Schnittwunde (f)	['ʃnɪt,vʊndə]
cortar-se (vr)	sich schneiden	[zɪç 'ʃnaɪdən]
hemorragia (f)	Blutung (f)	['blu:tʊŋ]

| queimadura (f) | Verbrennung (f) | [fɛɐ'bRɛnʊŋ] |
| queimar-se (vr) | sich verbrennen | [zɪç fɛɐ'bRɛnən] |

picar (vt)	stechen (vt)	['ʃtɛçən]
picar-se (vr)	sich stechen	[zɪç 'ʃtɛçən]
lesionar (vt)	verletzen (vt)	[fɛɐ'lɛtsən]
lesão (m)	Verletzung (f)	[fɛɐ'lɛtsʊŋ]
ferida (f), ferimento (m)	Wunde (f)	['vʊndə]
trauma (m)	Trauma (n)	['tRauma]

delirar (vi)	irrereden (vi)	['ɪRə,Re:dən]
gaguejar (vi)	stottern (vi)	['ʃtotən]
insolação (f)	Sonnenstich (m)	['zɔnənʃtɪç]

70. Simtomas. Tratamentos. Parte 2

| dor (f) | Schmerz (m) | [ʃmɛʁts] |
| farpa (no dedo) | Splitter (m) | ['ʃplɪtɐ] |

suor (m)	Schweiß (m)	[ʃvaɪs]
suar (vi)	schwitzen (vi)	['ʃvɪtsən]
vómito (m)	Erbrechen (n)	[ɛɐ'bRɛçən]
convulsões (f pl)	Krämpfe (pl)	['kRɛmpfə]

grávida	schwanger	['ʃvaŋɐ]
nascer (vi)	geboren sein	[gə'bo:Rən zaɪn]
parto (m)	Geburt (f)	[gə'bu:ɐt]
dar â luz	gebären (vt)	[gə'bɛ:Rən]
aborto (m)	Abtreibung (f)	['ap,tRaɪbʊŋ]

respiração (f)	Atem (m)	['a:təm]
inspiração (f)	Atemzug (m)	['a:təm,tsu:k]
expiração (f)	Ausatmung (f)	['aus?a:tmʊŋ]
expirar (vi)	ausatmen (vt)	['aus,?a:tmən]
inspirar (vi)	einatmen (vt)	['aɪn,?a:tmən]

| inválido (m) | Invalide (m) | [ɪnva'li:də] |
| aleijado (m) | Krüppel (m) | ['kRʏpəl] |

toxicodependente (m)	Drogenabhängiger (m)	['dʀo:gən,ʔaphɛŋɪgə]
surdo	taub	[taʊp]
mudo	stumm	[ʃtʊm]
surdo-mudo	taubstumm	['taʊp,ʃtʊm]

louco (adj.)	verrückt	[fɛɐ'ʀʏkt]
louco (m)	Irre (m)	['ɪʀə]
louca (f)	Irre (f)	['ɪʀə]
ficar louco	den Verstand verlieren	[den fɛɐ'ʃtant fɛɐ'li:ʀən]

gene (m)	Gen (n)	[ge:n]
imunidade (f)	Immunität (f)	[ɪmuni'tɛ:t]
hereditário	erblich	['ɛɐplɪç]
congénito	angeboren	['angə,bo:ʀən]

vírus (m)	Virus (m, n)	['vi:ʀʊs]
micróbio (m)	Mikrobe (f)	[mi'kʀo:bə]
bactéria (f)	Bakterie (f)	[bak'te:ʀɪə]
infeção (f)	Infektion (f)	[ɪnfɛk'tsjo:n]

71. Simtomas. Tratamentos. Parte 3

hospital (m)	Krankenhaus (n)	['kʀaŋkən,haʊs]
paciente (m)	Patient (m)	[pa'tsɪɛnt]

diagnóstico (m)	Diagnose (f)	[dia'gno:zə]
cura (f)	Heilung (f)	['haɪlʊŋ]
tratamento (m) médico	Behandlung (f)	[bə'handlʊŋ]
curar-se (vr)	Behandlung bekommen	[bə'handlʊŋ bə'kɔmən]
tratar (vt)	behandeln (vt)	[bə'handəln]
cuidar (pessoa)	pflegen (vt)	['pfle:gən]
cuidados (m pl)	Pflege (f)	['pfle:gə]

operação (f)	Operation (f)	[opəʀa'tsjo:n]
enfaixar (vt)	verbinden (vt)	[fɛɐ'bɪndən]
ligadura (f)	Verband (m)	[fɛɐ'bant]

vacinação (f)	Impfung (f)	['ɪmpfʊŋ]
vacinar (vt)	impfen (vt)	['ɪmpfən]
injeção (f)	Spritze (f)	['ʃpʀɪtsə]
dar uma injeção	eine Spritze geben	['aɪnə 'ʃpʀɪtsə 'ge:bən]

ataque (~ de asma, etc.)	Anfall (m)	['an,fal]
amputação (f)	Amputation (f)	[amputa'tsjo:n]
amputar (vt)	amputieren (vt)	[ampu'ti:ʀən]
coma (f)	Koma (n)	['ko:ma]
estar em coma	im Koma liegen	[ɪm 'ko:ma 'li:gən]
reanimação (f)	Reanimation (f)	[ʀeʔanima'tsjo:n]

recuperar-se (vr)	genesen von ...	[gə'ne:zən fɔn]
estado (~ de saúde)	Zustand (m)	['tsu:,ʃtant]
consciência (f)	Bewusstsein (n)	[bə'vʊstzaɪn]
memória (f)	Gedächtnis (n)	[gə'dɛçtnɪs]
tirar (vt)	ziehen (vt)	['tsi:ən]

chumbo (m), obturação (f)	Plombe (f)	['plɔmbə]
chumbar, obturar (vt)	plombieren (vt)	[plɔm'bi:ʀən]

hipnose (f)	Hypnose (f)	[hʏp'no:zə]
hipnotizar (vt)	hypnotisieren (vt)	[hʏpnoti'zi:ʀən]

72. Médicos

médico (m)	Arzt (m)	[aʁtst]
enfermeira (f)	Krankenschwester (f)	[kʀaŋkənʃvɛstə]
médico (m) pessoal	Privatarzt (m)	[pʀi'va:t‚ʔaʁtst]

dentista (m)	Zahnarzt (m)	['tsa:n‚ʔaʁtst]
oculista (m)	Augenarzt (m)	['augən‚ʔaʁtst]
terapeuta (m)	Internist (m)	[ɪntɛ'nɪst]
cirurgião (m)	Chirurg (m)	[çi'ʀuʁk]

psiquiatra (m)	Psychiater (m)	[psy'çɪa:tə]
pediatra (m)	Kinderarzt (m)	['kɪndɐ‚ʔaʁtst]
psicólogo (m)	Psychologe (m)	[psyço'lo:gə]
ginecologista (m)	Frauenarzt (m)	['fʀauən‚ʔaʁtst]
cardiologista (m)	Kardiologe (m)	[kaʁdɪo'lo:gə]

73. Medicina. Drogas. Acessórios

medicamento (m)	Arznei (f)	[aʁts'naɪ]
remédio (m)	Heilmittel (n)	['haɪl‚mɪtəl]
receitar (vt)	verschreiben (vt)	[fɛɐ'ʃʀaɪbən]
receita (f)	Rezept (n)	[ʀe'tsɛpt]

comprimido (m)	Tablette (f)	[tab'letə]
pomada (f)	Salbe (f)	['zalbə]
ampola (f)	Ampulle (f)	[am'pulə]
preparado (m)	Mixtur (f)	[mɪks'tu:ɐ]
xarope (m)	Sirup (m)	['zi:ʀup]
cápsula (f)	Pille (f)	['pɪlə]
remédio (m) em pó	Pulver (n)	['pulfɐ]

ligadura (f)	Verband (m)	[fɛɐ'bant]
algodão (m)	Watte (f)	['vatə]
iodo (m)	Jod (n)	[jo:t]

penso (m) rápido	Pflaster (n)	['pflastɐ]
conta-gotas (f)	Pipette (f)	[pi'pɛtə]
termómetro (m)	Thermometer (n)	[tɛʁmo'me:tɐ]
seringa (f)	Spritze (f)	['ʃpʀɪtsə]

cadeira (f) de rodas	Rollstuhl (m)	['ʀɔlʃtu:l]
muletas (f pl)	Krücken (pl)	['kʀʏkən]

analgésico (m)	Betäubungsmittel (n)	[bə'tɔɪbuŋs‚mɪtəl]
laxante (m)	Abführmittel (n)	['apfy:ɐ‚mɪtəl]

álcool (m) etílico	Spiritus (m)	['spi:ʀitʊs]
ervas (f pl) medicinais	Heilkraut (n)	['haɪl͵kʀaʊt]
de ervas (chá ~)	Kräuter-	['kʀɔɪtɐ]

74. Fumar. Produtos tabágicos

tabaco (m)	Tabak (m)	['ta:bak]
cigarro (m)	Zigarette (f)	[tsiga'ʀɛtə]
charuto (m)	Zigarre (f)	[tsi'gaʀə]
cachimbo (m)	Pfeife (f)	['pfaɪfə]
maço (~ de cigarros)	Packung (f)	['pakʊŋ]

fósforos (m pl)	Streichhölzer (pl)	['ʃtʀaɪç͵hœltsɐ]
caixa (f) de fósforos	Streichholzschachtel (f)	['ʃtʀaɪç·hɔlts͵ʃaχtəl]
isqueiro (m)	Feuerzeug (n)	['fɔɪɐ͵tsɔɪk]
cinzeiro (m)	Aschenbecher (m)	['aʃən·bɛçɐ]
cigarreira (f)	Zigarettenetui (n)	[tsiga'ʀɛtən?ɛt͵vi:]

| boquilha (f) | Mundstück (n) | ['mʊntʃtʏk] |
| filtro (m) | Filter (n) | ['fɪltɐ] |

fumar (vi, vt)	rauchen (vi, vt)	['ʀaʊχən]
acender um cigarro	anrauchen (vt)	['an͵ʀaʊχən]
tabagismo (m)	Rauchen (n)	['ʀaʊχən]
fumador (m)	Raucher (m)	['ʀaʊχɐ]

beata (f)	Stummel (m)	['ʃtʊməl]
fumo (m)	Rauch (m)	[ʀaʊχ]
cinza (f)	Asche (f)	['aʃə]

73

HABITAT HUMANO

Cidade

75. Cidade. Vida na cidade

cidade (f)	**Stadt** (f)	[ʃtat]
capital (f)	**Hauptstadt** (f)	[ˈhaʊptˌʃtat]
aldeia (f)	**Dorf** (n)	[dɔʁf]
mapa (m) da cidade	**Stadtplan** (m)	[ˈʃtatˌplaːn]
centro (m) da cidade	**Stadtzentrum** (n)	[ˈʃtatˌtsɛntʁʊm]
subúrbio (m)	**Vorort** (m)	[ˈfoːɐˌʔɔʁt]
suburbano	**Vorort-**	[ˈfoːɐˌʔɔʁt]
periferia (f)	**Stadtrand** (m)	[ˈʃtatˌʁant]
arredores (m pl)	**Umgebung** (f)	[ʊmˈɡeːbʊŋ]
quarteirão (m)	**Stadtviertel** (n)	[ˈʃtatˌfɪʁtəl]
quarteirão (m) residencial	**Wohnblock** (m)	[ˈvoːnˌblɔk]
tráfego (m)	**Straßenverkehr** (m)	[ˈʃtʁaːsənˌfɛɐˌkeːɐ]
semáforo (m)	**Ampel** (f)	[ˈampəl]
transporte (m) público	**Stadtverkehr** (m)	[ˈʃtatˌfɛɐˈkeːɐ]
cruzamento (m)	**Straßenkreuzung** (f)	[ˈʃtʁaːsənˌkʁɔɪtsʊŋ]
passadeira (f)	**Übergang** (m)	[ˈyːbɐˌɡaŋ]
passagem (f) subterrânea	**Fußgängerunterführung** (f)	[ˈfuːsˌɡɛŋɐˈʊntɐˈfyːʁʊŋ]
cruzar, atravessar (vt)	**überqueren** (vt)	[yːbɐˈkveːʁən]
peão (m)	**Fußgänger** (m)	[ˈfuːsˌɡɛŋɐ]
passeio (m)	**Gehweg** (m)	[ˈɡeːˌveːk]
ponte (f)	**Brücke** (f)	[ˈbʁʏkə]
margem (f) do rio	**Kai** (m)	[kaɪ]
fonte (f)	**Springbrunnen** (m)	[ˈʃpʁɪŋˌbʁʊnən]
alameda (f)	**Allee** (f)	[aˈleː]
parque (m)	**Park** (m)	[paʁk]
bulevar (m)	**Boulevard** (m)	[buleˈvaːɐ]
praça (f)	**Platz** (m)	[plats]
avenida (f)	**Avenue** (f)	[avəˈnyː]
rua (f)	**Straße** (f)	[ˈʃtʁaːsə]
travessa (f)	**Gasse** (f)	[ˈɡasə]
beco (m) sem saída	**Sackgasse** (f)	[ˈzakˌɡasə]
casa (f)	**Haus** (n)	[haʊs]
edifício, prédio (m)	**Gebäude** (n)	[ɡəˈbɔɪdə]
arranha-céus (m)	**Wolkenkratzer** (m)	[ˈvɔlkənˌkʁatsɐ]
fachada (f)	**Fassade** (f)	[faˈsaːdə]
telhado (m)	**Dach** (n)	[daχ]

janela (f)	Fenster (n)	['fɛnstɐ]
arco (m)	Bogen (m)	['bo:ɡən]
coluna (f)	Säule (f)	['zɔɪlə]
esquina (f)	Ecke (f)	['ɛkə]

montra (f)	Schaufenster (n)	['ʃaʊˌfɛnstɐ]
letreiro (m)	Firmenschild (n)	['fɪʀmənˌʃɪlt]
cartaz (m)	Anschlag (m)	['anˌʃla:k]
cartaz (m) publicitário	Werbeposter (m)	['vɛʀbəˌpo:stɐ]
painel (m) publicitário	Werbeschild (n)	['vɛʀbəˌʃɪlt]

lixo (m)	Müll (m)	[mʏl]
cesta (f) do lixo	Mülleimer (m)	['mʏlˌʔaɪmɐ]
jogar lixo na rua	Abfall wegwerfen	['apfal 'vɛkˌvɛʀfən]
aterro (m) sanitário	Mülldeponie (f)	['mʏl·depoˌni:]

cabine (f) telefónica	Telefonzelle (f)	[tele'fo:nˌtsɛlə]
candeeiro (m) de rua	Straßenlaterne (f)	['ʃtʀa·sən·laˌtɛʀnə]
banco (m)	Bank (f)	[baŋk]

polícia (m)	Polizist (m)	[poli'tsɪst]
polícia (instituição)	Polizei (f)	[ˌpoli'tsaɪ]
mendigo (m)	Bettler (m)	['bɛtlɐ]
sem-abrigo (m)	Obdachlose (m)	['ɔpdaxˌlo:zə]

76. Instituições urbanas

loja (f)	Laden (m)	['la:dən]
farmácia (f)	Apotheke (f)	[apo'te:kə]
ótica (f)	Optik (f)	['ɔptɪk]
centro (m) comercial	Einkaufszentrum (n)	['aɪnkaʊfsˌtsɛntʀʊm]
supermercado (m)	Supermarkt (m)	['zu:pɐˌmaʀkt]

padaria (f)	Bäckerei (f)	[ˌbɛkə'ʀaɪ]
padeiro (m)	Bäcker (m)	['bɛkə]
pastelaria (f)	Konditorei (f)	[ˌkɔndito'ʀaɪ]
mercearia (f)	Lebensmittelladen (m)	['le:bənsˌmɪtɛl·la:dən]
talho (m)	Metzgerei (f)	[mɛtsgə'ʀaɪ]

loja (f) de legumes	Gemüseladen (m)	[ɡə'my:zəˌla:dən]
mercado (m)	Markt (m)	[maʀkt]

café (m)	Kaffeehaus (n)	[ka'fe:ˌhaʊs]
restaurante (m)	Restaurant (n)	[ʀɛsto'ʀaŋ]
bar (m), cervejaria (f)	Bierstube (f)	['bi:ɐˌʃtu:bə]
pizzaria (f)	Pizzeria (f)	[pɪtse'ʀi:a]

salão (m) de cabeleireiro	Friseursalon (m)	[fʀi'zø:ɐ·zaˌlɔŋ]
correios (m pl)	Post (f)	[pɔst]
lavandaria (f)	chemische Reinigung (f)	[çe:miʃə 'ʀaɪnɪɡʊŋ]
estúdio (m) fotográfico	Fotostudio (n)	['fotoʃtu:dɪo]

sapataria (f)	Schuhgeschäft (n)	['ʃu:ɡəˌʃɛft]
livraria (f)	Buchhandlung (f)	['bu:xˌhandlʊŋ]

loja (f) de artigos de desporto	Sportgeschäft (n)	['ʃpɔʁt·gə'ʃɛft]
reparação (f) de roupa	Kleiderreparatur (f)	['klaɪdə‚ʀepaʀa'tuːɐ]
aluguer (m) de roupa	Bekleidungsverleih (m)	[bə'klaɪdʊŋs·fɛɐ'laɪ]
aluguer (m) de filmes	Videothek (f)	[video'teːk]

circo (m)	Zirkus (m)	['tsɪʁkʊs]
jardim (m) zoológico	Zoo (m)	['tsoː]
cinema (m)	Kino (n)	['kiːno]
museu (m)	Museum (n)	[mu'zeːʊm]
biblioteca (f)	Bibliothek (f)	[biblio'teːk]

teatro (m)	Theater (n)	[te'aːtɐ]
ópera (f)	Opernhaus (n)	['oːpɛn‚haʊs]
clube (m) noturno	Nachtklub (m)	['naχt‚klʊp]
casino (m)	Kasino (n)	[ka'ziːno]

mesquita (f)	Moschee (f)	[mɔ'ʃeː]
sinagoga (f)	Synagoge (f)	[zyna'goːgə]
catedral (f)	Kathedrale (f)	[kate'dʀaːlə]
templo (m)	Tempel (m)	['tɛmpəl]
igreja (f)	Kirche (f)	['kɪʁçə]

instituto (m)	Institut (n)	[ɪnsti'tuːt]
universidade (f)	Universität (f)	[univɛʁzi'tɛːt]
escola (f)	Schule (f)	['ʃuːlə]

prefeitura (f)	Präfektur (f)	[pʀɛfɛk'tuːɐ]
câmara (f) municipal	Rathaus (n)	['ʀaːt‚haʊs]
hotel (m)	Hotel (n)	[ho'tɛl]
banco (m)	Bank (f)	[baŋk]

embaixada (f)	Botschaft (f)	['boːtʃaft]
agência (f) de viagens	Reisebüro (n)	['ʀaɪzə·by‚ʀoː]
agência (f) de informações	Informationsbüro (n)	[ɪnfɔʁma'tsjoːns·by‚ʀoː]
casa (f) de câmbio	Wechselstube (f)	['vɛksəl‚ʃtuːbə]

| metro (m) | U-Bahn (f) | ['uːbaːn] |
| hospital (m) | Krankenhaus (n) | ['kʀaŋkən‚haʊs] |

| posto (m) de gasolina | Tankstelle (f) | ['taŋk‚ʃtɛlə] |
| parque (m) de estacionamento | Parkplatz (m) | ['paʁk‚plats] |

77. Transportes urbanos

autocarro (m)	Bus (m)	[bʊs]
elétrico (m)	Straßenbahn (f)	['ʃtʀaːsən‚baːn]
troleicarro (m)	Obus (m)	['oːbʊs]
itinerário (m)	Linie (f)	['liːniə]
número (m)	Nummer (f)	['nʊmɐ]

ir de ... (carro, etc.)	mit ... fahren	[mɪt ... 'faːʀən]
entrar (~ no autocarro)	einsteigen (vi)	['aɪn‚ʃtaɪgən]
descer de ...	aussteigen (vi)	['aʊs‚ʃtaɪgən]
paragem (f)	Haltestelle (f)	['haltə‚ʃtɛlə]

próxima paragem (f)	nächste Haltestelle (f)	['nɛ:çstə 'haltəˌʃtɛlə]
ponto (m) final	Endhaltestelle (f)	['ɛntˌhaltəʃtɛlə]
horário (m)	Fahrplan (m)	['fa:ɐˌpla:n]
esperar (vt)	warten (vi, vt)	['vaʁtən]

| bilhete (m) | Fahrkarte (f) | ['fa:ɐˌkaʁtə] |
| custo (m) do bilhete | Fahrpreis (m) | ['fa:ɐˌpʀaɪs] |

bilheteiro (m)	Kassierer (m)	[ka'si:ʀɐ]
controlo (m) dos bilhetes	Fahrkartenkontrolle (f)	['fa:ɐˌkaʁtən·kɔn'tʀɔlə]
revisor (m)	Kontrolleur (m)	[kɔntʀɔ'lø:ɐ]

atrasar-se (vr)	sich verspäten	[zɪç fɛɐ'ʃpɛ:tən]
perder (o autocarro, etc.)	versäumen (vt)	[fɛɐ'zɔɪmən]
estar com pressa	sich beeilen	[zɪç bə'ʔaɪlən]

táxi (m)	Taxi (n)	['taksi]
taxista (m)	Taxifahrer (m)	['taksiˌfa:ʀɐ]
de táxi (ir ~)	mit dem Taxi	[mɪt dem 'taksi]
praça (f) de táxis	Taxistand (m)	['taksiˌʃtant]
chamar um táxi	ein Taxi rufen	[aɪn 'taksi 'ʀu:fən]
apanhar um táxi	ein Taxi nehmen	[aɪn 'taksi 'ne:mən]

tráfego (m)	Straßenverkehr (m)	['ʃtʀa:sən·fɛɐˌke:ɐ]
engarrafamento (m)	Stau (m)	[ʃtaʊ]
horas (f pl) de ponta	Hauptverkehrszeit (f)	['haʊpt·fɛɐ'ke:ɐsˌtsaɪt]
estacionar (vi)	parken (vi)	['paʁkən]
estacionar (vt)	parken (vt)	['paʁkən]
parque (m) de estacionamento	Parkplatz (m)	['paʁkˌplats]

metro (m)	U-Bahn (f)	['u:ba:n]
estação (f)	Station (f)	[ʃta'tsjo:n]
ir de metro	mit der U-Bahn fahren	[mɪt de:ɐ 'u:ba:n 'fa:ʀən]
comboio (m)	Zug (m)	[tsu:k]
estação (f)	Bahnhof (m)	['ba:nˌho:f]

78. Turismo

monumento (m)	Denkmal (n)	['dɛŋkˌma:l]
fortaleza (f)	Festung (f)	['fɛstʊŋ]
palácio (m)	Palast (m)	[pa'last]
castelo (m)	Schloss (n)	[ʃlɔs]
torre (f)	Turm (m)	[tuʁm]
mausoléu (m)	Mausoleum (n)	[ˌmaʊzo'le:ʊm]

arquitetura (f)	Architektur (f)	[aʁçitɛk'tu:ɐ]
medieval	mittelalterlich	['mɪtəlˌʔaltəlɪç]
antigo	alt	[alt]
nacional	national	[natsjo'na:l]
conhecido	berühmt	[bə'ʀy:mt]

turista (m)	Tourist (m)	[tu'ʀɪst]
guia (pessoa)	Fremdenführer (m)	['fʀɛmdənˌfy:ʀɐ]
excursão (f)	Ausflug (m)	['aʊsˌflu:k]

| mostrar (vt) | zeigen (vt) | ['tsaɪgən] |
| contar (vt) | erzählen (vt) | [ɛɐ'tsɛ:lən] |

encontrar (vt)	finden (vt)	['fɪndən]
perder-se (vr)	sich verlieren	[zɪç fɛɐ'li:bən]
mapa (~ do metrô)	Karte (f)	['kaʁtə]
mapa (~ da cidade)	Karte (f)	['kaʁtə]

lembrança (f), presente (m)	Souvenir (n)	[zuvə‚ni:ɐ]
loja (f) de presentes	Souvenirladen (m)	[zuvə‚ni:ɐ'la:dən]
fotografar (vt)	fotografieren (vt)	[fotogʁa'fi:ʀən]
fotografar-se	sich fotografieren	[zɪç fotogʁa'fi:ʀən]

79. Compras

comprar (vt)	kaufen (vt)	['kaufən]
compra (f)	Einkauf (m)	['aɪn‚kaʊf]
fazer compras	einkaufen gehen	['aɪn‚kaʊfən 'ge:ən]
compras (f pl)	Einkaufen (n)	['aɪn‚kaʊfən]

| estar aberta (loja, etc.) | offen sein | ['ɔfən zaɪn] |
| estar fechada | zu sein | [tsu zaɪn] |

calçado (m)	Schuhe (pl)	['ʃu:ə]
roupa (f)	Kleidung (f)	['klaɪdʊŋ]
cosméticos (m pl)	Kosmetik (f)	[kɔs'me:tɪk]
alimentos (m pl)	Lebensmittel (pl)	['le:bəns‚mɪtəl]
presente (m)	Geschenk (n)	[gə'ʃɛŋk]

| vendedor (m) | Verkäufer (m) | [fɛɐ'kɔɪfɐ] |
| vendedora (f) | Verkäuferin (f) | [fɛɐ'kɔɪfəʀɪn] |

caixa (f)	Kasse (f)	['kasə]
espelho (m)	Spiegel (m)	['ʃpi:gəl]
balcão (m)	Ladentisch (m)	['la:dən‚tɪʃ]
cabine (f) de provas	Umkleidekabine (f)	['ʊmklaɪdə·ka‚bi:nə]

provar (vt)	anprobieren (vt)	['anpʀo‚bi:ʀən]
servir (vi)	passen (vi)	['pasən]
gostar (apreciar)	gefallen (vi)	[gə'falən]

preço (m)	Preis (m)	[pʀaɪs]
etiqueta (f) de preço	Preisschild (n)	['pʀaɪsʃɪlt]
custar (vt)	kosten (vt)	['kɔstən]
Quanto?	Wie viel?	['vi: fi:l]
desconto (m)	Rabatt (m)	[ʀa'bat]

não caro	preiswert	['pʀaɪs‚ve:ɐt]
barato	billig	['bɪlɪç]
caro	teuer	['tɔɪɐ]
É caro	Das ist teuer	[das is 'tɔɪɐ]

| aluguer (m) | Verleih (m) | [fɛɐ'laɪ] |
| alugar (vestidos, etc.) | ausleihen (vt) | ['aʊs‚laɪən] |

| crédito (m) | Kredit (m), Darlehen (n) | [kʀe'di:t], ['daʀˌle:ən] |
| a crédito | auf Kredit | [aʊf kʀe'di:t] |

80. Dinheiro

dinheiro (m)	Geld (n)	[gɛlt]
câmbio (m)	Austausch (m)	['aʊsˌtaʊʃ]
taxa (f) de câmbio	Kurs (m)	[kʊʀs]
Caixa Multibanco (m)	Geldautomat (m)	['gɛlt?aʊtoˌma:t]
moeda (f)	Münze (f)	['mʏntsə]

| dólar (m) | Dollar (m) | ['dɔlaʀ] |
| euro (m) | Euro (m) | ['ɔɪʀo] |

lira (f)	Lira (f)	['li:ʀa]
marco (m)	Mark (f)	[maʀk]
franco (m)	Franken (m)	['fʀaŋkən]
libra (f) esterlina	Pfund Sterling (n)	[pfʊnt 'ʃtɛʀlɪŋ]
iene (m)	Yen (m)	[jɛn]

dívida (f)	Schulden (pl)	['ʃʊldən]
devedor (m)	Schuldner (m)	['ʃʊldnɐ]
emprestar (vt)	leihen (vt)	['laɪən]
pedir emprestado	ausleihen (vt)	['aʊsˌlaɪən]

banco (m)	Bank (f)	[baŋk]
conta (f)	Konto (n)	['kɔnto]
depositar (vt)	einzahlen (vt)	['aɪnˌtsa:lən]
depositar na conta	auf ein Konto einzahlen	[aʊf aɪn 'kɔnto 'aɪnˌtsa:lən]
levantar (vt)	abheben (vt)	['apˌhe:bən]

cartão (m) de crédito	Kreditkarte (f)	[kʀe'di:tˌkaʀtə]
dinheiro (m) vivo	Bargeld (n)	['ba:ɐˌgɛlt]
cheque (m)	Scheck (m)	[ʃɛk]
passar um cheque	einen Scheck schreiben	['aɪnən ʃɛk 'ʃʀaɪbn]
livro (m) de cheques	Scheckbuch (n)	['ʃɛkˌbu:χ]

carteira (f)	Geldtasche (f)	['gɛltˌtaʃə]
porta-moedas (m)	Geldbeutel (m)	['gɛltˌbɔɪtəl]
cofre (m)	Safe (m)	[sɛɪf]

herdeiro (m)	Erbe (m)	['ɛʀbə]
herança (f)	Erbschaft (f)	['ɛʀpʃaft]
fortuna (riqueza)	Vermögen (n)	[fɛɐ'mø:gən]

arrendamento (m)	Pacht (f)	[paχt]
renda (f) de casa	Miete (f)	['mi:tə]
alugar (vt)	mieten (vt)	['mi:tən]

preço (m)	Preis (m)	[pʀaɪs]
custo (m)	Kosten (pl)	['kɔstən]
soma (f)	Summe (f)	['zʊmə]
gastar (vt)	ausgeben (vt)	['aʊsˌge:bən]
gastos (m pl)	Ausgaben (pl)	['aʊsˌga:bən]

| economizar (vi) | sparen (vt) | ['ʃpa:ʀən] |
| económico | sparsam | ['ʃpa:ɐza:m] |

pagar (vt)	zahlen (vt)	['tsa:lən]
pagamento (m)	Lohn (m)	[lo:n]
troco (m)	Wechselgeld (n)	['vɛksəlˌgɛlt]

imposto (m)	Steuer (f)	['ʃtɔɪɐ]
multa (f)	Geldstrafe (f)	['gɛltˌʃtʀa:fə]
multar (vt)	bestrafen (vt)	[bə'ʃtʀa:fən]

81. Correios. Serviço postal

correios (m pl)	Post (f)	[pɔst]
correio (m)	Post (f)	[pɔst]
carteiro (m)	Briefträger (m)	['bʀi:fˌtʀɛ:gɐ]
horário (m)	Öffnungszeiten (pl)	['œfnʊŋsˌtsaɪtən]

carta (f)	Brief (m)	[bʀi:f]
carta (f) registada	Einschreibebrief (m)	['aɪnʃʀaɪbəˌbʀi:f]
postal (m)	Postkarte (f)	['pɔstˌkaʁtə]
telegrama (m)	Telegramm (n)	[tele'gʀam]
encomenda (f) postal	Postpaket (n)	['pɔst·pa'ke:t]
remessa (f) de dinheiro	Geldanweisung (f)	['gɛltˌanvaɪzʊŋ]

receber (vt)	bekommen (vt)	[bə'kɔmən]
enviar (vt)	abschicken (vt)	['apˌʃɪkən]
envio (m)	Absendung (f)	['apˌzɛndʊŋ]

endereço (m)	Postanschrift (f)	['pɔstˌanʃʀɪft]
código (m) postal	Postleitzahl (f)	['pɔstlaɪtˌtsa:l]
remetente (m)	Absender (m)	['apˌzɛndɐ]
destinatário (m)	Empfänger (m)	[ɛm'pfɛŋɐ]

| nome (m) | Vorname (m) | ['fo:ɐˌna:mə] |
| apelido (m) | Nachname (m) | ['na:χˌna:mə] |

tarifa (f)	Tarif (m)	[ta'ʀi:f]
normal	Standard-	['standaʁt]
económico	Spar-	['ʃpa:ɐ]

peso (m)	Gewicht (n)	[gə'vɪçt]
pesar (estabelecer o peso)	abwiegen (vt)	['apˌvi:gən]
envelope (m)	Briefumschlag (m)	['bʀi:fʔʊmˌʃla:k]
selo (m)	Briefmarke (f)	['bʀi:fˌmaʁkə]
colar o selo	Briefmarke aufkleben	['bʀi:fˌmaʁkə 'aʊfˌkle:bən]

Moradia. Casa. Lar

82. Casa. Habitação

casa (f)	Haus (n)	[haʊs]
em casa	zu Hause	[tsu 'haʊzə]
pátio (m)	Hof (m)	[hoːf]
cerca (f)	Zaun (m)	[tsaʊn]

tijolo (m)	Ziegel (m)	['tsiːgəl]
de tijolos	Ziegel-	['tsiːgəl]
pedra (f)	Stein (m)	[ʃtaɪn]
de pedra	Stein-	[ʃtaɪn]
betão (m)	Beton (m)	[be'tɔŋ]
de betão	Beton-	[be'tɔŋ]

novo	neu	[nɔɪ]
velho	alt	[alt]
decrépito	baufällig	['baʊˌfɛlɪç]
moderno	modern	[mo'dɛʁn]
de muitos andares	mehrstöckig	['meːɐ̯ˌʃtœkɪç]
alto	hoch	[hoːχ]

| andar (m) | Stock (m) | [ʃtɔk] |
| de um andar | einstöckig | ['aɪnˌʃtœkɪç] |

| andar (m) de baixo | Erdgeschoß (n) | ['eːɐ̯t·gəˌʃoːs] |
| andar (m) de cima | oberster Stock (m) | ['obɐstə ʃtɔk] |

| telhado (m) | Dach (n) | [daχ] |
| chaminé (f) | Schlot (m) | [ʃloːt] |

telha (f)	Dachziegel (m)	['daχˌtsiːgəl]
de telha	Dachziegel-	['daχˌtsiːgəl]
sótão (m)	Dachboden (m)	['daχˌboːdən]

| janela (f) | Fenster (n) | ['fɛnstɐ] |
| vidro (m) | Glas (n) | [glaːs] |

| parapeito (m) | Fensterbrett (n) | ['fɛnstɐˌbʁɛt] |
| portadas (f pl) | Fensterläden (pl) | ['fɛnstɐˌlɛːdən] |

parede (f)	Wand (f)	[vant]
varanda (f)	Balkon (m)	[bal'koːn]
tubo (m) de queda	Regenfallrohr (n)	['ʁeːgənˌfalʁoːɐ̯]

em cima	nach oben	[naːχ 'oːbən]
subir (~ as escadas)	hinaufgehen (vi)	[hɪ'naʊfˌgeːən]
descer (vi)	herabsteigen (vi)	[hɛ'ʁapˌʃtaɪgən]
mudar-se (vr)	umziehen (vi)	['ʊmtsiːən]

83. Casa. Entrada. Elevador

entrada (f)	Eingang (m)	['aɪnˌgaŋ]
escada (f)	Treppe (f)	['tʀɛpə]
degraus (m pl)	Stufen (pl)	['ʃtu:fən]
corrimão (m)	Geländer (n)	[gə'lɛndɐ]
hall (m) de entrada	Halle (f)	['halə]
caixa (f) de correio	Briefkasten (m)	['bʀi:fˌkastən]
caixote (m) do lixo	Müllkasten (m)	['mʏlˌkastən]
conduta (f) do lixo	Müllschlucker (m)	['mʏlʃlʊkɐ]
elevador (m)	Aufzug (m), Fahrstuhl (m)	['aʊfˌtsu:k], ['fa:ɐʃtu:l]
elevador (m) de carga	Lastenaufzug (m)	['lastən·'aʊfˌtsu:k]
cabine (f)	Aufzugkabine (f)	['aʊfˌtsu:k·ka'bi:nə]
pegar o elevador	Aufzug nehmen	['aʊfˌtsu:k 'ne:mən]
apartamento (m)	Wohnung (f)	['vo:nʊŋ]
moradores (m pl)	Mieter (pl)	['mi:tɐ]
vizinho (m)	Nachbar (m)	['naxˌba:ɐ]
vizinha (f)	Nachbarin (f)	['naxba:ʀɪn]
vizinhos (pl)	Nachbarn (pl)	['naxba:ɐn]

84. Casa. Portas. Fechaduras

porta (f)	Tür (f)	[ty:ɐ]
portão (m)	Tor (n)	[to:ɐ]
maçaneta (f)	Griff (m)	[gʀɪf]
destrancar (vt)	aufschließen (vt)	['aʊfʃli:sən]
abrir (vt)	öffnen (vt)	['œfnən]
fechar (vt)	schließen (vt)	['ʃli:sən]
chave (f)	Schlüssel (m)	['ʃlʏsəl]
molho (m)	Bündel (n)	['bʏndəl]
ranger (vi)	knarren (vi)	['knaʁən]
rangido (m)	Knarren (n)	['knaʁən]
dobradiça (f)	Türscharnier (n)	['ty:ɐ ʃaʁ'ni:ɐ]
tapete (m) de entrada	Fußmatte (f)	['fu:sˌmatə]
fechadura (f)	Schloss (n)	[ʃlɔs]
buraco (m) da fechadura	Schlüsselloch (n)	['ʃlʏsəlˌlɔx]
ferrolho (m)	Türriegel (m)	['ty:ɐˌʀi:gəl]
fecho (ferrolho pequeno)	Riegel (m)	['ʀi:gəl]
cadeado (m)	Vorhängeschloss (n)	['fo:ɐhɛŋəʃlɔs]
tocar (vt)	klingeln (vi)	['klɪŋəln]
toque (m)	Klingel (f)	['klɪŋəl]
campainha (f)	Türklingel (f)	['ty:ɐˌklɪŋəl]
botão (m)	Knopf (m)	[knɔpf]
batida (f)	Klopfen (n)	['klɔpfən]
bater (vi)	anklopfen (vi)	['anˌklɔpfən]
código (m)	Code (m)	[ko:t]
fechadura (f) de código	Zahlenschloss (n)	['tsa:lənʃlɔs]

telefone (m) de porta	Sprechanlage (f)	['ʃpʀɛç?anˌlaːgə]
número (m)	Nummer (f)	['nʊmɐ]
placa (f) de porta	Türschild (n)	['tyːɐ̯ʃɪlt]
vigia (f), olho (m) mágico	Türspion (m)	['tyːɐ̯ʃpiˌoːn]

85. Casa de campo

| aldeia (f) | Dorf (n) | [dɔʀf] |
| horta (f) | Gemüsegarten (m) | [gə'myːzəˌgaʀtən] |

cerca (f)	Zaun (m)	[tsaʊn]
paliçada (f)	Lattenzaun (m)	['latənˌtsaʊn]
cancela (f) do jardim	Zauntür (f)	['tsaʊnˌtyːɐ̯]

celeiro (m)	Speicher (m)	['ʃpaɪçɐ]
adega (f)	Keller (m)	['kɛlɐ]
galpão, barracão (m)	Schuppen (m)	['ʃʊpən]
poço (m)	Brunnen (m)	['bʀʊnən]

fogão (f)	Ofen (m)	['oːfən]
atiçar o fogo	heizen (vt)	['haɪtsən]
lenha (carvão ou ~)	Holz (n)	[hɔlts]
acha (lenha)	Holzscheit (n)	['hɔltsˌʃaɪt]

| varanda (f) | Veranda (f) | [ve'ʀanda] |
| alpendre (m) | Terrasse (f) | [tɛ'ʀasə] |

| degraus (m pl) de entrada | Außentreppe (f) | ['aʊsənˌtʀɛpə] |
| balouço (m) | Schaukel (f) | ['ʃaʊkəl] |

86. Castelo. Palácio

castelo (m)	Schloss (n)	[ʃlɔs]
palácio (m)	Palast (m)	[pa'last]
fortaleza (f)	Festung (f)	['fɛstʊŋ]

muralha (f)	Mauer (f)	['maʊɐ]
torre (f)	Turm (m)	[tʊʀm]
torre (f) de menagem	Bergfried (m)	['bɛʀkˌfʀiːt]

grade (f) levadiça	Fallgatter (n)	['falˌgatɐ]
passagem (f) subterrânea	Tunnel (n)	['tʊnəl]
fosso (m)	Graben (m)	['gʀaːbən]

| corrente, cadeia (f) | Kette (f) | ['kɛtə] |
| seteira (f) | Schießscharte (f) | ['ʃiːsˌʃaʀtə] |

| magnífico | großartig, prächtig | ['gʀoːsˌ?aːɐtɪç], ['pʀɛçtɪç] |
| majestoso | majestätisch | [majɛs'tɛːtɪʃ] |

| inexpugnável | unnahbar | [ʊn'naːbaːɐ] |
| medieval | mittelalterlich | ['mɪtəlˌ?altəlɪç] |

87. Apartamento

apartamento (m)	**Wohnung** (f)	['vo:nʊŋ]
quarto (m)	**Zimmer** (n)	['tsɪmɐ]
quarto (m) de dormir	**Schlafzimmer** (n)	['ʃla:f‚tsɪmɐ]
sala (f) de jantar	**Esszimmer** (n)	['ɛs‚tsɪmɐ]
sala (f) de estar	**Wohnzimmer** (n)	['vo:n‚tsɪmɐ]
escritório (m)	**Arbeitszimmer** (n)	['aʁbaɪts‚tsɪmɐ]
antessala (f)	**Vorzimmer** (n)	['fo:ɐ‚tsɪmɐ]
quarto (m) de banho	**Badezimmer** (n)	['ba:də‚tsɪmɐ]
toilette (lavabo)	**Toilette** (f)	[toa'lɛtə]
teto (m)	**Decke** (f)	['dɛkə]
chão, soalho (m)	**Fußboden** (m)	['fu:s‚bo:dən]
canto (m)	**Ecke** (f)	['ɛkə]

88. Apartamento. Limpeza

arrumar, limpar (vt)	**aufräumen** (vt)	['aʊf‚ʀɔɪmən]
arrumar, guardar (vt)	**weglegen** (vt)	['vɛk‚le:gən]
pó (m)	**Staub** (m)	[ʃtaʊp]
empoeirado	**staubig**	['ʃtaʊbɪç]
limpar o pó	**Staub abwischen**	[ʃtaʊp 'ap‚vɪʃən]
aspirador (m)	**Staubsauger** (m)	['ʃtaʊp‚zaʊgɐ]
aspirar (vt)	**Staub saugen**	[ʃtaʊp 'zaʊgən]
varrer (vt)	**kehren, fegen** (vt)	['ke:ʀən], ['fe:gən]
sujeira (f)	**Kehricht** (m, n)	['ke:ʀɪçt]
arrumação (f), ordem (f)	**Ordnung** (f)	['ɔʁdnʊŋ]
desordem (f)	**Unordnung** (f)	['ʊn‚ʔɔʁdnʊŋ]
esfregona (f)	**Schrubber** (m)	['ʃʀʊbɐ]
pano (m), trapo (m)	**Lappen** (m)	['lapən]
vassoura (f)	**Besen** (m)	['be:zən]
pá (f) de lixo	**Kehrichtschaufel** (f)	['ke:ʀɪçtʃaʊfəl]

89. Mobiliário. Interior

mobiliário (m)	**Möbel** (n)	['mø:bəl]
mesa (f)	**Tisch** (m)	[tɪʃ]
cadeira (f)	**Stuhl** (m)	[ʃtu:l]
cama (f)	**Bett** (n)	[bɛt]
divã (m)	**Sofa** (n)	['zo:fa]
cadeirão (m)	**Sessel** (m)	['zɛsəl]
estante (f)	**Bücherschrank** (m)	['by:çɐ‚ʃʀaŋk]
prateleira (f)	**Regal** (n)	[ʀe'ga:l]
guarda-vestidos (m)	**Schrank** (m)	[ʃʀaŋk]
cabide (m) de parede	**Hakenleiste** (f)	['ha:kən‚laɪstə]

cabide (m) de pé	Kleiderständer (m)	['klaɪdəˌʃtɛndə]
cómoda (f)	Kommode (f)	[kɔ'moːdə]
mesinha (f) de centro	Couchtisch (m)	['kaʊtʃˌtɪʃ]

espelho (m)	Spiegel (m)	['ʃpiːgəl]
tapete (m)	Teppich (m)	['tɛpɪç]
tapete (m) pequeno	Matte (f)	['matə]

lareira (f)	Kamin (m)	[ka'miːn]
vela (f)	Kerze (f)	['kɛʁtsə]
castiçal (m)	Kerzenleuchter (m)	['kɛʁtsənˌlɔɪçtə]

cortinas (f pl)	Vorhänge (pl)	['foːɐ̯hɛŋə]
papel (m) de parede	Tapete (f)	[ta'peːtə]
estores (f pl)	Jalousie (f)	[ʒalu'ziː]

candeeiro (m) de mesa	Tischlampe (f)	['tɪʃˌlampə]
candeeiro (m) de parede	Leuchte (f)	['lɔɪçtə]
candeeiro (m) de pé	Stehlampe (f)	['ʃteːˌlampə]
lustre (m)	Kronleuchter (m)	['kʁoːnˌlɔɪçtə]

perna (da cadeira, etc.)	Bein (n)	[baɪn]
braço (m)	Armlehne (f)	['aʁmˌleːnə]
costas (f pl)	Lehne (f)	['leːnə]
gaveta (f)	Schublade (f)	['ʃuːpˌlaːdə]

90. Quarto de dormir

roupa (f) de cama	Bettwäsche (f)	['bɛtˌvɛʃə]
almofada (f)	Kissen (n)	['kɪsən]
fronha (f)	Kissenbezug (m)	['kɪsən·bəˌtsuːk]
cobertor (m)	Bettdecke (f)	['bɛtˌdɛkə]
lençol (m)	Laken (n)	['laːkən]
colcha (f)	Tagesdecke (f)	['taːgəsˌdɛkə]

91. Cozinha

cozinha (f)	Küche (f)	['kʏçə]
gás (m)	Gas (n)	[gaːs]
fogão (m) a gás	Gasherd (m)	['gaːsˌheːɐ̯t]
fogão (m) elétrico	Elektroherd (m)	[e'lɛktʁoˌheːɐ̯t]
forno (m)	Backofen (m)	['bakˌʔoːfən]
forno (m) de micro-ondas	Mikrowellenherd (m)	['mikʁovɛlənˌheːɐ̯t]

frigorífico (m)	Kühlschrank (m)	['kyːlˌʃʁaŋk]
congelador (m)	Tiefkühltruhe (f)	['tiːfkyːlˌtʁuːə]
máquina (f) de lavar louça	Geschirrspülmaschine (f)	[gə'ʃɪʁ·ʃpyːlˈmaˌʃiːnə]

moedor (m) de carne	Fleischwolf (m)	['flaɪʃvɔlf]
espremedor (m)	Saftpresse (f)	['zaftˌpʁɛsə]
torradeira (f)	Toaster (m)	['toːstə]
batedeira (f)	Mixer (m)	['mɪksə]

máquina (f) de café	Kaffeemaschine (f)	['kafe·maˌʃiːnə]
cafeteira (f)	Kaffeekanne (f)	['kafeˌkanə]
moinho (m) de café	Kaffeemühle (f)	['kafeˌmyːlə]

chaleira (f)	Wasserkessel (m)	['vaseˌkɛsəl]
bule (m)	Teekanne (f)	['teːˌkanə]
tampa (f)	Deckel (m)	['dɛkəl]
coador (f) de chá	Teesieb (n)	['teːˌziːp]

colher (f)	Löffel (m)	['lœfəl]
colher (f) de chá	Teelöffel (m)	['teːˌlœfəl]
colher (f) de sopa	Esslöffel (m)	['ɛsˌlœfəl]
garfo (m)	Gabel (f)	[ga:bəl]
faca (f)	Messer (n)	['mɛse]

louça (f)	Geschirr (n)	[gə'ʃɪʁ]
prato (m)	Teller (m)	['tɛle]
pires (m)	Untertasse (f)	['ʊnteˌtasə]

cálice (m)	Schnapsglas (n)	['ʃnapsˌglaːs]
copo (m)	Glas (n)	[glaːs]
chávena (f)	Tasse (f)	['tasə]

açucareiro (m)	Zuckerdose (f)	['tsʊkeˌdoːzə]
saleiro (m)	Salzstreuer (m)	['zaltsˌʃtʁɔɪe]
pimenteiro (m)	Pfefferstreuer (m)	['pfɛfeˌʃtʁɔɪe]
manteigueira (f)	Butterdose (f)	['bʊteˌdoːzə]

panela, caçarola (f)	Kochtopf (m)	['kɔxˌtopf]
frigideira (f)	Pfanne (f)	['pfanə]
concha (f)	Schöpflöffel (m)	['ʃœpfˌlœfəl]
passador (m)	Durchschlag (m)	['dʊʁçˌʃlaːk]
bandeja (f)	Tablett (n)	[ta'blɛt]

garrafa (f)	Flasche (f)	['flaʃə]
boião (m) de vidro	Einmachglas (n)	['aɪnmaxˌglaːs]
lata (f)	Dose (f)	['doːzə]

abre-garrafas (m)	Flaschenöffner (m)	['flaʃənˌʔœfne]
abre-latas (m)	Dosenöffner (m)	['doːzənˌʔœfne]
saca-rolhas (m)	Korkenzieher (m)	['kɔʁkənˌtsiːe]
filtro (m)	Filter (n)	['fɪlte]
filtrar (vt)	filtern (vt)	['fɪlten]

| lixo (m) | Müll (m) | [mʏl] |
| balde (m) do lixo | Mülleimer (m) | ['mʏlˌʔaɪme] |

92. Casa de banho

quarto (m) de banho	Badezimmer (n)	['baːdeˌtsɪme]
água (f)	Wasser (n)	['vase]
torneira (f)	Wasserhahn (m)	['vaseˌhaːn]
água (f) quente	Warmwasser (n)	['vaʁmˌvase]
água (f) fria	Kaltwasser (n)	['kaltˌvase]

pasta (f) de dentes	Zahnpasta (f)	['tsa:n‚pasta]
escovar os dentes	Zähne putzen	['tsɛ:nə 'pʊtsən]
escova (f) de dentes	Zahnbürste (f)	['tsa:n‚bʏʁstə]

barbear-se (vr)	sich rasieren	[zɪç ʁa'zi:ʁən]
espuma (f) de barbear	Rasierschaum (m)	[ʁa'zi:ɐ‚ʃaʊm]
máquina (f) de barbear	Rasierer (m)	[ʁa'zi:ʁɐ]

lavar (vt)	waschen (vt)	['vaʃən]
lavar-se (vr)	sich waschen	[zɪç 'vaʃən]
duche (m)	Dusche (f)	['du:ʃə]
tomar um duche	sich duschen	[zɪç 'du:ʃən]

banheira (f)	Badewanne (f)	['ba:də‚vanə]
sanita (f)	Klosettbecken (n)	[klo'zɛt‚bɛkən]
lavatório (m)	Waschbecken (n)	['vaʃ‚bɛkən]

| sabonete (m) | Seife (f) | ['zaɪfə] |
| saboneteira (f) | Seifenschale (f) | ['zaɪfənʃa:lə] |

esponja (f)	Schwamm (m)	[ʃvam]
champô (m)	Shampoo (n)	['ʃampu]
toalha (f)	Handtuch (n)	['hant‚tu:x]
roupão (m) de banho	Bademantel (m)	['ba:də‚mantəl]

lavagem (f)	Wäsche (f)	['vɛʃə]
máquina (f) de lavar	Waschmaschine (f)	['vaʃ·maʃi:nə]
lavar a roupa	waschen (vt)	['vaʃən]
detergente (m)	Waschpulver (n)	['vaʃ‚pʊlvɐ]

93. Eletrodomésticos

televisor (m)	Fernseher (m)	['fɛʁn‚ze:ɐ]
gravador (m)	Tonbandgerät (n)	['to:nbant·gə‚ʁɛ:t]
videogravador (m)	Videorekorder (m)	['video·ʁe‚kɔʁdɐ]
rádio (m)	Empfänger (m)	[ɛm'pfɛŋɐ]
leitor (m)	Player (m)	['plɛɪɐ]

projetor (m)	Videoprojektor (m)	['vi:deo·pʁoˌjɛkto:ɐ]
cinema (m) em casa	Heimkino (n)	['haɪmki:no]
leitor (m) de DVD	DVD-Player (m)	[defaʊ'de:‚plɛɪɐ]
amplificador (m)	Verstärker (m)	[fɛɐ'ʃtɛʁkɐ]
console (f) de jogos	Spielkonsole (f)	['ʃpi:l·kɔnˌzo:lə]

câmara (f) de vídeo	Videokamera (f)	['vi:deo‚kaməʁa]
máquina (f) fotográfica	Kamera (f)	['kaməʁa]
câmara (f) digital	Digitalkamera (f)	[digi'ta:l‚kaməʁa]

aspirador (m)	Staubsauger (m)	['ʃtaʊp‚zaʊgɐ]
ferro (m) de engomar	Bügeleisen (n)	['by:gəl‚ʔaɪzən]
tábua (f) de engomar	Bügelbrett (n)	['by:gəl‚bʁɛt]

| telefone (m) | Telefon (n) | [tele'fo:n] |
| telemóvel (m) | Mobiltelefon (n) | [mo'bi:l·teleˌfo:n] |

| máquina (f) de escrever | Schreibmaschine (f) | [ˈʃʀaɪp·maˌʃiːnə] |
| máquina (f) de costura | Nähmaschine (f) | [ˈnɛːˌmaʃiːnə] |

microfone (m)	Mikrophon (n)	[mikʀoˈfoːn]
auscultadores (m pl)	Kopfhörer (m)	[ˈkɔpfˌhøːʀɐ]
controlo remoto (m)	Fernbedienung (f)	[ˈfɛʀnbəˌdiːnʊŋ]

CD (m)	CD (f)	[tseːˈdeː]
cassete (f)	Kassette (f)	[kaˈsɛtə]
disco (m) de vinil	Schallplatte (f)	[ˈʃalˌplatə]

94. Reparações. Renovação

renovação (f)	Renovierung (f)	[ʀenoˈviːʀʊŋ]
renovar (vt), fazer obras	renovieren (vt)	[ʀenoˈviːʀən]
reparar (vt)	reparieren (vt)	[ʀepaˈʀiːʀən]
consertar (vt)	in Ordnung bringen	[ɪn ˈɔʀdnʊŋ ˈbʀɪŋən]
refazer (vt)	noch einmal machen	[nɔχ ˈaɪnmaːl ˈmaχən]

tinta (f)	Farbe (f)	[ˈfaʀbə]
pintar (vt)	streichen (vt)	[ˈʃtʀaɪçən]
pintor (m)	Anstreicher (m)	[ˈanˌʃtʀaɪçɐ]
pincel (m)	Pinsel (m)	[ˈpɪnzəl]

| cal (f) | Kalkfarbe (f) | [ˈkalkˌfaʀbə] |
| caiar (vt) | weißen (vt) | [ˈvaɪsən] |

papel (m) de parede	Tapete (f)	[taˈpeːtə]
colocar papel de parede	tapezieren (vt)	[tapeˈtsiːʀən]
verniz (m)	Lack (m)	[ˈlak]
envernizar (vt)	lackieren (vt)	[laˈkiːʀən]

95. Canalizações

água (f)	Wasser (n)	[ˈvasɐ]
água (f) quente	Warmwasser (n)	[ˈvaʀmˌvasɐ]
água (f) fria	Kaltwasser (n)	[ˈkaltˌvasɐ]
torneira (f)	Wasserhahn (m)	[ˈvasɐˌhaːn]

gota (f)	Tropfen (m)	[ˈtʀɔpfən]
gotejar (vi)	tropfen (vi)	[ˈtʀɔpfən]
vazar (vt)	durchsickern (vi)	[ˈdʊʀçˌzɪkɐn]
vazamento (m)	Leck (n)	[lɛk]
poça (f)	Lache (f)	[ˈlaːχə]

tubo (m)	Rohr (n)	[ʀoːɐ]
válvula (f)	Ventil (n)	[vɛnˈtiːl]
entupir-se (vr)	sich verstopfen	[zɪç fɛɐˈʃtɔpfən]

ferramentas (f pl)	Werkzeuge (pl)	[ˈvɛʀkˌtsɔɪɡə]
chave (f) inglesa	Engländer (m)	[ˈɛŋlɛndɐ]
desenroscar (vt)	abdrehen (vt)	[ˈapˌdʀeːən]

enroscar (vt)	zudrehen (vt)	[tsu:'dʀe:ən]
desentupir (vt)	reinigen (vt)	['ʀaɪnɪɡən]
canalizador (m)	Klempner (m)	['klɛmpnɐ]
cave (f)	Keller (m)	['kɛlɐ]
sistema (m) de esgotos	Kanalisation (f)	[kanaliza'tsjo:n]

96. Fogo. Deflagração

incêndio (m)	Feuer (n)	['fɔɪɐ]
chama (f)	Flamme (f)	['flamə]
faísca (f)	Funke (m)	['fʊŋkə]
fumo (m)	Rauch (m)	[ʀaʊχ]
tocha (f)	Fackel (f)	['fakəl]
fogueira (f)	Lagerfeuer (n)	['la:ɡɐˌfɔɪɐ]

gasolina (f)	Benzin (n)	[bɛn'tsi:n]
querosene (m)	Kerosin (n)	[keʀo'zi:n]
inflamável	brennbar	['bʀɛnba:ɐ]
explosivo	explosiv	[ɛksplo'zi:f]
PROIBIDO FUMAR!	RAUCHEN VERBOTEN!	['ʀaʊχən fɛɐ'bo:tən]

segurança (f)	Sicherheit (f)	['zɪçɐhaɪt]
perigo (m)	Gefahr (f)	[ɡə'fa:ɐ]
perigoso	gefährlich	[ɡə'fɛ:ɐlɪç]

incendiar-se (vr)	sich entflammen	[zɪç ɛnt'flamən]
explosão (f)	Explosion (f)	[ɛksplo'zjo:n]
incendiar (vt)	in Brand stecken	[ɪn bʀant 'ʃtɛkən]
incendiário (m)	Brandstifter (m)	['bʀantˌʃtɪftɐ]
incêndio (m) criminoso	Brandstiftung (f)	['bʀantˌʃtɪftʊn]

arder (vi)	flammen (vi)	['flamən]
queimar (vi)	brennen (vi)	['bʀɛnən]
queimar tudo (vi)	verbrennen (vi)	[fɛɐ'bʀɛnən]

chamar os bombeiros	die Feuerwehr rufen	[di 'fɔɪɐˌve:ɐ 'ʀu:fən]
bombeiro (m)	Feuerwehrmann (m)	['fɔɪɐve:ɐˌman]
carro (m) de bombeiros	Feuerwehrauto (n)	['fɔɪɐve:ɐˌʔaʊto]
corpo (m) de bombeiros	Feuerwehr (f)	['fɔɪɐˌve:ɐ]
escada (f)extensível	Drehleiter (f)	['dʀe:ˌlaɪtɐ]

mangueira (f)	Schlauch (m)	[ʃlaʊχ]
extintor (m)	Feuerlöscher (m)	['fɔɪɐˌlœʃɐ]
capacete (m)	Helm (m)	[hɛlm]
sirene (f)	Sirene (f)	[ˌzi'ʀe:nə]

gritar (vi)	schreien (vi)	['ʃʀaɪən]
chamar por socorro	um Hilfe rufen	[ʊm 'hɪlfə 'ʀu:fən]
salvador (m)	Retter (m)	['ʀɛtɐ]
salvar, resgatar (vt)	retten (vt)	['ʀɛtən]

chegar (vi)	ankommen (vi)	['anˌkɔmən]
apagar (vt)	löschen (vt)	['lœʃən]
água (f)	Wasser (n)	['vasɐ]

areia (f)	**Sand** (m)	[zant]
ruínas (f pl)	**Trümmer** (pl)	['tʀʏmɐ]
ruir (vi)	**zusammenbrechen** (vi)	[tsu'zamən‚bʀɛçən]
desmoronar (vi),	**einfallen** (vi)	['aɪn‚falən]
ir abaixo	**einstürzen** (vi)	['aɪnʃtyʁtsən]
fragmento (m)	**Bruchstück** (n)	['bʀʊxʃtʏk]
cinza (f)	**Asche** (f)	['aʃə]
sufocar (vi)	**ersticken** (vi)	[ɛɐ'ʃtɪkən]
ser morto, morrer (vi)	**ums Leben kommen**	[ʊms 'le:bən 'kɔmən]

ATIVIDADES HUMANAS

Emprego. Negócios. Parte 1

97. Banca

banco (m)	**Bank** (f)	[baŋk]
sucursal, balcão (f)	**Filiale** (f)	[fi'lɪaːlə]
consultor (m)	**Berater** (m)	[bə'ʀaːtɐ]
gerente (m)	**Leiter** (m)	['laɪtɐ]
conta (f)	**Konto** (n)	['kɔnto]
número (m) da conta	**Kontonummer** (f)	['kɔnto͵nʊmɐ]
conta (f) corrente	**Kontokorrent** (n)	[kɔnto·ko'ʀɛnt]
conta (f) poupança	**Sparkonto** (n)	['ʃpaːɐ͵kɔnto]
abrir uma conta	**ein Konto eröffnen**	[aɪn 'kɔnto ɛɐ'ʔœfnən]
fechar uma conta	**das Konto schließen**	[das 'kɔnto 'ʃliːsən]
depositar na conta	**auf ein Konto einzahlen**	[aʊf aɪn 'kɔnto 'aɪn͵tsaːlən]
levantar (vt)	**abheben** (vt)	['ap͵heːbən]
depósito (m)	**Einzahlung** (f)	['aɪn͵tsaːlʊŋ]
fazer um depósito	**eine Einzahlung machen**	['aɪnə 'aɪn͵tsaːlʊŋ 'maxən]
transferência (f) bancária	**Überweisung** (f)	[͵yːbɐ'vaɪzən]
transferir (vt)	**überweisen** (vt)	[͵yːbɐ'vaɪzən]
soma (f)	**Summe** (f)	['zʊmə]
Quanto?	**Wie viel?**	['viː fiːl]
assinatura (f)	**Unterschrift** (f)	['ʊntɐ͵ʃʀɪft]
assinar (vt)	**unterschreiben** (vt)	[͵ʊntɐ'ʃʀaɪbən]
cartão (m) de crédito	**Kreditkarte** (f)	[kʀe'diːt͵kaɐtə]
código (m)	**Code** (m)	[koːt]
número (m)	**Kreditkartennummer** (f)	[kʀe'diːt͵kaɐtə'nʊmɐ]
do cartão de crédito		
Caixa Multibanco (m)	**Geldautomat** (m)	['gɛlt?aʊto͵maːt]
cheque (m)	**Scheck** (m)	[ʃɛk]
passar um cheque	**einen Scheck schreiben**	['aɪnən ʃɛk 'ʃʀaɪbn]
livro (m) de cheques	**Scheckbuch** (n)	['ʃɛk͵buːx]
empréstimo (m)	**Darlehen** (m)	['daɐ͵leːən]
pedir um empréstimo	**ein Darlehen beantragen**	[aɪn 'daɐ͵leːən bə'?antʀaːgən]
obter um empréstimo	**ein Darlehen aufnehmen**	[aɪn daɐ͵leːən 'aʊf͵neːmən]
conceder um empréstimo	**ein Darlehen geben**	[aɪn 'daɐ͵leːən 'geːbən]
garantia (f)	**Sicherheit** (f)	['zɪçɐhaɪt]

98. Telefone. Conversação telefónica

telefone (m)	Telefon (n)	[teleˈfoːn]
telemóvel (m)	Mobiltelefon (n)	[moˈbiːl·teleˌfoːn]
secretária (f) electrónica	Anrufbeantworter (m)	[ˈanʀuːfbə·antˌvɔʁtə]

| fazer uma chamada | anrufen (vt) | [ˈanˌʀuːfən] |
| chamada (f) | Anruf (m) | [ˈanˌʀuːf] |

marcar um número	eine Nummer wählen	[ˈaɪnə ˈnʊmɐ ˈvɛːlən]
Alô!	Hallo!	[haˈloː]
perguntar (vt)	fragen (vt)	[ˈfʀaːgən]
responder (vt)	antworten (vi)	[ˈantˌvɔʁtən]

ouvir (vt)	hören (vt)	[ˈhøːʀən]
bem	gut	[guːt]
mal	schlecht	[ʃlɛçt]
ruído (m)	Störungen (pl)	[ˈʃtøːʀʊŋən]

auscultador (m)	Hörer (m)	[ˈhøːʀɐ]
pegar o telefone	den Hörer abnehmen	[den ˈhøːʀɐ ˈapˌneːmən]
desligar (vi)	auflegen (vt)	[ˈaʊfˌleːgən]

ocupado	besetzt	[bəˈzɛtst]
tocar (vi)	läuten (vi)	[ˈlɔɪtən]
lista (f) telefónica	Telefonbuch (n)	[teleˈfoːnˌbuːχ]

local	Orts-	[ɔʁts]
chamada (f) local	Ortsgespräch	[ɔʁts·gəˈʃpʀɛːç]
para outra cidade	Fern-	[ˈfɛʁn]
chamada (f) para outra cidade	Ferngespräch	[ˈfɛʁn·gəˈʃpʀɛːç]
internacional	Auslands-	[ˈaʊslants]
chamada (f) internacional	Auslandsgespräch	[ˈaʊslants·gəˈʃpʀɛːç]

99. Telefone móvel

telemóvel (m)	Mobiltelefon (n)	[moˈbiːl·teleˌfoːn]
ecrã (m)	Display (n)	[dɪsˈpleː]
botão (m)	Knopf (m)	[knɔpf]
cartão SIM (m)	SIM-Karte (f)	[ˈzɪmˌkaʁtə]

bateria (f)	Batterie (f)	[batəˈʀiː]
descarregar-se	leer sein	[leːɐ zaɪn]
carregador (m)	Ladegerät (n)	[ˈlaːdə·gəˈʀɛːt]

menu (m)	Menü (n)	[meˈnyː]
definições (f pl)	Einstellungen (pl)	[ˈaɪnʃtɛlʊŋən]
melodia (f)	Melodie (f)	[meloˈdiː]
escolher (vt)	auswählen (vt)	[ˈaʊsˌvɛːlən]

calculadora (f)	Rechner (m)	[ˈʀɛçnɐ]
correio (m) de voz	Anrufbeantworter (m)	[ˈanʀuːfbə·antˌvɔʁtə]
despertador (m)	Wecker (m)	[ˈvɛkɐ]

contatos (m pl)	Kontakte (pl)	[kɔn'taktə]
mensagem (f) de texto	SMS-Nachricht (f)	[ɛs?ɛm'?ɛs 'naːχˌʀɪçt]
assinante (m)	Teilnehmer (m)	['taɪlˌneːmɐ]

100. Estacionário

| caneta (f) | Kugelschreiber (m) | ['kuːɡəlˌʃʀaɪbɐ] |
| caneta (f) tinteiro | Federhalter (m) | ['feːdɐˌhaltɐ] |

lápis (m)	Bleistift (m)	['blaɪʃtɪft]
marcador (m)	Faserschreiber (m)	['faːzɐˌʃʀaɪbɐ]
caneta (f) de feltro	Filzstift (m)	['fɪltsˌʃtɪft]

| bloco (m) de notas | Notizblock (m) | [no'tiːtsˌblɔk] |
| agenda (f) | Terminkalender (m) | [tɛʁ'miːnˌkaˌlɛndɐ] |

régua (f)	Lineal (n)	[line'aːl]
calculadora (f)	Rechner (m)	['ʀɛçnɐ]
borracha (f)	Radiergummi (m)	[ʀa'diːɐˌɡʊmi]
pionés (m)	Reißzwecke (f)	['ʀaɪsˌtsvɛkə]
clipe (m)	Heftklammer (f)	['hɛftˌklamɐ]

cola (f)	Klebstoff (m)	['kleːpˌʃtɔf]
agrafador (m)	Hefter (m)	['hɛftɐ]
furador (m)	Locher (m)	['lɔχɐ]
afia-lápis (m)	Bleistiftspitzer (m)	['blaɪʃtɪftˌʃpɪtsɐ]

Emprego. Negócios. Parte 2

101. Media

jornal (m)	Zeitung (f)	['tsaɪtʊŋ]
revista (f)	Zeitschrift (f)	['tsaɪtˌʃʀɪft]
imprensa (f)	Presse (f)	['pʀɛsə]
rádio (m)	Rundfunk (m)	['ʀʊntfʊŋk]
estação (f) de rádio	Rundfunkstation (f)	['ʀʊntfʊŋk·ʃta'tsjoːn]
televisão (f)	Fernsehen (n)	['fɛʀnˌzeːən]
apresentador (m)	Moderator (m)	[mode'ʀaːtoːɐ]
locutor (m)	Sprecher (m)	['ʃpʀɛçɐ]
comentador (m)	Kommentator (m)	[kɔmən'tatoːɐ]
jornalista (m)	Journalist (m)	[ʒʊʀna'lɪst]
correspondente (m)	Korrespondent (m)	[kɔʀɛspon'dɛnt]
repórter (m) fotográfico	Bildberichterstatter (m)	['bɪlt·bə'ʀɪçt?ɛɐˌʃtatə]
repórter (m)	Reporter (m)	[ʀe'pɔʀtɐ]
redator (m)	Redakteur (m)	[ʀedak'tøːɐ]
redator-chefe (m)	Chefredakteur (m)	['ʃɛf·ʀedakˌtøːɐ]
assinar a ...	abonnieren (vt)	[abɔ'niːʀən]
assinatura (f)	Abonnement (n)	[abɔnə'maːŋ]
assinante (m)	Abonnent (m)	[abo'nɛnt]
ler (vt)	lesen (vi, vt)	['leːzən]
leitor (m)	Leser (m)	['leːzɐ]
tiragem (f)	Auflage (f)	['aʊfˌlaːɡə]
mensal	monatlich	['moːnatlɪç]
semanal	wöchentlich	['vœçəntlɪç]
número (jornal, revista)	Ausgabe (f)	['aʊsˌɡaːbə]
recente	neueste (~ Ausgabe)	['nɔɪstə]
título (m)	Titel (m)	['tiːtəl]
pequeno artigo (m)	Notiz (f)	[no'tiːts]
coluna (~ semanal)	Rubrik (f)	[ʀu'bʀiːk]
artigo (m)	Artikel (m)	[ˌaʀ'tiːkl]
página (f)	Seite (f)	['zaɪtə]
reportagem (f)	Reportage (f)	[ʀepɔʀ'taːʒə]
evento (m)	Ereignis (n)	[ɛɐ'?aɪɡnɪs]
sensação (f)	Sensation (f)	[zɛnza'tsjoːn]
escândalo (m)	Skandal (m)	[skan'daːl]
escandaloso	skandalös	[skanda'løːs]
grande	groß	[gʀoːs]
programa (m) de TV	Sendung (f)	['zɛndʊŋ]
entrevista (f)	Interview (n)	['ɪntɐvjuː]

transmissão (f) em direto	**Live-Übertragung** (f)	['laɪf?y:bɐˌtʀa:gʊŋ]
canal (m)	**Kanal** (m)	[ka'na:l]

102. Agricultura

agricultura (f)	**Landwirtschaft** (f)	['lantvɪʁtʃaft]
camponês (m)	**Bauer** (m)	['baʊɐ]
camponesa (f)	**Bäuerin** (f)	['bɔɪəʀɪn]
agricultor (m)	**Farmer** (m)	['faʁmɐ]
trator (m)	**Traktor** (m)	['tʀakto:ɐ]
ceifeira-debulhadora (f)	**Mähdrescher** (m)	['mɛ:ˌdʀɛʃɐ]
arado (m)	**Pflug** (m)	[pflu:k]
arar (vt)	**pflügen** (vt)	['pfly:gən]
campo (m) lavrado	**Acker** (m)	['akɐ]
rego (m)	**Furche** (f)	['fʊʁçə]
semear (vt)	**säen** (vt)	['zɛ:ən]
semeadora (f)	**Sämaschine** (f)	['zɛ:·ma'ʃi:nə]
semeação (f)	**Saat** (f)	['za:t]
gadanha (f)	**Sense** (f)	['zɛnzə]
gadanhar (vt)	**mähen** (vt)	['mɛ:ən]
pá (f)	**Schaufel** (f)	['ʃaʊfəl]
cavar (vt)	**graben** (vt)	['gʀa:bən]
enxada (f)	**Hacke** (f)	['hakə]
carpir (vt)	**jäten** (vt)	['jɛ:tən]
erva (f) daninha	**Unkraut** (n)	['ʊnˌkʀaʊt]
regador (m)	**Gießkanne** (f)	['gi:sˌkanə]
regar (vt)	**gießen** (vt)	['gi:sən]
rega (f)	**Bewässerung** (f)	[bə'vɛsəʀʊŋ]
forquilha (f)	**Heugabel** (f)	['hɔɪˌga:bəl]
ancinho (m)	**Rechen** (m)	[ʀɛçən]
fertilizante (m)	**Dünger** (m)	['dʏŋɐ]
fertilizar (vt)	**düngen** (vt)	['dʏŋən]
estrume (m)	**Mist** (m)	[mɪst]
campo (m)	**Feld** (n)	[fɛlt]
prado (m)	**Wiese** (f)	['vi:zə]
horta (f)	**Gemüsegarten** (m)	[gə'my:zəˌgaʁtən]
pomar (m)	**Obstgarten** (m)	['o:pstˌgaʁtən]
pastar (vt)	**weiden** (vt)	['vaɪdən]
pastor (m)	**Hirt** (m)	[hɪʁt]
pastagem (f)	**Weide** (f)	['vaɪdə]
pecuária (f)	**Viehzucht** (f)	['fi:ˌtsʊχt]
criação (f) de ovelhas	**Schafzucht** (f)	['ʃa:fˌtsʊχt]

plantação (f)	Plantage (f)	[plan'ta:ʒə]
canteiro (m)	Beet (n)	['be:t]
invernadouro (m)	Treibhaus (n)	['tʀaɪpˌhaʊs]

| seca (f) | Dürre (f) | ['dʏʀə] |
| seco (verão ~) | dürr, trocken | [dʏʁ], 'tʀɔkən] |

cereal (m)	Getreide (n)	[gə'tʀaɪdə]
cereais (m pl)	Getreidepflanzen (pl)	[gə'tʀaɪdəˌpflantsən]
colher (vt)	ernten (vt)	['ɛʁntən]

moleiro (m)	Müller (m)	['mʏlɐ]
moinho (m)	Mühle (f)	['my:lə]
moer (vt)	mahlen (vt)	['ma:lən]
farinha (f)	Mehl (n)	[me:l]
palha (f)	Stroh (n)	[ʃtʀo:]

103. Construção. Processo de construção

canteiro (m) de obras	Baustelle (f)	['baʊˌʃtɛlə]
construir (vt)	bauen (vt)	['baʊən]
construtor (m)	Bauarbeiter (m)	['baʊʔaʁˌbaɪtɐ]

projeto (m)	Projekt (n)	[pʀo'jɛkt]
arquiteto (m)	Architekt (m)	[aʁçi'tɛkt]
operário (m)	Arbeiter (m)	['aʁbaɪtɐ]

fundação (f)	Fundament (n)	[fʊnda'mɛnt]
telhado (m)	Dach (n)	[daχ]
estaca (f)	Pfahl (m)	[pfa:l]
parede (f)	Wand (f)	[vant]

| varões (m pl) para betão | Bewehrungsstahl (m) | [bə've:ʀʊŋsˌʃta:l] |
| andaime (m) | Gerüst (n) | [gə'ʀʏst] |

betão (m)	Beton (m)	[be'tɔŋ]
granito (m)	Granit (m)	[gʀa'ni:t]
pedra (f)	Stein (m)	[ʃtaɪn]
tijolo (m)	Ziegel (m)	['tsi:gəl]

areia (f)	Sand (m)	[zant]
cimento (m)	Zement (m, n)	[tse'mɛnt]
emboço (m)	Putz (m)	[pʊts]
emboçar (vt)	verputzen (vt)	[fɛɐ'pʊtsən]

tinta (f)	Farbe (f)	['faʁbə]
pintar (vt)	färben (vt)	['fɛʁbən]
barril (m)	Fass (n), Tonne (f)	[fas], ['tɔnə]

grua (f), guindaste (m)	Kran (m)	[kʀa:n]
erguer (vt)	aufheben (vt)	['aʊfˌhe:bən]
baixar (vt)	herunterlassen (vt)	[hɛ'ʀʊntɐˌlasən]
buldózer (m)	Planierraupe (f)	[pla'ni:ɐˌʀaʊpə]
escavadora (f)	Bagger (m)	['bagɐ]

caçamba (f)	**Baggerschaufel** (f)	['bagɐˌʃaʊfəl]
escavar (vt)	**graben** (vt)	['gʀaːbən]
capacete (m) de proteção	**Schutzhelm** (m)	['ʃʊtsˌhɛlm]

Profissões e ocupações

104. Procura de emprego. Demissão

trabalho (m)	**Arbeit** (f), **Stelle** (f)	['aʁbaɪt], ['ʃtɛlə]
equipa (f)	**Belegschaft** (f)	[bə'le:kʃaft]
pessoal (m)	**Personal** (n)	[pɛʁzo'na:l]
carreira (f)	**Karriere** (f)	[ka'ʀɪe:ʀə]
perspetivas (f pl)	**Perspektive** (f)	[pɛʁspɛk'ti:və]
mestria (f)	**Können** (n)	['kœnən]
seleção (f)	**Auswahl** (f)	['aʊsva:l]
agência (f) de emprego	**Personalagentur** (f)	[pɛʁzo'na:l·agɛn'tu:ɐ]
CV, currículo (m)	**Lebenslauf** (m)	['le:bəns͵laʊf]
entrevista (f) para um emprego	**Vorstellungsgespräch** (n)	['fo:ɐʃtɛlʊŋs·gəʃpʀɛ:ç]
vaga (f)	**Vakanz** (f)	[va'kants]
salário (m)	**Gehalt** (n)	[gə'halt]
salário (m) fixo	**festes Gehalt** (n)	['fɛstəs gə'halt]
pagamento (m)	**Arbeitslohn** (m)	['aʁbaɪts͵lo:n]
posto (m)	**Stellung** (f)	['ʃtɛlʊŋ]
dever (do empregado)	**Pflicht** (f), **Aufgabe** (f)	[pflɪçt], ['aʊf͵ga:bə]
gama (f) de deveres	**Aufgabenspektrum** (n)	['aʊf͵ga:bən'ʃpɛktʀʊm]
ocupado	**beschäftigt**	[͵bə'ʃɛftɪçt]
despedir, demitir (vt)	**kündigen** (vt)	['kʏndɪgən]
demissão (f)	**Kündigung** (f)	['kʏndɪgʊŋ]
desemprego (m)	**Arbeitslosigkeit** (f)	['aʁbaɪts͵lo:zɪçkaɪt]
desempregado (m)	**Arbeitslose** (m)	['aʁbaɪts͵lo:zə]
reforma (f)	**Rente** (f), **Ruhestand** (m)	['ʀɛntə], ['ʀu:əʃtant]
reformar-se	**in Rente gehen**	[ɪn 'ʀɛntə 'ge:ən]

105. Gente de negócios

diretor (m)	**Direktor** (m)	[di'ʀɛkto:ɐ]
gerente (m)	**Leiter** (m)	['laɪtɐ]
patrão, chefe (m)	**Boss** (m)	[bɔs]
superior (m)	**Vorgesetzte** (m)	['fo:ɐgə͵zɛtstə]
superiores (m pl)	**Vorgesetzten** (pl)	['fo:ɐgə͵zɛtstən]
presidente (m)	**Präsident** (m)	[pʀɛzi'dɛnt]
presidente (m) de direção	**Vorsitzende** (m)	['fo:ɐ͵zɪtsəndə]
substituto (m)	**Stellvertreter** (m)	['ʃtɛlfɛɐ͵tʀe:tɐ]
assistente (m)	**Helfer** (m)	['hɛlfɐ]

| secretário (m) | Sekretär (m) | [zekʀe'tɛ:ɐ] |
| secretário (m) pessoal | Privatsekretär (m) | [pʀi'va:t·zekʀe'tɛ:ɐ] |

homem (m) de negócios	Geschäftsmann (m)	[gə'ʃɛfts‚man]
empresário (m)	Unternehmer (m)	[‚ʊntɐ'ne:mɐ]
fundador (m)	Gründer (m)	['gʀʏndɐ]
fundar (vt)	gründen (vt)	['gʀʏndən]

fundador, sócio (m)	Gründungsmitglied (n)	['gʀʏndʊŋs‚mɪtgli:t]
parceiro, sócio (m)	Partner (m)	['paʁtnɐ]
acionista (m)	Aktionär (m)	[aktsjo'nɛ:ɐ]

milionário (m)	Millionär (m)	[mɪljo'nɛ:ɐ]
bilionário (m)	Milliardär (m)	[‚mɪlɪaʁ'dɛ:ɐ]
proprietário (m)	Besitzer (m)	[bə'zɪtsɐ]
proprietário (m) de terras	Landbesitzer (m)	['lantbə‚zɪtsɐ]

cliente (m)	Kunde (m)	['kʊndə]
cliente (m) habitual	Stammkunde (m)	['ʃtam‚kʊndə]
comprador (m)	Käufer (m)	['kɔɪfɐ]
visitante (m)	Besucher (m)	[bə'zu:χɐ]

profissional (m)	Fachmann (m)	['faχ‚man]
perito (m)	Experte (m)	[ɛks'pɛʁtə]
especialista (m)	Spezialist (m)	[ʃpetsɪa'lɪst]

| banqueiro (m) | Bankier (m) | [baŋ'kɪe:] |
| corretor (m) | Makler (m) | ['ma:klɐ] |

caixa (m, f)	Kassierer (m)	[ka'si:ʀɐ]
contabilista (m)	Buchhalter (m)	['bu:χ‚haltɐ]
guarda (m)	Wächter (m)	['vɛçtɐ]

investidor (m)	Investor (m)	[ɪn'vɛsto:ɐ]
devedor (m)	Schuldner (m)	['ʃʊldnɐ]
credor (m)	Gläubiger (m)	['glɔɪbɪgɐ]
mutuário (m)	Kreditnehmer (m)	[kʀe'di:t‚ne:mɐ]

| importador (m) | Importeur (m) | [ɪmpɔʁ'tø:ɐ] |
| exportador (m) | Exporteur (m) | [ɛkspɔʁ'tø:ɐ] |

produtor (m)	Hersteller (m)	['he:ɐ‚ʃtɛlɐ]
distribuidor (m)	Distributor (m)	[dɪstʀɪ'bu:to:ɐ]
intermediário (m)	Vermittler (m)	[fɛɐ'mɪtlɐ]

consultor (m)	Berater (m)	[bə'ʀa:tɐ]
representante (m)	Vertreter (m)	[fɛɐ'tʀe:tɐ]
agente (m)	Agent (m)	[agɛnt]
agente (m) de seguros	Versicherungsagent (m)	[fɛɐ'zɪçɐʀʊŋs·a'gɛnt]

106. Profissões de serviços

| cozinheiro (m) | Koch (m) | [kɔχ] |
| cozinheiro chefe (m) | Chefkoch (m) | ['ʃɛf‚kɔχ] |

padeiro (m)	Bäcker (m)	['bɛkɐ]
barman (m)	Barmixer (m)	['baːɐˌmɪksɐ]
empregado (m) de mesa	Kellner (m)	['kɛlnɐ]
empregada (f) de mesa	Kellnerin (f)	['kɛlnəʀɪn]

advogado (m)	Rechtsanwalt (m)	['ʀɛçtsʔanˌvalt]
jurista (m)	Jurist (m)	[juˈʀɪst]
notário (m)	Notar (m)	[noˈtaːɐ]

eletricista (m)	Elektriker (m)	[ˌeˈlɛktʀikɐ]
canalizador (m)	Klempner (m)	['klɛmpnɐ]
carpinteiro (m)	Zimmermann (m)	['tsɪmɐˌman]

massagista (m)	Masseur (m)	[maˈsøːɐ]
massagista (f)	Masseurin (f)	[maˈsøːʀɪn]
médico (m)	Arzt (m)	[aʁtst]

taxista (m)	Taxifahrer (m)	['taksiˌfaːʀɐ]
condutor (automobilista)	Fahrer (m)	['faːʀɐ]
entregador (m)	Ausfahrer (m)	['aʊsˌfaːʀɐ]

camareira (f)	Zimmermädchen (n)	['tsɪmɐˌmɛːtçən]
guarda (m)	Wächter (m)	['vɛçtɐ]
hospedeira (f) de bordo	Flugbegleiterin (f)	['fluːkˌbəˌglaɪtəʀɪn]

professor (m)	Lehrer (m)	['leːʀɐ]
bibliotecário (m)	Bibliothekar (m)	[biblioteˌkaːɐ]
tradutor (m)	Übersetzer (m)	[ˌyːbɐˈzɛtsɐ]
intérprete (m)	Dolmetscher (m)	['dɔlmɛtʃɐ]
guia (pessoa)	Fremdenführer (m)	['fʀɛmdənˌfyːʀɐ]

cabeleireiro (m)	Friseur (m)	[fʀiˈzøːɐ]
carteiro (m)	Briefträger (m)	['bʀiːfˌtʀɛːgɐ]
vendedor (m)	Verkäufer (m)	[fɛɐ̯ˈkɔɪfɐ]

jardineiro (m)	Gärtner (m)	['gɛʁtnɐ]
criado (m)	Diener (m)	['diːnɐ]
criada (f)	Magd (f)	[maːkt]
empregada (f) de limpeza	Putzfrau (f)	['pʊtsˌfʀaʊ]

107. Profissões militares e postos

soldado (m) raso	einfacher Soldat (m)	['aɪnfaχɐ zɔlˈdaːt]
sargento (m)	Feldwebel (m)	['fɛltˌveːbəl]
tenente (m)	Leutnant (m)	['lɔɪtnant]
capitão (m)	Hauptmann (m)	['haʊptman]

major (m)	Major (m)	[maˈjoːɐ]
coronel (m)	Oberst (m)	['oːbɐst]
general (m)	General (m)	[geneˈʀaːl]
marechal (m)	Marschall (m)	['maʁʃal]
almirante (m)	Admiral (m)	[ˌatmiˈʀaːl]
militar (m)	Militärperson (f)	[miliˈtɛːɐˌpɛʁˈzoːn]
soldado (m)	Soldat (m)	[zɔlˈdaːt]

| oficial (m) | Offizier (m) | [ɔfi'tsi:ɐ] |
| comandante (m) | Kommandeur (m) | [kɔman'døːɐ] |

guarda (m) fronteiriço	Grenzsoldat (m)	['gʀɛnts·zɔl‚da:t]
operador (m) de rádio	Funker (m)	['fuŋkɐ]
explorador (m)	Aufklärer (m)	['aʊf‚klɛ:ʀɐ]
sapador (m)	Pionier (m)	[pɪo'ni:ɐ]
atirador (m)	Schütze (m)	['ʃʏtsə]
navegador (m)	Steuermann (m)	['ʃtɔɪɐ‚man]

108. Oficiais. Padres

| rei (m) | König (m) | ['kø:nɪç] |
| rainha (f) | Königin (f) | ['kø:nɪgɪn] |

| príncipe (m) | Prinz (m) | [pʀɪnts] |
| princesa (f) | Prinzessin (f) | [pʀɪn'tsɛsɪn] |

| czar (m) | Zar (m) | [tsa:ɐ] |
| czarina (f) | Zarin (f) | ['tsa:ʀɪn] |

presidente (m)	Präsident (m)	[pʀɛzi'dɛnt]
ministro (m)	Minister (m)	[mi'nɪstɐ]
primeiro-ministro (m)	Ministerpräsident (m)	[mi'nɪstɐ·pʀɛzi‚dɛnt]
senador (m)	Senator (m)	[ze'na:to:ɐ]

diplomata (m)	Diplomat (m)	[‚diplo'ma:t]
cônsul (m)	Konsul (m)	['kɔnzʊl]
embaixador (m)	Botschafter (m)	['bo:t‚ʃaftɐ]
conselheiro (m)	Ratgeber (m)	['ʀa:t‚ge:bɐ]

funcionário (m)	Beamte (m)	[bə'ʔamtə]
prefeito (m)	Präfekt (m)	[pʀɛ'fɛkt]
Presidente (m) da Câmara	Bürgermeister (m)	['bʏʀgɐ‚maɪstɐ]

| juiz (m) | Richter (m) | ['ʀɪçtɐ] |
| procurador (m) | Staatsanwalt (m) | ['ʃta:ts?an‚valt] |

missionário (m)	Missionar (m)	[‚mɪsjo'na:ɐ]
monge (m)	Mönch (m)	[mœnç]
abade (m)	Abt (m)	[apt]
rabino (m)	Rabbiner (m)	[ʀa'bi:nɐ]

vizir (m)	Wesir (m)	[ve'zi:ɐ]
xá (m)	Schah (n)	[ʃaχ]
xeque (m)	Scheich (m)	[ʃaɪç]

109. Profissões agrícolas

apicultor (m)	Bienenzüchter (m)	['bi:nən‚tsʏçtɐ]
pastor (m)	Hirt (m)	[hɪʀt]
agrónomo (m)	Agronom (m)	[agʀo'no:m]

| criador (m) de gado | Viehzüchter (m) | ['fiːˌtsʏçtɐ] |
| veterinário (m) | Tierarzt (m) | ['tiːɐˌʔaʁtst] |

agricultor (m)	Farmer (m)	['faʁmɐ]
vinicultor (m)	Winzer (m)	['vɪntsɐ]
zoólogo (m)	Zoologe (m)	[tsooˈloːgə]
cowboy (m)	Cowboy (m)	['kaʊbɔɪ]

110. Profissões artísticas

| ator (m) | Schauspieler (m) | ['ʃaʊˌʃpiːlɐ] |
| atriz (f) | Schauspielerin (f) | ['ʃaʊˌʃpiːlərɪn] |

| cantor (m) | Sänger (m) | ['zɛŋɐ] |
| cantora (f) | Sängerin (f) | ['zɛŋərɪn] |

| bailarino (m) | Tänzer (m) | ['tɛntsɐ] |
| bailarina (f) | Tänzerin (f) | ['tɛntsərɪn] |

| artista (m) | Künstler (m) | ['kʏnstlɐ] |
| artista (f) | Künstlerin (f) | ['kʏnstlərɪn] |

músico (m)	Musiker (m)	['muːzikɐ]
pianista (m)	Pianist (m)	[piaˈnɪst]
guitarrista (m)	Gitarrist (m)	[gitaˈʁɪst]

maestro (m)	Dirigent (m)	[ˌdiʁiˈgɛnt]
compositor (m)	Komponist (m)	[ˌkɔmpoˈnɪst]
empresário (m)	Manager (m)	['mɛnɪdʒɐ]

realizador (m)	Regisseur (m)	[ʁeʒɪˈsøːɐ]
produtor (m)	Produzent (m)	[pʁoduˈtsɛnt]
argumentista (m)	Drehbuchautor (m)	['dʁeːbuːxˌʔaʊtoːɐ]
crítico (m)	Kritiker (m)	['kʁiːtikɐ]

escritor (m)	Schriftsteller (m)	['ʃʁɪftˌʃtɛlɐ]
poeta (m)	Dichter (m)	['dɪçtɐ]
escultor (m)	Bildhauer (m)	['bɪltˌhaʊɐ]
pintor (m)	Maler (m)	['maːlɐ]

malabarista (m)	Jongleur (m)	[ʒɔŋˈgløːɐ]
palhaço (m)	Clown (m)	[klaʊn]
acrobata (m)	Akrobat (m)	[akʁoˈbaːt]
mágico (m)	Zauberkünstler (m)	['tsaʊbɐˌkʏnstlɐ]

111. Várias profissões

médico (m)	Arzt (m)	[aʁtst]
enfermeira (f)	Krankenschwester (f)	[kʁaŋkənʃvɛstɐ]
psiquiatra (m)	Psychiater (m)	[psyˈçiaːtɐ]
estomatologista (m)	Zahnarzt (m)	['tsaːnˌʔaʁtst]
cirurgião (m)	Chirurg (m)	[çiˈʁuʁk]

astronauta (m)	Astronaut (m)	[astʀo'naʊt]
astrónomo (m)	Astronom (m)	[astʀo'no:m]
piloto (m)	Pilot (m)	[pi'lo:t]

motorista (m)	Fahrer (m)	['fa:ʀɐ]
maquinista (m)	Lokführer (m)	['lɔk͜fy:ʀɐ]
mecânico (m)	Mechaniker (m)	[me'ça:nikɐ]

mineiro (m)	Bergarbeiter (m)	['bɛʀk?aʀ͜baɪtɐ]
operário (m)	Arbeiter (m)	['aʀbaɪtɐ]
serralheiro (m)	Schlosser (m)	['ʃlosɐ]
marceneiro (m)	Tischler (m)	['tɪʃlɐ]
torneiro (m)	Dreher (m)	['dʀe:ɐ]
construtor (m)	Bauarbeiter (m)	['baʊ?aʀ͜baɪtɐ]
soldador (m)	Schweißer (m)	['ʃvaɪsɐ]

professor (m) catedrático	Professor (m)	[pʀo'fɛso:ɐ]
arquiteto (m)	Architekt (m)	[aʀçi'tɛkt]
historiador (m)	Historiker (m)	[hɪs'to:ʀikɐ]
cientista (m)	Wissenschaftler (m)	['vɪsənˌʃaftlɐ]
físico (m)	Physiker (m)	['fy:zikɐ]
químico (m)	Chemiker (m)	['çe:mikɐ]

arqueólogo (m)	Archäologe (m)	[aʀçɛo'lo:gə]
geólogo (m)	Geologe (m)	[geo'lo:gə]
pesquisador (cientista)	Forscher (m)	['fɔʀʃɐ]

| babysitter (f) | Kinderfrau (f) | ['kɪndɐˌfʀaʊ] |
| professor (m) | Lehrer (m) | ['le:ʀɐ] |

redator (m)	Redakteur (m)	[ʀedak'tø:ɐ]
redator-chefe (m)	Chefredakteur (m)	['ʃɛf·ʀedakˌtø:ɐ]
correspondente (m)	Korrespondent (m)	[kɔʀɛspon'dɛnt]
datilógrafa (f)	Schreibkraft (f)	['ʃʀaɪpˌkʀaft]

designer (m)	Designer (m)	[di'zaɪnɐ]
especialista (m) em informática	Computerspezialist (m)	[kɔm'pju:tɐ·ʃpetsɪa'lɪst]
programador (m)	Programmierer (m)	[pʀogʀa'mi:ʀɐ]
engenheiro (m)	Ingenieur (m)	[ɪnʒe'nɪø:ɐ]

marujo (m)	Seemann (m)	['ze:man]
marinheiro (m)	Matrose (m)	[ma'tʀo:zə]
salvador (m)	Retter (m)	['ʀɛtɐ]

bombeiro (m)	Feuerwehrmann (m)	['fɔɪveːɐˌman]
polícia (m)	Polizist (m)	[poli'tsɪst]
guarda-noturno (m)	Nachtwächter (m)	['naχtˌvɛçtɐ]
detetive (m)	Detektiv (m)	[detɛk'ti:f]

funcionário (m) da alfândega	Zollbeamter (m)	['tsɔl·bəˌ?amtɐ]
guarda-costas (m)	Leibwächter (m)	['laɪpˌvɛçtɐ]
guarda (m) prisional	Gefängniswärter (m)	[gə'fɛŋnɪs·vɛʀtɐ]
inspetor (m)	Inspektor (m)	[ɪn'spɛkto:ɐ]
desportista (m)	Sportler (m)	['ʃpɔʀtlɐ]
treinador (m)	Trainer (m)	['tʀɛ:nɐ]

talhante (m)	Fleischer (m)	['flaɪʃɐ]
sapateiro (m)	Schuster (m)	['ʃuːstɐ]
comerciante (m)	Geschäftsmann (m)	[gə'ʃɛfts͵man]
carregador (m)	Ladearbeiter (m)	['laːdə͵aʁbaɪtɐ]

| estilista (m) | Modedesigner (m) | ['moːdə·di'zaɪnɐ] |
| modelo (f) | Modell (n) | [mo'dɛl] |

112. Ocupações. Estatuto social

| aluno, escolar (m) | Schüler (m) | ['ʃyːlɐ] |
| estudante (~ universitária) | Student (m) | [ʃtu'dɛnt] |

filósofo (m)	Philosoph (m)	[filo'zoːf]
economista (m)	Ökonom (m)	[øko'noːm]
inventor (m)	Erfinder (m)	[ɛɐ'fɪndɐ]

desempregado (m)	Arbeitslose (m)	['aʁbaɪts͵loːzə]
reformado (m)	Rentner (m)	['ʁɛntnɐ]
espião (m)	Spion (m)	[ʃpi'oːn]

preso (m)	Gefangene (m)	[gə'faŋənə]
grevista (m)	Streikender (m)	['ʃtʁaɪkəndɐ]
burocrata (m)	Bürokrat (m)	[͵byʁo'kʁaːt]
viajante (m)	Reisende (m)	['ʁaɪzəndə]

homossexual (m)	Homosexuelle (m)	[homozɛ'ksuɛlə]
hacker (m)	Hacker (m)	['hɛkɐ]
hippie	Hippie (m)	['hɪpi]

bandido (m)	Bandit (m)	[ban'diːt]
assassino (m) a soldo	Killer (m)	['kɪlɐ]
toxicodependente (m)	Drogenabhängiger (m)	['dʁoːgən͵ʔaphɛŋɪgɐ]
traficante (m)	Drogenhändler (m)	['dʁoːgən͵hɛndlɐ]
prostituta (f)	Prostituierte (f)	[͵pʁostitu'iːɐtə]
chulo (m)	Zuhälter (m)	['tsuː͵hɛltɐ]

bruxo (m)	Zauberer (m)	['tsaʊbəʁɐ]
bruxa (f)	Zauberin (f)	['tsaʊbəʁɪn]
pirata (m)	Seeräuber (m)	['zeː͵ʁɔɪbɐ]
escravo (m)	Sklave (m)	['sklaːvə]
samurai (m)	Samurai (m)	[zamu'ʁaɪ]
selvagem (m)	Wilde (m)	['vɪldə]

Desportos

113. Tipos de desportos. Desportistas

desportista (m)	Sportler (m)	['ʃpɔʁtlɐ]
tipo (m) de desporto	Sportart (f)	['ʃpɔʁtʔaːɐt]
basquetebol (m)	Basketball (m)	['baːskɐtbal]
jogador (m) de basquetebol	Basketballspieler (m)	['baːskɐtbalˌʃpiːlɐ]
beisebol (m)	Baseball (m, n)	['beɪsbɔːl]
jogador (m) de beisebol	Baseballspieler (m)	['beɪsbɔːlˌʃpiːlɐ]
futebol (m)	Fußball (m)	['fuːsbal]
futebolista (m)	Fußballspieler (m)	['fuːsbalˌʃpiːlɐ]
guarda-redes (m)	Torwart (m)	['toːɐˌvaʁt]
hóquei (m)	Eishockey (n)	['aɪsˌhɔki]
jogador (m) de hóquei	Eishockeyspieler (m)	['aɪshɔkiˌʃpiːlɐ]
voleibol (m)	Volleyball (m)	['vɔliˌbal]
jogador (m) de voleibol	Volleyballspieler (m)	['vɔlibalˌʃpiːlɐ]
boxe (m)	Boxen (n)	['bɔksən]
boxeador, pugilista (m)	Boxer (m)	['bɔksɐ]
luta (f)	Ringen (n)	['ʁɪŋən]
lutador (m)	Ringkämpfer (m)	['ʁɪŋˌkɛmpfɐ]
karaté (m)	Karate (n)	[kaˈʁaːtə]
karateca (m)	Karatekämpfer (m)	[kaˈʁaːtəˌkɛmpfɐ]
judo (m)	Judo (n)	['juːdɔ]
judoca (m)	Judoka (m)	[juˈdoːka]
ténis (m)	Tennis (n)	['tɛnɪs]
tenista (m)	Tennisspieler (m)	['tɛnɪsˌʃpiːlɐ]
natação (f)	Schwimmen (n)	['ʃvɪmən]
nadador (m)	Schwimmer (m)	['ʃvɪmɐ]
esgrima (f)	Fechten (n)	['fɛçtən]
esgrimista (m)	Fechter (m)	['fɛçtɐ]
xadrez (m)	Schach (n)	[ʃax]
xadrezista (m)	Schachspieler (m)	['ʃaxˌʃpiːlɐ]
alpinismo (m)	Bergsteigen (n)	['bɛʁkˌʃtaɪɡən]
alpinista (m)	Bergsteiger (m)	['bɛʁkˌʃtaɪɡɐ]
corrida (f)	Lauf (m)	[laʊf]

corredor (m)	Läufer (m)	['lɔɪfɐ]
atletismo (m)	Leichtathletik (f)	['laɪçt?atˌleːtik]
atleta (m)	Athlet (m)	[at'leːt]
hipismo (m)	Pferdesport (m)	['pfeːɐdəˌʃpɔʁt]
cavaleiro (m)	Reiter (m)	['ʁaɪtɐ]
patinagem (f) artística	Eiskunstlauf (m)	['aɪskʊnstˌlaʊf]
patinador (m)	Eiskunstläufer (m)	['aɪskʊnstˌlɔɪfɐ]
patinadora (f)	Eiskunstläuferin (f)	['aɪskʊnstˌlɔɪfəʁɪn]
halterofilismo (m)	Gewichtheben (n)	[gə'vɪçtˌheːbən]
halterofilista (m)	Gewichtheber (m)	[gə'vɪçtˌheːbɐ]
corrida (f) de carros	Autorennen (n)	['aʊtoʁɛnən]
piloto (m)	Rennfahrer (m)	['ʁɛnˌfaːʁɐ]
ciclismo (m)	Radfahren (n)	['ʁaːtˌfaːʁən]
ciclista (m)	Radfahrer (m)	['ʁaːtˌfaːʁɐ]
salto (m) em comprimento	Weitsprung (m)	['vaɪtʃpʁʊŋ]
salto (m) à vara	Stabhochsprung (m)	['ʃtaːphoːxʃpʁʊŋ]
atleta (m) de saltos	Springer (m)	['ʃpʁɪŋɐ]

114. Tipos de desportos. Diversos

futebol (m) americano	American Football (m)	[ɛ'mɛʁɪkən 'fʊtboːl]
badminton (m)	Federballspiel (n)	['feːdɐˌbal·ʃpiːl]
biatlo (m)	Biathlon (n)	['biːatlɔn]
bilhar (m)	Billard (n)	['bɪljaʁt]
bobsleigh (m)	Bob (m)	[bɔp]
musculação (f)	Bodybuilding (n)	['bɔdiˌbɪldɪŋ]
polo (m) aquático	Wasserballspiel (n)	['vasɐbalˌʃpiːl]
handebol (m)	Handball (m)	['hantˌbal]
golfe (m)	Golf (n)	[gɔlf]
remo (m)	Rudern (n)	['ʁuːdɐn]
mergulho (m)	Tauchen (n)	['taʊxən]
corrida (f) de esqui	Skilanglauf (m)	['ʃiːˌlanglɔɪf]
ténis (m) de mesa	Tischtennis (n)	[tɪʃˌtɛnɪs]
vela (f)	Segelsport (m)	['zeːgəlʃpɔʁt]
rali (m)	Rallye (f, n)	['ʁali]
râguebi (m)	Rugby (n)	['ʁakbi]
snowboard (m)	Snowboard (n)	['snoːˌboːɐt]
tiro (m) com arco	Bogenschießen (n)	['boːgənˌʃiːsən]

115. Ginásio

barra (f)	Hantel (f)	['hantəl]
halteres (m pl)	Hanteln (pl)	['hantəln]

aparelho (m) de musculaçao	Trainingsgerät (n)	['tʀɛ:nɪŋs·gə'ʀɛ:t]
bicicleta (f) ergométrica	Fahrradtrainer (m)	['fa:ɐʀa:ˌtʀɛ:nɐ]
passadeira (f) de corrida	Laufband (n)	['laʊfˌbant]

barra (f) fixa	Reck (n)	[ʀɛk]
barras (f) paralelas	Barren (m)	['baʀən]
cavalo (m)	Sprungpferd (n)	['ʃpʀɪŋˌpfe:ɐt]
tapete (m) de ginástica	Matte (f)	['matə]

corda (f) de saltar	Sprungseil (n)	['ʃpʀʊŋˌzaɪl]
aeróbica (f)	Aerobic (n)	[ɛ'ʀo:bɪk]
ioga (f)	Yoga (m, n)	['jo:ga]

116. Desportos. Diversos

Jogos (m pl) Olímpicos	Olympische Spiele (pl)	[o'lʏmpɪʃə 'ʃpi:lə]
vencedor (m)	Sieger (m)	['zi:gɐ]
vencer (vi)	siegen (vi)	['zi:gən]
vencer, ganhar (vi)	gewinnen (vt)	[gə'vɪnən]

| líder (m) | Tabellenführer (m) | [ta'bɛlənˌfy:ʀɐ] |
| liderar (vt) | führen (vi) | ['fy:ʀən] |

primeiro lugar (m)	der erste Platz	[de:ɐ 'ɛʀstə plats]
segundo lugar (m)	der zweite Platz	[de:ɐ 'tsvaɪtə plats]
terceiro lugar (m)	der dritte Platz	[de:ɐ 'dʀɪtə plats]

medalha (f)	Medaille (f)	[me'daljə]
troféu (m)	Trophäe (f)	[tʀo'fɛ:ə]
taça (f)	Pokal (m)	[pɔ'ka:l]
prémio (m)	Preis (m)	[pʀaɪs]
prémio (m) principal	Hauptpreis (m)	['haʊptˌpʀaɪs]

| recorde (m) | Rekord (m) | [ʀe'kɔʀt] |
| estabelecer um recorde | einen Rekord aufstellen | ['aɪnən ʀe'kɔʀt 'aʊfˌʃtɛlən] |

| final (m) | Finale (n) | [fi'na:lə] |
| final | Final- | [fi'na:l] |

| campeão (m) | Meister (m) | ['maɪstɐ] |
| campeonato (m) | Meisterschaft (f) | ['maɪstɐˌʃaft] |

estádio (m)	Stadion (n)	['ʃta:djɔn]
bancadas (f pl)	Tribüne (f)	[tʀi'by:nə]
fã, adepto (m)	Fan (m)	[fɛn]
adversário (m)	Gegner (m)	['ge:gnɐ]

| partida (f) | Start (m) | [ʃtaʀt] |
| chegada, meta (f) | Ziel (n), Finish (n) | [tsi:l], ['fɪnɪʃ] |

derrota (f)	Niederlage (f)	['ni:dɐˌla:gə]
perder (vt)	verlieren (vt)	[fɛɐ'li:ʀən]
árbitro (m)	Schiedsrichter (m)	['ʃi:tsˌʀɪçtɐ]
júri (m)	Jury (f)	['ʒy:ʀi]

resultado (m)	Ergebnis (n)	[ɛɐ'ge:pnɪs]
empate (m)	Unentschieden (n)	['ʊn?ɛntʃi:dən]
empatar (vi)	unentschieden spielen	['ʊn?ɛntʃi:dən 'ʃpi:lən]
ponto (m)	Punkt (m)	[pʊŋkt]
resultado (m) final	Ergebnis (n)	[ɛɐ'ge:pnɪs]

tempo, período (m)	Spielabschnitt (m)	['ʃpi:l,?apʃnɪt]
intervalo (m)	Halbzeit (f), Pause (f)	['halp,tsaɪt], ['paʊzə]
doping (m)	Doping (n)	['do:pɪŋ]
penalizar (vt)	bestrafen (vt)	[bə'ʃtʁa:fən]
desqualificar (vt)	disqualifizieren (vt)	[dɪskvalifi'tsi:ʁən]

aparelho (m)	Sportgerät (n)	['ʃpɔʁt·gə,ʁɛ:t]
dardo (m)	Speer (m)	[ʃpe:ɐ]
peso (m)	Kugel (f)	['ku:gəl]
bola (f)	Kugel (f)	['ku:gəl]

alvo, objetivo (m)	Ziel (n)	[tsi:l]
alvo (~ de papel)	Zielscheibe (f)	['tsi:lʃaɪbə]
atirar, disparar (vi)	schießen (vi)	['ʃi:sən]
preciso (tiro ~)	genau	[gə'naʊ]

treinador (m)	Trainer (m)	['tʁɛ:nɐ]
treinar (vt)	trainieren (vt)	[tʁɛ'ni:ʁən]
treinar-se (vr)	trainieren (vi)	[tʁɛ'ni:ʁən]
treino (m)	Training (n)	['tʁɛ:nɪŋ]

ginásio (m)	Turnhalle (f)	['tʊʁn,halə]
exercício (m)	Übung (f)	['y:bʊŋ]
aquecimento (m)	Aufwärmen (n)	['aʊf,vɛʁmən]

Educação

117. Escola

| escola (f) | Schule (f) | ['ʃuːlə] |
| diretor (m) de escola | Schulleiter (m) | ['ʃuːlˌlaɪtɐ] |

aluno (m)	Schüler (m)	['ʃyːlɐ]
aluna (f)	Schülerin (f)	['ʃyːlərɪn]
escolar (m)	Schuljunge (m)	['ʃuːlˌjʊŋə]
escolar (f)	Schulmädchen (f)	['ʃuːlˌmɛːtçən]

ensinar (vt)	lehren (vt)	['leːʀən]
aprender (vt)	lernen (vt)	['lɛʀnən]
aprender de cor	auswendig lernen	['aʊsˌvɛndɪç 'lɛʀnən]

estudar (vi)	lernen (vi)	['lɛʀnən]
andar na escola	in der Schule sein	[ɪn deːɐ 'ʃuːlə zaɪn]
ir à escola	die Schule besuchen	[di 'ʃʊːlə bə'zuːxən]

| alfabeto (m) | Alphabet (n) | [alfa'beːt] |
| disciplina (f) | Fach (n) | [faχ] |

sala (f) de aula	Klassenraum (m)	['klasənˌʀaʊm]
lição (f)	Stunde (f)	['ʃtʊndə]
recreio (m)	Pause (f)	['paʊzə]
toque (m)	Schulglocke (f)	['ʃuːlˌɡlɔkə]
carteira (f)	Schulbank (f)	['ʃuːlˌbaŋk]
quadro (m) negro	Tafel (f)	['taːfəl]

nota (f)	Note (f)	['noːtə]
boa nota (f)	gute Note (f)	['ɡuːtə 'noːtə]
nota (f) baixa	schlechte Note (f)	['ʃlɛçtə 'noːtə]
dar uma nota	eine Note geben	['aɪnə 'noːtə 'ɡeːbən]

erro (m)	Fehler (m)	['feːlɐ]
fazer erros	Fehler machen	['feːlɐ 'maxən]
corrigir (vt)	korrigieren (vt)	[kɔʀi'ɡiːʀən]
cábula (f)	Spickzettel (m)	['ʃpɪkˌtsɛtəl]

| dever (m) de casa | Hausaufgabe (f) | ['haʊsʔaʊfˌɡaːbə] |
| exercício (m) | Übung (f) | ['yːbʊŋ] |

estar presente	anwesend sein	['anˌveːzənt zaɪn]
estar ausente	fehlen (vi)	['feːlən]
faltar às aulas	versäumen (vt)	[fɛɐ'zɔɪmən]

punir (vt)	bestrafen (vt)	[bə'ʃtʀaːfən]
punição (f)	Strafe (f)	['ʃtʀaːfə]
comportamento (m)	Benehmen (n)	[bə'neːmən]

boletim (m) escolar	Zeugnis (n)	['tsɔɪknɪs]
lápis (m)	Bleistift (m)	['blaɪˌʃtɪft]
borracha (f)	Radiergummi (m)	[ʀa'di:ɐˌgʊmi]
giz (m)	Kreide (f)	['kʀaɪdə]
estojo (m)	Federkasten (m)	['fe:dɐˌkastən]

pasta (f) escolar	Schulranzen (m)	['ʃu:lˌʀantsən]
caneta (f)	Kugelschreiber, Stift (m)	['ku:gəlˌʃʀaɪbɐ], [ʃtɪft]
caderno (m)	Heft (n)	[hɛft]
manual (m) escolar	Lehrbuch (n)	['le:ɐˌbu:χ]
compasso (m)	Zirkel (m)	['tsɪʀkəl]

| traçar (vt) | zeichnen (vt) | ['tsaɪçnən] |
| desenho (m) técnico | Zeichnung (f) | ['tsaɪçnʊŋ] |

poesia (f)	Gedicht (n)	[gə'dɪçt]
de cor	auswendig	['aʊsˌvɛndɪç]
aprender de cor	auswendig lernen	['aʊsˌvɛndɪç 'lɛʀnən]

férias (f pl)	Ferien (pl)	['fe:ʀɪən]
estar de férias	in den Ferien sein	[ɪn den 'fe:ʀɪən zaɪn]
passar as férias	Ferien verbringen	['fe:ʀɪən fɛɐ'bʀɪŋən]

teste (m)	Test (m), Prüfung (f)	[tɛst], ['pʀy:fʊŋ]
composição, redação (f)	Aufsatz (m)	['aʊfˌzats]
ditado (m)	Diktat (n)	[dɪk'ta:t]
exame (m)	Prüfung (f)	['pʀy:fʊŋ]
fazer exame	Prüfungen ablegen	['pʀy:fʊŋən 'apˌle:gən]
experiência (~ química)	Experiment (n)	[ɛkspeʀi'mɛnt]

118. Colégio. Universidade

academia (f)	Akademie (f)	[akade'mi:]
universidade (f)	Universität (f)	[univɛʀzi'tɛ:t]
faculdade (f)	Fakultät (f)	[fakʊl'tɛ:t]

estudante (m)	Student (m)	[ʃtu'dɛnt]
estudante (f)	Studentin (f)	[ʃtu'dɛntɪn]
professor (m)	Lehrer (m)	['le:ʀɐ]

| sala (f) de palestras | Hörsaal (m) | ['hø:ɐˌza:l] |
| graduado (m) | Hochschulabsolvent (m) | ['ho:χʃu:l?apzɔlˌvɛnt] |

| diploma (m) | Diplom (n) | [di'plo:m] |
| tese (f) | Dissertation (f) | [dɪsɛʀta'tsjo:n] |

| estudo (obra) | Forschung (f) | ['fɔʀʃʊŋ] |
| laboratório (m) | Labor (n) | [la'bo:ɐ] |

| palestra (f) | Vorlesung (f) | ['fo:ɐˌle:zʊŋ] |
| colega (m) de curso | Kommilitone (m) | [ˌkɔmili'to:nə] |

| bolsa (f) de estudos | Stipendium (n) | [ʃti'pɛndɪʊm] |
| grau (m) académico | akademischer Grad (m) | [aka'de:mɪʃɐ gʀa:t] |

119. Ciências. Disciplinas

matemática (f)	Mathematik (f)	[matema'ti:k]
álgebra (f)	Algebra (f)	['algebʀa]
geometria (f)	Geometrie (f)	[ˌgeome'tʀi:]

astronomia (f)	Astronomie (f)	[astʀono'mi:]
biologia (f)	Biologie (f)	[ˌbiolo'gi:]
geografia (f)	Erdkunde (f)	['e:ɐ̯tˌkʊndə]
geologia (f)	Geologie (f)	[ˌgeolo'gi:]
história (f)	Geschichte (f)	[gə'ʃɪçtə]

medicina (f)	Medizin (f)	[medi'tsi:n]
pedagogia (f)	Pädagogik (f)	[pɛda'go:gɪk]
direito (m)	Recht (n)	[ʀɛçt]

física (f)	Physik (f)	[fy'zi:k]
química (f)	Chemie (f)	[çe'mi:]
filosofia (f)	Philosophie (f)	[filozo'fi:]
psicologia (f)	Psychologie (f)	[psyçolo'gi:]

120. Sistema de escrita. Ortografia

gramática (f)	Grammatik (f)	[gʀa'matɪk]
vocabulário (m)	Lexik (f)	['lɛksɪk]
fonética (f)	Phonetik (f)	[fo:'ne:tɪk]

substantivo (m)	Substantiv (n)	['zʊpstanti:f]
adjetivo (m)	Adjektiv (n)	['atjɛkti:f]
verbo (m)	Verb (n)	[vɛʀp]
advérbio (m)	Adverb (n)	[at'vɛʀp]

pronome (m)	Pronomen (n)	[pʀo'no:mən]
interjeição (f)	Interjektion (f)	[ˌɪntɐjɛk'tsjo:n]
preposição (f)	Präposition (f)	[pʀɛpozi'tsjo:n]

raiz (f) da palavra	Wurzel (f)	['vʊʀtsəl]
terminação (f)	Endung (f)	['ɛndʊŋ]
prefixo (m)	Vorsilbe (f)	['fo:ɐ̯ˌzɪlbə]
sílaba (f)	Silbe (f)	['zɪlbə]
sufixo (m)	Suffix (n), Nachsilbe (f)	['zʊfɪks], ['na:χˌzɪlbə]

| acento (m) | Betonung (f) | [bə'to:nʊŋ] |
| apóstrofo (m) | Apostroph (m) | [apo'stʀo:f] |

ponto (m)	Punkt (m)	[pʊŋkt]
vírgula (f)	Komma (n)	['kɔma]
ponto e vírgula (m)	Semikolon (n)	[zemi'ko:lɔn]
dois pontos (m pl)	Doppelpunkt (m)	['dɔpəlˌpʊŋkt]
reticências (f pl)	Auslassungspunkte (pl)	['aʊslasʊŋsˌpʊŋktə]

| ponto (m) de interrogação | Fragezeichen (n) | ['fʀa:gəˌtsaɪçən] |
| ponto (m) de exclamação | Ausrufezeichen (n) | ['aʊsʀu:fəˌtsaɪçən] |

aspas (f pl)	Anführungszeichen (pl)	['anfy:ʀʊŋsˌtsaɪçən]
entre aspas	in Anführungszeichen	[ɪn 'anfy:ʀʊŋsˌtsaɪçən]
parênteses (m pl)	runde Klammern (pl)	['ʀʊndə 'klamɐn]
entre parênteses	in Klammern	[ɪn 'klamɐn]

hífen (m)	Bindestrich (m)	['bɪndəʃtʀɪç]
travessão (m)	Gedankenstrich (m)	[gə'daŋkənʃtʀɪç]
espaço (m)	Leerzeichen (n)	['le:ɐˌtsaɪçən]

| letra (f) | Buchstabe (m) | ['bu:χʃta:bə] |
| letra (f) maiúscula | Großbuchstabe (m) | ['gʀo:sbu:χʃta:bə] |

| vogal (f) | Vokal (m) | [vo'ka:l] |
| consoante (f) | Konsonant (m) | [ˌkɔnzo'nant] |

frase (f)	Satz (m)	[zats]
sujeito (m)	Subjekt (n)	['zʊpjɛkt]
predicado (m)	Prädikat (n)	[pʀɛdi'ka:t]

linha (f)	Zeile (f)	['tsaɪlə]
em uma nova linha	in einer neuen Zeile	[ɪn 'aɪnɐ 'nɔɪən 'tsaɪlə]
parágrafo (m)	Absatz (m)	['apˌzats]

palavra (f)	Wort (n)	[vɔʁt]
grupo (m) de palavras	Wortverbindung (f)	['vɔʁtfɛɐˌbɪndʊŋ]
expressão (f)	Redensart (f)	['ʀe:dənsˌʔa:ɐt]
sinónimo (m)	Synonym (n)	[zyno'ny:m]
antónimo (m)	Antonym (n)	[anto'ny:m]

regra (f)	Regel (f)	['ʀe:gəl]
exceção (f)	Ausnahme (f)	['aʊsˌna:mə]
correto	richtig	['ʀɪçtɪç]

conjugação (f)	Konjugation (f)	[ˌkɔnjuga'tsjo:n]
declinação (f)	Deklination (f)	[ˌdeklina'tsjo:n]
caso (m)	Kasus (m)	['ka:zʊs]
pergunta (f)	Frage (f)	['fʀa:gə]
sublinhar (vt)	unterstreichen (vt)	[ʊntɐ'ʃtʀaɪçən]
linha (f) pontilhada	punktierte Linie (f)	[pʊŋk'ti:ɐtə 'li:nɪə]

121. Línguas estrangeiras

língua (f)	Sprache (f)	['ʃpʀa:χə]
estrangeiro	Fremd-	['fʀɛmt]
língua (f) estrangeira	Fremdsprache (f)	['fʀɛmtʃpʀa:χə]
estudar (vt)	studieren (vt)	[ʃtu'di:ʀən]
aprender (vt)	lernen (vt)	['lɛʁnən]

ler (vt)	lesen (vi, vt)	['le:zən]
falar (vi)	sprechen (vi, vt)	['ʃpʀɛçən]
compreender (vt)	verstehen (vt)	[fɛɐ'ʃte:ən]
escrever (vt)	schreiben (vi, vt)	['ʃʀaɪbən]
rapidamente	schnell	[ʃnɛl]
devagar	langsam	['laŋza:m]

fluentemente	fließend	['fli:sənt]
regras (f pl)	Regeln (pl)	['ʀe:gəln]
gramática (f)	Grammatik (f)	[gʀa'matɪk]
vocabulário (m)	Vokabular (n)	[vokabu'la:ɐ]
fonética (f)	Phonetik (f)	[fo:'ne:tɪk]

manual (m) escolar	Lehrbuch (n)	['le:ɐ‚bu:χ]
dicionário (m)	Wörterbuch (n)	['vœʀtɐ‚bu:χ]
manual (m) de autoaprendizagem	Selbstlernbuch (n)	['zɛlpst‚lɛʀnbu:χ]
guia (m) de conversação	Sprachführer (m)	['ʃpʀa:χ‚fy:ʀɐ]

cassete (f)	Kassette (f)	[ka'sɛtə]
vídeo cassete (m)	Videokassette (f)	['vi:deo·ka'sɛtə]
CD (m)	CD (f)	[tse:'de:]
DVD (m)	DVD (f)	[defaʊ'de:]

alfabeto (m)	Alphabet (n)	[alfa'be:t]
soletrar (vt)	buchstabieren (vt)	[‚bu:χʃta'bi:ʀən]
pronúncia (f)	Aussprache (f)	['aʊsʃpʀa:χə]

sotaque (m)	Akzent (m)	[ak'tsɛnt]
com sotaque	mit Akzent	[mɪt ak'tsɛnt]
sem sotaque	ohne Akzent	['o:nə ak'tsɛnt]

| palavra (f) | Wort (n) | [vɔʀt] |
| sentido (m) | Bedeutung (f) | [bə'dɔɪtʊŋ] |

cursos (m pl)	Kurse (pl)	['kuʀzə]
inscrever-se (vr)	sich einschreiben	[zɪç 'aɪnʃʀaɪbən]
professor (m)	Lehrer (m)	['le:ʀɐ]

tradução (processo)	Übertragung (f)	[‚y:bɐ'tʀa:gʊŋ]
tradução (texto)	Übersetzung (f)	[‚y:bɐ'zɛtsʊŋ]
tradutor (m)	Übersetzer (m)	[‚y:bɐ'zɛtsɐ]
intérprete (m)	Dolmetscher (m)	['dɔlmɛtʃɐ]

| poliglota (m) | Polyglott (m, f) | [poly'glɔt] |
| memória (f) | Gedächtnis (n) | [gə'dɛçtnɪs] |

122. Personagens de contos de fadas

Pai (m) Natal	Weihnachtsmann (m)	['vaɪnaχts‚man]
Cinderela (f)	Aschenputtel (n)	['aʃənpʊtəl]
sereia (f)	Nixe (f)	['nɪksə]
Neptuno (m)	Neptun (m)	[nɛp'tu:n]

mago (m)	Zauberer (m)	['tsaʊbəʀɐ]
fada (f)	Zauberin (f)	['tsaʊbəʀɪn]
mágico	magisch, Zauber-	['ma:gɪʃ], ['tsaʊbɐ]
varinha (f) mágica	Zauberstab (m)	['tsaʊbɐʃta:p]

| conto (m) de fadas | Märchen (n) | ['mɛ:ɐçən] |
| milagre (m) | Wunder (n) | ['vʊndə] |

| anão (m) | Zwerg (m) | [tsvɛʁk] |
| transformar-se em ... | sich verwandeln in ... | [zɪç fɛɐ'vandəln ɪn] |

fantasma (m)	Gespenst (n)	[gə'ʃpɛnst]
espetro (m)	Geist (m)	[gaɪst]
monstro (m)	Ungeheuer (n)	['ʊngə͜hɔɪɐ]
dragão (m)	Drache (m)	['dʀaχə]
gigante (m)	Riese (m)	['ʀiːzə]

123. Signos do Zodíaco

Carneiro	Widder (m)	['vɪdɐ]
Touro	Stier (m)	[ʃtiːɐ]
Gémeos	Zwillinge (pl)	['tsvɪlɪŋə]
Caranguejo	Krebs (m)	[kʀeːps]
Leão	Löwe (m)	['løːvə]
Virgem	Jungfrau (f)	['jʊŋfʀaʊ]

Balança	Waage (f)	['vaːgə]
Escorpião	Skorpion (m)	[skɔʁ'pjoːn]
Sagitário	Schütze (m)	['ʃʏtsə]
Capricórnio	Steinbock (m)	['ʃtaɪn͜bɔk]
Aquário	Wassermann (m)	['vasɐ͜man]
Peixes	Fische (pl)	['fɪʃə]

caráter (m)	Charakter (m)	[ka'ʀaktɐ]
traços (m pl) do caráter	Charakterzüge (pl)	[ka'ʀaktɐ͜tsyːgə]
comportamento (m)	Benehmen (n)	[bə'neːmən]
predizer (vt)	wahrsagen (vt)	['vaːɐ͜zaːgən]
adivinha (f)	Wahrsagerin (f)	['vaːɐ͜zaːgəʀɪn]
horóscopo (m)	Horoskop (n)	[hoʀo'skoːp]

Artes

124. Teatro

teatro (m)	Theater (n)	[te'a:tɐ]
ópera (f)	Oper (f)	['o:pɐ]
opereta (f)	Operette (f)	[opə'ʀɛtə]
balé (m)	Ballett (n)	[ba'lɛt]

cartaz (m)	Theaterplakat (n)	[te'a:tɐ·pla'ka:t]
companhia (f) teatral	Truppe (f)	['tʀʊpə]
turné (digressão)	Tournee (f)	[tʊʁ'ne:]
estar em turné	auf Tournee sein	[aʊf tʊʁ'ne: zaɪn]
ensaiar (vt)	proben (vt)	['pʀo:bən]
ensaio (m)	Probe (f)	['pʀo:bə]
repertório (m)	Spielplan (m)	['ʃpi:l‚pla:n]

apresentação (f)	Aufführung (f)	['aʊffy:ʀʊŋ]
espetáculo (m)	Vorstellung (f)	['fo:ɐ̯ʃtɛlʊŋ]
peça (f)	Theaterstück (n)	[te'a:tɐʃtʏk]

bilhete (m)	Karte (f)	['kaʁtə]
bilheteira (f)	Theaterkasse (f)	[te'a:tɐ‚'kasə]
hall (m)	Halle (f)	['halə]
guarda-roupa (m)	Garderobe (f)	[gaʁdə'ʀo:bə]
senha (f) numerada	Garderobennummer (f)	[gaʁdə'ʀobən‚nʊmɐ]
binóculo (m)	Opernglas (n)	['o:pɐn‚gla:s]
lanterninha (m)	Platzanweiser (m)	['plats?an‚vaɪzɐ]

plateia (f)	Parkett (n)	[paʁ'kɛt]
balcão (m)	Balkon (m)	[bal'ko:n]
primeiro balcão (m)	der erste Rang	[de:ɐ̯ 'ɛʁstə ʀaŋ]
camarote (m)	Loge (f)	['lo:ʒə]
fila (f)	Reihe (f)	['ʀaɪə]
assento (m)	Platz (m)	[plats]

público (m)	Publikum (n)	['pu:blikʊm]
espetador (m)	Zuschauer (m)	['tsu:ʃaʊɐ]
aplaudir (vt)	klatschen (vi)	['klatʃən]
aplausos (m pl)	Applaus (m)	[a'plaʊs]
ovação (f)	Ovation (f)	[ova'tsjo:n]

palco (m)	Bühne (f)	['by:nə]
pano (m) de boca	Vorhang (m)	['fo:ɐ̯‚haŋ]
cenário (m)	Dekoration (f)	[dekoʀa'tsjo:n]
bastidores (m pl)	Kulissen (pl)	[ku'lɪsən]

cena (f)	Szene (f)	['stse:nə]
ato (m)	Akt (m)	[akt]
entreato (m)	Pause (f)	['paʊzə]

125. Cinema

ator (m)	Schauspieler (m)	['ʃauʃpiːlɐ]
atriz (f)	Schauspielerin (f)	['ʃauʃpiːlərɪn]

cinema (m)	Kino (n)	['kiːno]
filme (m)	Film (m)	[fɪlm]
episódio (m)	Folge (f)	['fɔlgə]

filme (m) policial	Krimi (m)	['kʀɪmi]
filme (m) de ação	Actionfilm (m)	['ɛkʃən·film]
filme (m) de aventuras	Abenteuerfilm (m)	['aːbəntɔɪɐˌfɪlm]
filme (m) de ficção científica	Science-Fiction-Film (m)	[ˌsaɪəns'fɪkʃən·fɪlm]
filme (m) de terror	Horrorfilm (m)	['hɔʀoːɐˌfɪlm]

comédia (f)	Komödie (f)	[ko'møːdɪə]
melodrama (m)	Melodrama (n)	[melo'dʀaːma]
drama (m)	Drama (n)	['dʀaːma]

filme (m) ficcional	Spielfilm (m)	['ʃpiːl·fɪlm]
documentário (m)	Dokumentarfilm (m)	[dokumɛn'taːɐ·fɪlm]
desenho (m) animado	Zeichentrickfilm (m)	['tsaɪçənˌtʀɪk·fɪlm]
cinema (m) mudo	Stummfilm (m)	['ʃtʊm·fɪlm]

papel (m)	Rolle (f)	['ʀɔlə]
papel (m) principal	Hauptrolle (f)	['haʊptˌʀɔlə]
representar (vt)	spielen (vi)	['ʃpiːlən]

estrela (f) de cinema	Filmstar (m)	['fɪlmˌʃtaːɐ]
conhecido	bekannt	[bə'kant]
famoso	berühmt	[bə'ʀyːmt]
popular	populär	[popu'lɛːɐ]

argumento (m)	Drehbuch (n)	['dʀeːˌbuːχ]
argumentista (m)	Drehbuchautor (m)	['dʀeːbuːχˌʔaʊtoːɐ]
realizador (m)	Regisseur (m)	[ʀeʒɪ'søːɐ]
produtor (m)	Produzent (m)	[pʀodu'tsɛnt]
assistente (m)	Assistent (m)	[asɪs'tɛnt]
diretor (m) de fotografia	Kameramann (m)	['kaməʀaˌman]
duplo (m)	Stuntman (m)	['stantmɛn]
duplo (m) de corpo	Double (n)	['duːbəl]

filmar (vt)	einen Film drehen	['aɪnən fɪlm 'dʀeːən]
audição (f)	Probe (f)	['pʀoːbə]
filmagem (f)	Dreharbeiten (pl)	['dʀeːʔaʁˌbaɪtən]
equipe (f) de filmagem	Filmteam (n)	['fɪlmˌtiːm]
set (m) de filmagem	Filmset (m)	['fɪlmsɛt]
câmara (f)	Filmkamera (f)	['fɪlmˌkaməʀa]

cinema (m)	Kino (n)	['kiːno]
ecrã (m), tela (f)	Leinwand (f)	['laɪnˌvant]
exibir um filme	einen Film zeigen	['aɪnən fɪlm 'tsaɪgən]

pista (f) sonora	Tonspur (f)	['toːnʃpuːɐ]
efeitos (m pl) especiais	Spezialeffekte (pl)	[ʃpe'tsɪaːl·ɛ'fɛktə]

legendas (f pl)	Untertitel (pl)	['ʊntɐˌti:təl]
crédito (m)	Abspann (m)	['apˌʃpan]
tradução (f)	Übersetzung (f)	[ˌy:bɐ'zɛtsʊŋ]

126. Pintura

arte (f)	Kunst (f)	[kʊnst]
belas-artes (f pl)	schönen Künste (pl)	['ʃø:nən 'kʏnstə]
galeria (f) de arte	Kunstgalerie (f)	['kʊnstˌgalə'ʁi:]
exposição (f) de arte	Kunstausstellung (f)	['kʊnst·'aʊsˌʃtɛlʊŋ]

pintura (f)	Malerei (f)	[ˌma:lə'ʁaɪ]
arte (f) gráfica	Graphik (f)	['gʁa:fɪk]
arte (f) abstrata	abstrakte Kunst (f)	[ap'stʁaktə kʊnst]
impressionismo (m)	Impressionismus (m)	[ɪmpʁɛsjo'nɪsmʊs]

pintura (f), quadro (m)	Bild (n)	[bɪlt]
desenho (m)	Zeichnung (f)	['tsaɪçnʊŋ]
cartaz, póster (m)	Plakat (n)	[pla'ka:t]

ilustração (f)	Illustration (f)	[ɪlustʁa'tsjo:n]
miniatura (f)	Miniatur (f)	[minɪa'tu:ɐ]
cópia (f)	Kopie (f)	[ko'pi:]
reprodução (f)	Reproduktion (f)	[ʁepʁodʊk'tsjo:n]

mosaico (m)	Mosaik (n)	[moza'i:k]
vitral (m)	Glasmalerei (f)	[gla:sˌma:lə'ʁaɪ]
fresco (m)	Fresko (n)	['fʁɛsko]
gravura (f)	Gravüre (f)	[gʁa'vy:ʁə]

busto (m)	Büste (f)	['by:stə]
escultura (f)	Skulptur (f)	[skʊlp'tu:ɐ]
estátua (f)	Statue (f)	['ʃta:tuə]
gesso (m)	Gips (m)	[gɪps]
em gesso	aus Gips	[ˌaʊs 'gɪps]

retrato (m)	Porträt (n)	[pɔʁ'tʁɛ:]
autorretrato (m)	Selbstporträt (n)	['zɛlpst·pɔʁˌtʁɛ:]
paisagem (f)	Landschaftsbild (n)	['lantʃaftsˌbɪlt]
natureza (f) morta	Stillleben (n)	['ʃtɪlˌle:bən]
caricatura (f)	Karikatur (f)	[kaʁika'tu:ɐ]
esboço (m)	Entwurf (m)	[ɛnt'vʊʁf]

tinta (f)	Farbe (f)	['faʁbə]
aguarela (f)	Aquarellfarbe (f)	[akva'ʁɛlˌfaʁbə]
óleo (m)	Öl (n)	[ø:l]
lápis (m)	Bleistift (m)	['blaɪˌʃtɪft]
tinta da China (f)	Tusche (f)	['tʊʃə]
carvão (m)	Kohle (f)	['ko:lə]

desenhar (vt)	zeichnen (vt)	['tsaɪçnən]
pintar (vt)	malen (vi, vt)	['ma:lən]
posar (vi)	Modell stehen	[mo'dɛl 'ʃte:ən]
modelo (m)	Modell (n)	[mo'dɛl]

modelo (f)	Modell (n)	[mo'dɛl]
pintor (m)	Maler (m)	['maːlɐ]
obra (f)	Kunstwerk (n)	['kʊnstˌvɛʁk]
obra-prima (f)	Meisterwerk (n)	['maɪstɐˌvɛʁk]
estúdio (m)	Atelier (n), Werkstatt (f)	[ate'liːə], ['vɛʁkˌʃtat]

tela (f)	Leinwand (f)	['laɪnˌvant]
cavalete (m)	Staffelei (f)	[ʃtafə'laɪ]
paleta (f)	Palette (f)	[pa'lɛtə]

moldura (f)	Rahmen (m)	['Raːmən]
restauração (f)	Restauration (f)	[RestaʊRa'tsjoːn]
restaurar (vt)	restaurieren (vt)	[Restaʊ'RiːRən]

127. Literatura & Poesia

literatura (f)	Literatur (f)	[lɪtəRa'tuːɐ]
autor (m)	Autor (m)	['aʊtoːɐ]
pseudónimo (m)	Pseudonym (n)	[psɔɪdo'nyːm]

livro (m)	Buch (n)	[buːχ]
volume (m)	Band (m)	[bant]
índice (m)	Inhaltsverzeichnis (n)	['ɪnhalts·fɛɐˌtsaɪçnɪs]
página (f)	Seite (f)	['zaɪtə]
protagonista (m)	Hauptperson (f)	['haʊptˌpɛʁ'zoːn]
autógrafo (m)	Autogramm (n)	[aʊto'gRam]

conto (m)	Kurzgeschichte (f)	['kʊʁts·gəˌʃɪçtə]
novela (f)	Erzählung (f)	[ɛɐ'tsɛːlʊŋ]
romance (m)	Roman (m)	[Ro'maːn]
obra (f)	Werk (n)	[vɛʁk]
fábula (m)	Fabel (f)	['faːbəl]
romance (m) policial	Krimi (m)	['kRɪmi]

poesia (obra)	Gedicht (n)	[gə'dɪçt]
poesia (arte)	Dichtung (f), Poesie (f)	['dɪçtʊŋ], [ˌpoe'ziː]
poema (m)	Gedicht (n)	[gə'dɪçt]
poeta (m)	Dichter (m)	['dɪçtɐ]

ficção (f)	schöne Literatur (f)	['ʃøːnə lɪtəRa'tuːɐ]
ficção (f) científica	Science-Fiction (f)	[ˌsaɪəns'fɪkʃən]
aventuras (f pl)	Abenteuer (n)	['aːbəntɔɪɐ]
literatura (f) didática	Schülerliteratur (pl)	['ʃyːlɐ·lɪtəRaˌtuːɐ]
literatura (f) infantil	Kinderliteratur (f)	['kɪndɐ·lɪtəRaˌtuːɐ]

128. Circo

circo (m)	Zirkus (m)	['tsɪʁkʊs]
circo (m) ambulante	Wanderzirkus (m)	['vandɐˌtsɪʁkʊs]
programa (m)	Programm (n)	[pRo'gRam]
apresentação (f)	Vorstellung (f)	['foːɐˌʃtɛlʊŋ]
número (m)	Nummer (f)	['nʊmɐ]

arena (f)	Manege (f)	[ma'ne:ʒə]
pantomima (f)	Pantomime (f)	[ˌpanto'mi:mə]
palhaço (m)	Clown (m)	[klaʊn]

acrobata (m)	Akrobat (m)	[akʁo'ba:t]
acrobacia (f)	Akrobatik (f)	[akʁo'ba:tɪk]
ginasta (m)	Turner (m)	['tʊʁnɐ]
ginástica (f)	Turnen (n)	['tʊʁnən]
salto (m) mortal	Salto (m)	['zalto]

homem forte (m)	Kraftmensch (m)	['kʁaftˌmɛnʃ]
domador (m)	Bändiger, Dompteur (m)	['bɛndɪgɐ], [dɔmp'tø:ɐ]
cavaleiro (m) equilibrista	Reiter (m)	['ʁaɪtɐ]
assistente (m)	Assistent (m)	[asɪs'tɛnt]

truque (m)	Trick (m)	[tʁɪk]
truque (m) de mágica	Zaubertrick (m)	['tsaʊbɐˌtʁɪk]
mágico (m)	Zauberkünstler (m)	['tsaʊbɐˌkʏnstlɐ]

malabarista (m)	Jongleur (m)	[ʒɔŋ'glø:ɐ]
fazer malabarismos	jonglieren (vi)	[ʒɔŋ'gli:ʁən]
domador (m)	Dresseur (m)	[dʁɛ'sø:ɐ]
adestramento (m)	Dressur (f)	[dʁɛ'su:ɐ]
adestrar (vt)	dressieren (vt)	[dʁɛ'si:ʁən]

129. Música. Música popular

música (f)	Musik (f)	[mu'zi:k]
músico (m)	Musiker (m)	['mu:zikɐ]
instrumento (m) musical	Musikinstrument (n)	[mu'zi:kʔɪnstʁuˌmɛnt]
tocar ...	spielen (vt)	['ʃpi:lən]

guitarra (f)	Gitarre (f)	[ˌgi'ʁafə]
violino (m)	Geige (f)	['gaɪgə]
violoncelo (m)	Cello (n)	['tʃɛlo]
contrabaixo (m)	Kontrabass (m)	['kɔntʁaˌbas]
harpa (f)	Harfe (f)	['haʁfə]

piano (m)	Klavier (n)	[kla'vi:ɐ]
piano (m) de cauda	Flügel (m)	['fly:gəl]
órgão (m)	Orgel (f)	['ɔʁgəl]

instrumentos (m pl) de sopro	Blasinstrumente (pl)	['bla:sʔɪnstʁuˌmɛntə]
oboé (m)	Oboe (f)	[o'bo:ə]
saxofone (m)	Saxophon (n)	[ˌzakso'fo:n]
clarinete (m)	Klarinette (f)	[klaʁi'nɛtə]
flauta (f)	Flöte (f)	['flø:tə]
trompete (m)	Trompete (f)	[tʁɔm'pe:tə]

| acordeão (m) | Akkordeon (n) | [a'kɔʁdeˌɔn] |
| tambor (m) | Trommel (f) | ['tʁɔməl] |

| duo, dueto (m) | Duo (n) | ['du:o] |
| trio (m) | Trio (n) | ['tʁi:o] |

quarteto (m)	**Quartett** (n)	[kvaʁ'tɛt]
coro (m)	**Chor** (m)	[koːɐ]
orquestra (f)	**Orchester** (n)	[ɔʁ'kɛstɐ]

música (f) pop	**Popmusik** (f)	['pɔp·muˌziːk]
música (f) rock	**Rockmusik** (f)	['ʁɔk·muˌziːk]
grupo (m) de rock	**Rockgruppe** (f)	['ʁɔkˌɡʁʊpə]
jazz (m)	**Jazz** (m)	[dʒɛs]

ídolo (m)	**Idol** (n)	[i'doːl]
fã, admirador (m)	**Verehrer** (m)	[fɛɐ'ʔeːʁɐ]

concerto (m)	**Konzert** (n)	[kɔn'tsɛʁt]
sinfonia (f)	**Sinfonie** (f)	[zɪnfo'niː]
composição (f)	**Komposition** (f)	[kɔmpozi'tsjoːn]
compor (vt)	**komponieren** (vt)	[kɔmpo'niːʁən]

canto (m)	**Gesang** (m)	[ɡə'zaŋ]
canção (f)	**Lied** (n)	[liːt]
melodia (f)	**Melodie** (f)	[melo'diː]
ritmo (m)	**Rhythmus** (m)	['ʁʏtmʊs]
blues (m)	**Blues** (m)	[bluːs]

notas (f pl)	**Noten** (pl)	['noːtən]
batuta (f)	**Taktstock** (m)	['taktʃtɔk]
arco (m)	**Bogen** (m)	['boːɡən]
corda (f)	**Saite** (f)	['zaɪtə]
estojo (m)	**Koffer** (m)	['kɔfɐ]

Descanso. Entretenimento. Viagens

130. Viagens

turismo (m)	Tourismus (m)	[tu'rɪsmʊs]
turista (m)	Tourist (m)	[tu'rɪst]
viagem (f)	Reise (f)	['raɪzə]
aventura (f)	Abenteuer (n)	['a:bəntɔɪɐ]
viagem (f)	Fahrt (f)	[fa:ɐt]

férias (f pl)	Urlaub (m)	['u:ɐ̯ˌlaʊp]
estar de férias	auf Urlaub sein	[aʊf 'u:ɐ̯ˌlaʊp zaɪn]
descanso (m)	Erholung (f)	[ɛɐ'ho:lʊŋ]

comboio (m)	Zug (m)	[tsu:k]
de comboio (chegar ~)	mit dem Zug	[mɪt dem tsu:k]
avião (m)	Flugzeug (n)	['flu:kˌtsɔɪk]
de avião	mit dem Flugzeug	[mɪt dem 'flu:kˌtsɔɪk]
de carro	mit dem Auto	[mɪt dem 'aʊto]
de navio	mit dem Schiff	[mɪt dem ʃɪf]

bagagem (f)	Gepäck (n)	[gə'pɛk]
mala (f)	Koffer (m)	['kɔfɐ]
carrinho (m)	Gepäckwagen (m)	[gə'pɛkˌva:gən]

passaporte (m)	Pass (m)	[pas]
visto (m)	Visum (n)	['vi:zʊm]
bilhete (m)	Fahrkarte (f)	['fa:ɐ̯ˌkaɐtə]
bilhete (m) de avião	Flugticket (n)	['flu:kˌtɪkət]

guia (m) de viagem	Reiseführer (m)	['raɪzəˌfy:ɐ]
mapa (m)	Landkarte (f)	['lantˌkaɐtə]
local (m), area (f)	Gegend (f)	['ge:gənt]
lugar, sítio (m)	Ort (m)	[ɔɐt]

exotismo (m)	Exotika (pl)	[ɛ'kso:tika]
exótico	exotisch	[ɛ'kso:tɪʃ]
surpreendente	erstaunlich	[ɛɐ'ʃtaʊnlɪç]

grupo (m)	Gruppe (f)	['grʊpə]
excursão (f)	Ausflug (m)	['aʊsˌflu:k]
guia (m)	Reiseleiter (m)	['raɪzəˌlaɪtɐ]

131. Hotel

hotel (m)	Hotel (n)	[ho'tɛl]
motel (m)	Motel (n)	[mo'tɛl]
três estrelas	drei Sterne	[draɪ 'ʃtɛɐnə]

cinco estrelas	**fünf Sterne**	[fʏnf 'ʃtɛʁnə]
ficar (~ num hotel)	**absteigen** (vi)	['apˌʃtaɪgən]

quarto (m)	**Hotelzimmer** (n)	[ho'tɛlˌtsɪmɐ]
quarto (m) individual	**Einzelzimmer** (n)	['aɪntsəlˌtsɪmɐ]
quarto (m) duplo	**Zweibettzimmer** (n)	['tsvaɪbɛtˌtsɪmɐ]
reservar um quarto	**reservieren** (vt)	[ʁezɛʁ'viːʁən]

meia pensão (f)	**Halbpension** (f)	['halp·panˌzjoːn]
pensão (f) completa	**Vollpension** (f)	['fɔl·panˌzjoːn]

com banheira	**mit Bad**	[mɪt 'baːt]
com duche	**mit Dusche**	[mɪt 'duːʃə]
televisão (m) satélite	**Satellitenfernsehen** (n)	[zatɛ'liːtənˌfɛʁnzeːən]
ar (m) condicionado	**Klimaanlage** (f)	['kliːmaˌʔanlaːgə]
toalha (f)	**Handtuch** (n)	['hantˌtuːx]
chave (f)	**Schlüssel** (m)	['ʃlʏsəl]

administrador (m)	**Verwalter** (m)	[fɛʁ'valtɐ]
camareira (f)	**Zimmermädchen** (n)	['tsɪmɐˌmɛːtçən]
bagageiro (m)	**Träger** (m)	['tʁɛːgɐ]
porteiro (m)	**Portier** (m)	[pɔʁ'tɪeː]

restaurante (m)	**Restaurant** (n)	[ʁɛsto'ʁaŋ]
bar (m)	**Bar** (f)	[baːɐ]
pequeno-almoço (m)	**Frühstück** (n)	['fʁyːʃtʏk]
jantar (m)	**Abendessen** (n)	['aːbəntˌʔɛsən]
buffet (m)	**Buffet** (n)	[bʏ'feː]

hall (m) de entrada	**Foyer** (n)	[foa'jeː]
elevador (m)	**Aufzug** (m), **Fahrstuhl** (m)	['aʊfˌtsuːk], ['faːɐˌʃtuːl]

NÃO PERTURBE	**BITTE NICHT STÖREN!**	['bɪtə nɪçt 'ʃtøːʁən]
PROIBIDO FUMAR!	**RAUCHEN VERBOTEN!**	['ʁaʊxən fɛʁ'boːtən]

132. Livros. Leitura

livro (m)	**Buch** (n)	[buːx]
autor (m)	**Autor** (m)	['aʊtoːɐ]
escritor (m)	**Schriftsteller** (m)	['ʃʁɪftˌʃtɛlɐ]
escrever (vt)	**verfassen** (vt)	[fɛʁ'fasən]

leitor (m)	**Leser** (m)	['leːzɐ]
ler (vt)	**lesen** (vi, vt)	['leːzən]
leitura (f)	**Lesen** (n)	['leːzən]

para si	**still**	[ʃtɪl]
em voz alta	**laut**	[laʊt]

publicar (vt)	**verlegen** (vt)	[fɛʁ'leːgən]
publicação (f)	**Ausgabe** (f)	['aʊsˌgaːbə]
editor (m)	**Herausgeber** (m)	[hə'ʁaʊsˌgeːbɐ]
editora (f)	**Verlag** (m)	[fɛʁ'laːk]
sair (vi)	**erscheinen** (vi)	[ɛʁ'ʃaɪnən]

| lançamento (m) | Erscheinen (n) | [ɛɐ'ʃaɪnən] |
| tiragem (f) | Auflage (f) | ['aʊf͜la:gə] |

| livraria (f) | Buchhandlung (f) | ['bu:χ͜handlʊŋ] |
| biblioteca (f) | Bibliothek (f) | [biblio'te:k] |

novela (f)	Erzählung (f)	[ɛɐ'tsɛ:lʊŋ]
conto (m)	Kurzgeschichte (f)	['kʊɐts·gə͜ʃɪçtə]
romance (m)	Roman (m)	[ʀo'ma:n]
romance (m) policial	Krimi (m)	['kʀɪmi]

memórias (f pl)	Memoiren (pl)	[me'moa:ʀən]
lenda (f)	Legende (f)	[le'gɛndə]
mito (m)	Mythos (m)	['my:tɔs]

poesia (f)	Gedichte (pl)	[gə'dɪçtə]
autobiografia (f)	Autobiographie (f)	[aʊtobiogʀa'fi:]
obras (f pl) escolhidas	ausgewählte Werke (pl)	['aʊsgə͜vɛ:ltə 'vɛɐkə]
ficção (f) científica	Science-Fiction (f)	[͜saɪəns'fɪkʃən]

título (m)	Titel (m)	['ti:təl]
introdução (f)	Einleitung (f)	['aɪnlaɪtʊŋ]
folha (f) de rosto	Titelseite (f)	['ti:təl͜zaɪtə]

capítulo (m)	Kapitel (n)	[ka'pɪtəl]
excerto (m)	Auszug (m)	['aʊstsu:k]
episódio (m)	Episode (f)	[epi'zo:də]

tema (m)	Sujet (n)	[zy'ʒe:]
conteúdo (m)	Inhalt (m)	['ɪn͜halt]
índice (m)	Inhaltsverzeichnis (n)	['ɪnhalts·fɛɐ͜tsaɪçnɪs]
protagonista (m)	Hauptperson (f)	['haʊpt͜pɛɐ'zo:n]

tomo, volume (m)	Band (m)	[bant]
capa (f)	Buchdecke (f)	['bu:χ͜dɛkə]
encadernação (f)	Einband (m)	['aɪn͜bant]
marcador (m) de livro	Lesezeichen (n)	['le:zə͜tsaɪçən]

página (f)	Seite (f)	['zaɪtə]
folhear (vt)	blättern (vi)	['blɛtən]
margem (f)	Ränder (pl)	['ʀɛndɐ]
anotação (f)	Notiz (f)	[no'ti:ts]
nota (f) de rodapé	Anmerkung (f)	['anmɛɐkʊŋ]

texto (m)	Text (m)	[tɛkst]
fonte (f)	Schrift (f)	[ʃʀɪft]
gralha (f)	Druckfehler (m)	['dʀʊk͜fe:lɐ]

tradução (f)	Übersetzung (f)	[͜y:bɐ'zɛtsʊŋ]
traduzir (vt)	übersetzen (vt)	[͜y:bɐ'zɛtsən]
original (m)	Original (n)	[oʀigi'na:l]

famoso	berühmt	[bə'ʀy:mt]
desconhecido	unbekannt	['ʊnbəkant]
interessante	interessant	[ɪntəʀɛ'sant]
best-seller (m)	Bestseller (m)	['bɛst͜zɛlɐ]

dicionário (m)	Wörterbuch (n)	['vœʁtɐ,buːχ]
manual (m) escolar	Lehrbuch (n)	['leːɐ,buːχ]
enciclopédia (f)	Enzyklopädie (f)	[,ɛntsyklopɛ'diː]

133. Caça. Pesca

caça (f)	Jagd (f)	[jaːkt]
caçar (vi)	jagen (vi)	['jagən]
caçador (m)	Jäger (m)	['jɛːgɐ]

atirar (vi)	schießen (vi)	['ʃiːsən]
caçadeira (f)	Gewehr (n)	[gə'veːɐ]
cartucho (m)	Patrone (f)	[pa'tʀoːnə]
chumbo (m) de caça	Schrot (n)	[ʃʀoːt]

armadilha (f)	Falle (f)	['falə]
armadilha (com corda)	Schlinge (f)	['ʃlɪŋə]
cair na armadilha	in die Falle gehen	[ɪn di 'falə 'geːən]
pôr a armadilha	eine Falle stellen	['aɪnə 'falə 'ʃtɛlən]

caçador (m) furtivo	Wilddieb (m)	['vɪlt,diːp]
caça (f)	Wild (n)	[vɪlt]
cão (m) de caça	Jagdhund (m)	['jaːkt,hʊnt]
safári (m)	Safari (f)	[za'faːʀi]
animal (m) empalhado	ausgestopftes Tier (n)	['aʊs,gə'ʃtɔpftəs 'tiːɐ]

pescador (m)	Fischer (m)	['fɪʃɐ]
pesca (f)	Fischen (n)	['fɪʃən]
pescar (vt)	angeln, fischen (vt)	['aŋəln], ['fɪʃən]

cana (f) de pesca	Angel (f)	['aŋl]
linha (f) de pesca	Angelschnur (f)	['aŋlʃnuːɐ]
anzol (m)	Haken (m)	['haːkən]

| boia (f) | Schwimmer (m) | ['ʃvɪmɐ] |
| isca (f) | Köder (m) | ['køːdɐ] |

| lançar a linha | die Angel auswerfen | [di 'aŋl 'aʊs,vɛʁfən] |
| morder (vt) | anbeißen (vi) | ['anbaɪsən] |

| pesca (f) | Fang (m) | [faŋ] |
| buraco (m) no gelo | Eisloch (n) | ['aɪs,lɔχ] |

| rede (f) | Netz (n) | [nɛts] |
| barco (m) | Boot (n) | ['boːt] |

pescar com rede	mit dem Netz fangen	[mɪt dem 'nɛts 'faŋən]
lançar a rede	das Netz hineinwerfen	[das nɛts hɪ'naɪn,vɛʁfən]
puxar a rede	das Netz einholen	[das nɛts 'aɪn,hoːlən]
cair nas malhas	ins Netz gehen	[ɪns nɛts 'geːən]

baleeiro (m)	Walfänger (m)	['vaːl,fɛŋɐ]
baleeira (f)	Walfangschiff (n)	['vaːlfaŋ,ʃɪf]
arpão (m)	Harpune (f)	[haʁ'puːnə]

134. Jogos. Bilhar

bilhar (m)	Billard (n)	['bɪljaʁt]
sala (f) de bilhar	Billardzimmer (n)	['bɪljaʁt͵tsɪmə]
bola (f) de bilhar	Billardkugel (f)	['bɪljaʁt͵ku:gəl]
embolsar uma bola	eine Kugel einlochen	['aɪnə 'ku:gəl 'aɪnlɔχən]
taco (m)	Queue (n)	[kø:]
bolsa (f)	Tasche (f), Loch (n)	['taʃə], [lɔχ]

135. Jogos. Jogar cartas

ouros (m pl)	Karo (n)	['ka:ʀo]
espadas (f pl)	Pik (n)	[pi:k]
copas (f pl)	Herz (n)	[hɛʁts]
paus (m pl)	Kreuz (n)	[kʀɔɪts]
ás (m)	As (n)	[as]
rei (m)	König (m)	['kø:nɪç]
dama (f)	Dame (f)	['da:mə]
valete (m)	Bube (m)	['bu:bə]
carta (f) de jogar	Spielkarte (f)	['ʃpi:l͵kaʁtə]
cartas (f pl)	Karten (pl)	['kaʁtən]
trunfo (m)	Trumpf (m)	[tʀʊmpf]
baralho (m)	Kartenspiel (n)	['kaʁtənʃpi:l]
ponto (m)	Punkt (m)	[pʊŋkt]
dar, distribuir (vt)	ausgeben (vt)	['aʊs͵ge:bən]
embaralhar (vt)	mischen (vt)	['mɪʃən]
vez, jogada (f)	Zug (m)	[tsu:k]
batoteiro (m)	Falschspieler (m)	['falʃʃpi:lə]

136. Descanso. Jogos. Diversos

passear (vi)	spazieren gehen (vi)	[ʃpa'tsi:ʀən 'ge:ən]
passeio (m)	Spaziergang (m)	[ʃpa'tsi:ɐ͵gan]
viagem (f) de carro	Fahrt (f)	[fa:ʁt]
aventura (f)	Abenteuer (n)	['a:bəntɔɪɐ]
piquenique (m)	Picknick (n)	['pɪk͵nɪk]
jogo (m)	Spiel (n)	[ʃpi:l]
jogador (m)	Spieler (m)	['ʃpi:lɐ]
partida (f)	Partie (f)	[paʁ'ti:]
colecionador (m)	Sammler (m)	['zamlɐ]
colecionar (vt)	sammeln (vt)	['zaməln]
coleção (f)	Sammlung (f)	['zamlʊŋ]
palavras (f pl) cruzadas	Kreuzworträtsel (n)	['kʀɔɪtsvɔʁt͵ʀɛ:tsəl]
hipódromo (m)	Rennbahn (f)	['ʀɛn͵ba:n]

discoteca (f)	Diskothek (f)	[dɪsko'teːk]
sauna (f)	Sauna (f)	['zaʊna]
lotaria (f)	Lotterie (f)	[lɔtə'ʀiː]

campismo (m)	Wanderung (f)	['vandəʀʊŋ]
acampamento (m)	Lager (n)	['laːgɐ]
tenda (f)	Zelt (n)	[tsɛlt]
bússola (f)	Kompass (m)	['kɔmpas]
campista (m)	Tourist (m)	[tu'ʀɪst]

ver (vt), assistir à ...	fernsehen (vi)	['fɛʀn‚zeːən]
telespectador (m)	Fernsehzuschauer (m)	['fɛʀnzeː‚tsuːʃaʊɐ]
programa (m) de TV	Fernsehsendung (f)	['fɛʀnzeː‚zɛndʊŋ]

137. Fotografia

| máquina (f) fotográfica | Kamera (f) | ['kaməʀa] |
| foto, fotografia (f) | Foto (n) | ['foːto] |

fotógrafo (m)	Fotograf (m)	[foto'gʀaːf]
estúdio (m) fotográfico	Fotostudio (n)	['foto‚ʃtuːdɪo]
álbum (m) de fotografias	Fotoalbum (n)	['foto‚ʔalbʊm]

objetiva (f)	Objektiv (n)	[ɔpjɛk'tiːf]
teleobjetiva (f)	Teleobjektiv (n)	['teleʔɔpjɛk‚tiːf]
filtro (m)	Filter (n)	['fɪltɐ]
lente (f)	Linse (f)	['lɪnzə]

ótica (f)	Optik (f)	['ɔptɪk]
abertura (f)	Blende (f)	['blɛndə]
exposição (f)	Belichtungszeit (f)	[bə'lɪçtʊŋs‚tsaɪt]
visor (m)	Sucher (m)	['zuːχɐ]

câmara (f) digital	Digitalkamera (f)	[digi'taːl‚kaməʀa]
tripé (m)	Stativ (n)	[ʃta'tiːf]
flash (m)	Blitzgerät (n)	['blɪts·gə‚ʀɛːt]

fotografar (vt)	fotografieren (vt)	[fotogʀa'fiːʀən]
tirar fotos	aufnehmen (vt)	['aʊf‚neːmən]
fotografar-se	sich fotografieren lassen	[zɪç fotogʀa'fiːʀən 'lasən]

foco (m)	Fokus (m)	['foːkʊs]
focar (vt)	den Fokus einstellen	[den 'foːkʊs 'aɪnʃtɛlən]
nítido	scharf	[ʃaʀf]
nitidez (f)	Schärfe (f)	['ʃɛʀfə]

| contraste (m) | Kontrast (m) | [kɔn'tʀast] |
| contrastante | kontrastreich | [kɔn'tʀast‚ʀaɪç] |

retrato (m)	Aufnahme (f)	['aʊf‚naːmə]
negativo (m)	Negativ (n)	['neːgatiːf]
filme (m)	Film (m)	[fɪlm]
fotograma (m)	Einzelbild (n)	['aintsəl·bilt]
imprimir (vt)	drucken (vt)	['dʀʊkən]

138. Praia. Natação

praia (f)	Strand (m)	[ʃtʀant]
areia (f)	Sand (m)	[zant]
deserto	menschenleer	['mɛnʃənˌle:ɐ]

bronzeado (m)	Bräune (f)	['bʀɔɪnə]
bronzear-se (vr)	sich bräunen	[zɪç 'bʀɔɪnən]
bronzeado	gebräunt	[gə'bʀɔɪnt]
protetor (m) solar	Sonnencreme (f)	['zɔnənˌkʀɛ:m]

biquíni (m)	Bikini (m)	[bi'ki:ni]
fato (m) de banho	Badeanzug (m)	['ba:dəˌʔantsu:k]
calção (m) de banho	Badehose (f)	['ba:dəˌho:zə]

piscina (f)	Schwimmbad (n)	['ʃvɪmba:t]
nadar (vi)	schwimmen (vi)	['ʃvɪmən]
duche (m)	Dusche (f)	['du:ʃə]
mudar de roupa	sich umkleiden	[zɪç 'ʊmklaɪdən]
toalha (f)	Handtuch (n)	['hantˌtu:χ]

barco (m)	Boot (n)	['bo:t]
lancha (f)	Motorboot (n)	['mo:to:ɐˌbo:t]
esqui (m) aquático	Wasserski (m)	['vasɐʃi:]
barco (m) de pedais	Tretboot (n)	['tʀe:tˌbo:t]
surf (m)	Surfen (n)	['sœ:ɐfən]
surfista (m)	Surfer (m)	['sœʀfɐ]

scuba (m)	Tauchgerät (n)	['taʊχ·gə'ʀɛ:t]
barbatanas (f pl)	Schwimmflossen (pl)	['ʃvɪmˌflosən]
máscara (f)	Maske (f)	['maskə]
mergulhador (m)	Taucher (m)	['taʊχɐ]
mergulhar (vi)	tauchen (vi)	['taʊχən]
debaixo d'água	unter Wasser	['ʊntɐ 'vasɐ]

guarda-sol (m)	Sonnenschirm (m)	['zɔnənʃɪʀm]
espreguiçadeira (f)	Liege (f)	['li:gə]
óculos (m pl) de sol	Sonnenbrille (f)	['zɔnənˌbʀɪlə]
colchão (m) de ar	Schwimmmatratze (f)	['ʃvɪm·ma'tʀatsə]

| brincar (vi) | spielen (vi, vt) | ['ʃpi:lən] |
| ir nadar | schwimmen gehen | ['ʃvɪmən 'ge:ən] |

bola (f) de praia	Ball (m)	[bal]
encher (vt)	aufblasen (vt)	['aʊfˌbla:zən]
inflável, de ar	aufblasbar	['aʊfˌblasba:ɐ]

onda (f)	Welle (f)	['vɛlə]
boia (f)	Boje (f)	['bo:jə]
afogar-se (pessoa)	ertrinken (vi)	[ɛɐ'tʀɪŋkən]

salvar (vt)	retten (vt)	['ʀɛtən]
colete (m) salva-vidas	Schwimmweste (f)	['ʃvɪmˌvɛstə]
observar (vt)	beobachten (vt)	[bə'ʔo:baχtən]
nadador-salvador (m)	Bademeister (m)	['ba:dəˌmaɪstɐ]

EQUIPAMENTO TÉCNICO. TRANSPORTES

Equipamento técnico. Transportes

139. Computador

computador (m)	Computer (m)	[kɔm'pjuːtɐ]
portátil (m)	Laptop (m), Notebook (n)	['lɛptɔp], ['noutbʊk]
ligar (vt)	einschalten (vt)	['aɪnʃaltən]
desligar (vt)	abstellen (vt)	['apʃtɛlən]
teclado (m)	Tastatur (f)	[tasta'tuːɐ]
tecla (f)	Taste (f)	['tastə]
rato (m)	Maus (f)	[maʊs]
tapete (m) de rato	Mousepad (n)	['maʊspɛt]
botão (m)	Knopf (m)	[knɔpf]
cursor (m)	Cursor (m)	['køːɐzɐ]
monitor (m)	Monitor (m)	['moːnitoːɐ]
ecrã (m)	Schirm (m)	[ʃɪʁm]
disco (m) rígido	Festplatte (f)	['fɛstplatə]
capacidade (f) do disco rígido	Festplattengröße (f)	['fɛstplatən‚gʁøːsə]
memória (f)	Speicher (m)	['ʃpaɪçɐ]
memória (f) operativa	Arbeitsspeicher (m)	['aʁbaɪtsʃpaɪçɐ]
ficheiro (m)	Datei (f)	[da'taɪ]
pasta (f)	Ordner (m)	['ɔʁdnɐ]
abrir (vt)	öffnen (vt)	['œfnən]
fechar (vt)	schließen (vt)	['ʃliːsən]
guardar (vt)	speichern (vt)	['ʃpaɪçɐn]
apagar, eliminar (vt)	löschen (vt)	['lœʃən]
copiar (vt)	kopieren (vt)	[ko'piːʁən]
ordenar (vt)	sortieren (vt)	[zɔʁ'tiːʁən]
copiar (vt)	transferieren (vt)	[tʁansfə'ʁiːʁən]
programa (m)	Programm (n)	[pʁo'gʁam]
software (m)	Software (f)	['sɔftwɛːɐ]
programador (m)	Programmierer (m)	[pʁogʁa'miːʁɐ]
programar (vt)	programmieren (vt)	[pʁogʁa'miːʁən]
hacker (m)	Hacker (m)	['hɛkɐ]
senha (f)	Kennwort (n)	['kɛn‚vɔʁt]
vírus (m)	Virus (m, n)	['viːʁʊs]
detetar (vt)	entdecken (vt)	[ɛnt'dɛkən]
byte (m)	Byte (n)	[baɪt]

megabyte (m)	**Megabyte** (n)	['me:ga‚baɪt]
dados (m pl)	**Daten** (pl)	['da:tən]
base (f) de dados	**Datenbank** (f)	['da:tən‚baŋk]

cabo (m)	**Kabel** (n)	['ka:bəl]
desconectar (vt)	**trennen** (vt)	['tʀɛnən]
conetar (vt)	**anschließen** (vt)	['anʃli:sən]

140. Internet. E-mail

internet (f)	**Internet** (n)	['ɪntɛnɛt]
browser (m)	**Browser** (m)	['bʀaʊzɐ]
motor (m) de busca	**Suchmaschine** (f)	['zu:χ·maʃi:nə]
provedor (m)	**Provider** (m)	[‚pʀo'vaɪdɐ]

webmaster (m)	**Webmaster** (m)	['vɛp‚ma:stɐ]
website, sítio web (m)	**Website** (f)	['vɛp‚saɪt]
página (f) web	**Webseite** (f)	['vɛp‚zaɪtə]

endereço (m)	**Adresse** (f)	[a'dʀɛsə]
livro (m) de endereços	**Adressbuch** (n)	[a'dʀɛs‚bu:χ]

caixa (f) de correio	**Mailbox** (f)	['mɛjl‚bɔks]
correio (m)	**Post** (f)	[pɔst]
cheia (caixa de correio)	**überfüllt**	[y:bɐ'fʏlt]

mensagem (f)	**Mitteilung** (f)	['mɪt‚taɪlʊŋ]
mensagens (f pl) recebidas	**eingehenden Nachrichten**	['aɪn‚ge:əndən 'na:χʀɪçtən]
mensagens (f pl) enviadas	**ausgehenden Nachrichten**	['aʊs‚ge:əndən 'na:χʀɪçtən]

remetente (m)	**Absender** (m)	['ap‚zɛndɐ]
enviar (vt)	**senden** (vt)	['zɛndən]
envio (m)	**Absendung** (f)	['ap‚zɛndʊŋ]

destinatário (m)	**Empfänger** (m)	[ɛm'pfɛŋɐ]
receber (vt)	**empfangen** (vt)	[ɛm'pfaŋən]

correspondência (f)	**Briefwechsel** (m)	['bʀi:f‚vɛksəl]
corresponder-se (vr)	**im Briefwechsel stehen**	[ɪm 'bʀi:f‚vɛksəl 'ʃte:ən]

ficheiro (m)	**Datei** (f)	[da'taɪ]
fazer download, baixar	**herunterladen** (vt)	[hɛ'ʀʊntɐ‚la:dən]
criar (vt)	**schaffen** (vt)	['ʃafən]
apagar, eliminar (vt)	**löschen** (vt)	['lœʃən]
eliminado	**gelöscht**	[gə'lœʃt]

ligação (f)	**Verbindung** (f)	[fɛɐ'bɪndʊŋ]
velocidade (f)	**Geschwindigkeit** (f)	[gə'ʃvɪndɪç‚kaɪt]
modem (m)	**Modem** (m, n)	['mo:dɛm]
acesso (m)	**Zugang** (m)	['tsu:gaŋ]
porta (f)	**Port** (m)	[pɔʁt]
conexão (f)	**Anschluss** (m)	['anʃlʊs]

conetar (vi)	**sich anschließen**	[zɪç ˈanˌʃliːsən]
escolher (vt)	**auswählen** (vt)	[ˈaʊsˌvɛːlən]
buscar (vt)	**suchen** (vt)	[ˈzuːxən]

Transportes

141. Avião

avião (m)	Flugzeug (n)	['flu:k͵tsɔɪk]
bilhete (m) de avião	Flugticket (n)	['flu:k͵tɪkət]
companhia (f) aérea	Fluggesellschaft (f)	['flu:kgə͵zɛlʃaft]
aeroporto (m)	Flughafen (m)	['flu:k͵ha:fən]
supersónico	Überschall-	['y:bə͵ʃal]

comandante (m) do avião	Flugkapitän (m)	['flu:k·kapi͵tɛ:n]
tripulação (f)	Besatzung (f)	[bə'zatsʊŋ]
piloto (m)	Pilot (m)	[pi'lo:t]
hospedeira (f) de bordo	Flugbegleiterin (f)	['flu:k·bə͵glaɪtəRɪn]
copiloto (m)	Steuermann (m)	['ʃtɔɪɐ͵man]

asas (f pl)	Flügel (pl)	['fly:gəl]
cauda (f)	Schwanz (m)	[ʃvants]
cabine (f) de pilotagem	Kabine (f)	[ka'bi:nə]
motor (m)	Motor (m)	['mo:to:ɐ]
trem (m) de aterragem	Fahrgestell (n)	['fa:ɐ·gə͵ʃtɛl]
turbina (f)	Turbine (f)	[tʊɐ'bi:nə]

hélice (f)	Propeller (m)	[pRo'pɛlɐ]
caixa-preta (f)	Flugschreiber (m)	['flu:k͵ʃRaɪbɐ]
coluna (f) de controlo	Steuerrad (n)	['ʃtɔɪɐ͵Ra:t]
combustível (m)	Treibstoff (m)	['tRaɪpʃtɔf]

instruções (f pl) de segurança	Sicherheitskarte (f)	['zɪçɐhaɪts͵kaɐtə]
máscara (f) de oxigénio	Sauerstoffmaske (f)	['zaʊɐʃtɔf͵maskə]
uniforme (m)	Uniform (f)	['ʊni͵fɔɐm]

colete (m) salva-vidas	Rettungsweste (f)	['Rɛtʊŋs͵vɛstə]
paraquedas (m)	Fallschirm (m)	['falʃɪɐm]

descolagem (f)	Abflug, Start (m)	['ap͵flu:k], [ʃtaɐt]
descolar (vi)	starten (vi)	['ʃtaɐtən]
pista (f) de descolagem	Startbahn (f)	['ʃtaɐtba:n]

visibilidade (f)	Sicht (f)	[zɪçt]
voo (m)	Flug (m)	[flu:k]

altura (f)	Höhe (f)	['hø:ə]
poço (m) de ar	Luftloch (n)	['lʊft͵lɔχ]

assento (m)	Platz (m)	[plats]
auscultadores (m pl)	Kopfhörer (m)	['kɔpf͵hø:Rɐ]
mesa (f) rebatível	Klapptisch (m)	['klap͵tɪʃ]
vigia (f)	Bullauge (n)	['bʊl͵ʔaʊgə]
passagem (f)	Durchgang (m)	['dʊɐç͵gaŋ]

142. Comboio

comboio (m)	Zug (m)	[tsu:k]
comboio (m) suburbano	elektrischer Zug (m)	[e'lɛktʀɪʃɐ tsu:k]
comboio (m) rápido	Schnellzug (m)	['ʃnɛl‚tsu:k]
locomotiva (f) diesel	Diesellok (f)	['di:zəl‚lɔk]
comboio (m) a vapor	Dampflok (f)	['dampf‚lɔk]

| carruagem (f) | Personenwagen (m) | [pɛʁ'zo:nən‚va:gən] |
| carruagem restaurante (f) | Speisewagen (m) | ['ʃpaɪzə‚va:gən] |

carris (m pl)	Schienen (pl)	['ʃi:nən]
caminho de ferro (m)	Eisenbahn (f)	['aɪzən·ba:n]
travessa (f)	Bahnschwelle (f)	['ba:n‚ʃvɛlə]

plataforma (f)	Bahnsteig (m)	['ba:n‚ʃtaɪk]
linha (f)	Gleis (n)	['glaɪs]
semáforo (m)	Eisenbahnsignal (n)	['aɪzənba:n·zɪ'gna:l]
estação (f)	Station (f)	[ʃta'tsjo:n]

maquinista (m)	Lokführer (m)	['lɔk‚fy:ʀɐ]
bagageiro (m)	Träger (m)	['tʀɛ:gɐ]
hospedeiro, -a (da carruagem)	Schaffner (m)	['ʃafnɐ]
passageiro (m)	Fahrgast (m)	['fa:ɐ‚gast]
revisor (m)	Kontrolleur (m)	[kɔntʀɔ'lø:ɐ]

corredor (m)	Flur (m)	[flu:ɐ]
freio (m) de emergência	Notbremse (f)	['no:t‚bʀɛmzə]
compartimento (m)	Abteil (n)	[ap'taɪl]
cama (f)	Liegeplatz (m), Schlafkoje (f)	['li:gə‚plats], ['ʃla:f‚ko:jə]
cama (f) de cima	oberer Liegeplatz (m)	['o:bəʀɐ 'li:gə‚plats]
cama (f) de baixo	unterer Liegeplatz (m)	['ʊntəʀɐ 'li:gə‚plats]
roupa (f) de cama	Bettwäsche (f)	['bɛt‚vɛʃə]

bilhete (m)	Fahrkarte (f)	['fa:ɐ‚kaʁtə]
horário (m)	Fahrplan (m)	['fa:ɐ‚pla:n]
painel (m) de informação	Anzeigetafel (f)	['antsaɪgə‚ta:fəl]

partir (vt)	abfahren (vi)	['ap‚fa:ʀən]
partida (f)	Abfahrt (f)	['ap‚fa:ɐt]
chegar (vi)	ankommen (vi)	['an‚kɔmən]
chegada (f)	Ankunft (f)	['ankʊnft]

chegar de comboio	mit dem Zug kommen	[mɪt dem tsu:k 'kɔmən]
apanhar o comboio	in den Zug einsteigen	[ɪn den tsu:k 'aɪn‚ʃtaɪgən]
sair do comboio	aus dem Zug aussteigen	['aʊs dem tsu:k 'aʊs‚ʃtaɪgən]

| acidente (m) ferroviário | Zugunglück (n) | ['tsu:k?ʊn‚glʏk] |
| descarrilar (vi) | entgleisen (vi) | [ɛnt'glaɪzən] |

comboio (m) a vapor	Dampflok (f)	['dampf‚lɔk]
fogueiro (m)	Heizer (m)	['haɪtsɐ]
fornalha (f)	Feuerbuchse (f)	['fɔɪɐ‚bʊksə]
carvão (m)	Kohle (f)	['ko:lə]

143. Barco

navio (m)	Schiff (n)	[ʃɪf]
embarcação (f)	Fahrzeug (n)	['faːɐ̯ˌtsɔɪk]
vapor (m)	Dampfer (m)	['dampfɐ]
navio (m)	Motorschiff (n)	['moːtoːɐ̯ˌʃɪf]
transatlântico (m)	Kreuzfahrtschiff (n)	['kʀɔɪtsfaːɐ̯tˌʃɪf]
cruzador (m)	Kreuzer (m)	['kʀɔɪtsɐ]
iate (m)	Jacht (f)	[jaχt]
rebocador (m)	Schlepper (m)	['ʃlɛpɐ]
barcaça (f)	Lastkahn (m)	[lastˌkaːn]
ferry (m)	Fähre (f)	['fɛːʀə]
veleiro (m)	Segelschiff (n)	['zeːgəlˌʃɪf]
bergantim (m)	Brigantine (f)	[bʀigan'tiːnə]
quebra-gelo (m)	Eisbrecher (m)	['aɪsˌbʀɛçɐ]
submarino (m)	U-Boot (n)	['uːboːt]
bote, barco (m)	Boot (n)	['boːt]
bote, dingue (m)	Dingi (n)	['dɪŋgi]
bote (m) salva-vidas	Rettungsboot (n)	['ʀɛtʊŋsˌboːt]
lancha (f)	Motorboot (n)	['moːtoːɐ̯ˌboːt]
capitão (m)	Kapitän (m)	[kapi'tɛn]
marinheiro (m)	Matrose (m)	[ma'tʀoːzə]
marujo (m)	Seemann (m)	['zeːman]
tripulação (f)	Besatzung (f)	[bə'zatsʊŋ]
contramestre (m)	Bootsmann (m)	['boːtsman]
grumete (m)	Schiffsjunge (m)	['ʃɪfsˌjʊŋə]
cozinheiro (m) de bordo	Schiffskoch (m)	['ʃɪfsˌkɔχ]
médico (m) de bordo	Schiffsarzt (m)	['ʃɪfsˌʔaʁtst]
convés (m)	Deck (n)	[dɛk]
mastro (m)	Mast (m)	[mast]
vela (f)	Segel (n)	[zeːgəl]
porão (m)	Schiffsraum (m)	['ʃɪfsˌʀaʊm]
proa (f)	Bug (m)	[buːk]
popa (f)	Heck (n)	[hɛk]
remo (m)	Ruder (n)	['ʀuːdɐ]
hélice (f)	Schraube (f)	['ʃʀaʊbə]
camarote (m)	Kajüte (f)	[ka'jyːtə]
sala (f) dos oficiais	Messe (f)	['mɛsə]
sala (f) das máquinas	Maschinenraum (m)	[ma'ʃiːnənˌʀaʊm]
ponte (m) de comando	Brücke (f)	['bʀʏkə]
sala (f) de comunicações	Funkraum (m)	['fʊŋkˌʀaʊm]
onda (f) de rádio	Radiowelle (f)	['ʀaːdɪoˌvɛlə]
diário (m) de bordo	Schiffstagebuch (n)	['ʃɪfs·ˌta:gəbuːχ]
luneta (f)	Fernrohr (n)	['fɛʁnˌʀoːɐ̯]
sino (m)	Glocke (f)	['glɔkə]

bandeira (f)	Fahne (f)	['fa:nə]
cabo (m)	Seil (n)	[zaɪl]
nó (m)	Knoten (m)	['kno:tən]

| corrimão (m) | Geländer (n) | [gə'lɛndɐ] |
| prancha (f) de embarque | Treppe (f) | ['tʀɛpə] |

âncora (f)	Anker (m)	['aŋkɐ]
recolher a âncora	den Anker lichten	[dən 'aŋkɐ 'lɪçtən]
lançar a âncora	Anker werfen	['aŋkɐ ˌvɛʀfən]
amarra (f)	Ankerkette (f)	['ankɐˌkɛtə]

porto (m)	Hafen (m)	['ha:fən]
cais, amarradouro (m)	Anlegestelle (f)	['anle:gəˌʃtɛlə]
atracar (vi)	anlegen (vi)	['anˌle:gən]
desatracar (vi)	abstoßen (vt)	['apˌʃto:sən]

viagem (f)	Reise (f)	['ʀaɪzə]
cruzeiro (m)	Kreuzfahrt (f)	['kʀɔɪtsˌfa:ɐt]
rumo (m), rota (f)	Kurs (m)	[kʊʀs]
itinerário (m)	Reiseroute (f)	['ʀaɪzəˌʀu:tə]

canal (m) navegável	Fahrwasser (n)	['fa:ɐˌvasɐ]
baixio (m)	Untiefe (f)	['ʊnˌti:fə]
encalhar (vt)	stranden (vi)	['ʃtʀandən]

tempestade (f)	Sturm (m)	[ʃtʊʀm]
sinal (m)	Signal (n)	[zɪ'gna:l]
afundar-se (vr)	untergehen (vi)	['ʊntɐˌge:ən]
Homem ao mar!	Mann über Bord!	[man 'y:bɐ bɔʀt]
SOS	SOS	[ɛso:'ʔɛs]
boia (f) salva-vidas	Rettungsring (m)	['ʀɛtʊŋsˌʀɪŋ]

144. Aeroporto

aeroporto (m)	Flughafen (m)	['flu:kˌha:fən]
avião (m)	Flugzeug (n)	['flu:kˌtsɔɪk]
companhia (f) aérea	Fluggesellschaft (f)	['flu:kgəˌzɛlʃaft]
controlador (m) de tráfego aéreo	Fluglotse (m)	['flu:kˌlo:tsə]

partida (f)	Abflug (m)	['apˌflu:k]
chegada (f)	Ankunft (f)	['ankʊnft]
chegar (~ de avião)	anfliegen (vi)	['anˌfli:gən]

| hora (f) de partida | Abflugzeit (f) | ['apflu:kˌtsaɪt] |
| hora (f) de chegada | Ankunftszeit (f) | ['ankʊnftsˌtsaɪt] |

| estar atrasado | sich verspäten | [zɪç fɛɐ'ʃpɛ:tən] |
| atraso (m) de voo | Abflugverspätung (f) | ['apflu:kˌfɛɐ'ʃpɛ:tʊŋ] |

painel (m) de informação	Anzeigetafel (f)	['antsaɪgəˌta:fəl]
informação (f)	Information (f)	[ɪnfɔʀma'tsjo:n]
anunciar (vt)	ankündigen (vt)	['ankʏndɪgən]

voo (m) — Flug (m) — [flu:k]
alfândega (f) — Zollamt (n) — ['tsɔl͵ʔamt]
funcionário (m) da alfândega — Zollbeamter (m) — ['tsɔl·bə͵ʔamtɐ]

declaração (f) alfandegária — Zolldeklaration (f) — ['tsɔl·deklaʀa'tsjo:n]
preencher (vt) — ausfüllen (vt) — ['aʊs͵fʏlən]
preencher a declaração — die Zollerklärung ausfüllen — [di 'tsɔl·ɛɐ'klɛ:ʀʊŋ 'aʊs͵fʏlən]
controlo (m) de passaportes — Passkontrolle (f) — ['pas·kɔn͵tʀɔlə]

bagagem (f) — Gepäck (n) — [gə'pɛk]
bagagem (f) de mão — Handgepäck (n) — ['hant·gə͵pɛk]
carrinho (m) — Kofferkuli (m) — ['kɔfɐ͵ku:li]

aterragem (f) — Landung (f) — ['landʊŋ]
pista (f) de aterragem — Landebahn (f) — ['landə͵ba:n]
aterrar (vi) — landen (vi) — ['landən]
escada (f) de avião — Fluggasttreppe (f) — ['flu:kgast͵tʀɛpə]

check-in (m) — Check-in (n) — [tʃɛk?in]
balcão (m) do check-in — Check-in-Schalter (m) — [tʃɛk?in 'ʃaltɐ]
fazer o check-in — sich registrieren lassen — [zɪç ʀegɪs'tʀi:ʀən 'lasən]
cartão (m) de embarque — Bordkarte (f) — ['bɔʁt͵kaʁtə]
porta (f) de embarque — Abfluggate (n) — ['apflu:k͵geɪt]

trânsito (m) — Transit (m) — [tʀan'zi:t]
esperar (vi, vt) — warten (vi) — ['vaʁtən]
sala (f) de espera — Wartesaal (m) — ['vaʁtə͵za:l]
despedir-se de ... — begleiten (vt) — [bə'glaɪtən]
despedir-se (vr) — sich verabschieden — [zɪç fɛɐ'apʃi:dən]

145. Bicicleta. Motocicleta

bicicleta (f) — Fahrrad (n) — ['fa:ɐ͵ʀa:t]
scotter, lambreta (f) — Motorroller (m) — ['mo:to:ɐ͵ʀɔlɐ]
mota (f) — Motorrad (n) — ['mo:to:ɐ͵ʀa:t]

ir de bicicleta — Rad fahren — [ʀa:t 'fa:ʀən]
guiador (m) — Lenkstange (f) — ['lɛŋkʃtaŋə]
pedal (m) — Pedal (n) — [pe'da:l]
travões (m pl) — Bremsen (pl) — ['bʀɛmzən]
selim (m) — Sattel (m) — ['zatəl]

bomba (f) de ar — Pumpe (f) — ['pʊmpə]
porta-bagagens (m) — Gepäckträger (m) — [gə'pɛk͵tʀɛ:gɐ]
lanterna (f) — Scheinwerfer (m) — ['ʃaɪn͵vɛʁfɐ]
capacete (m) — Helm (m) — [hɛlm]

roda (f) — Rad (n) — [ʀa:t]
guarda-lamas (m) — Schutzblech (n) — ['ʃʊts͵blɛç]
aro (m) — Felge (f) — ['fɛlgə]
raio (m) — Speiche (f) — ['ʃpaɪçə]

Carros

146. Tipos de carros

carro, automóvel (m)	Auto (n)	['auto]
carro (m) desportivo	Sportwagen (m)	['ʃpɔʁt͜va:gən]
limusine (f)	Limousine (f)	[limu'zi:nə]
todo o terreno (m)	Geländewagen (m)	[gə'lɛndə͜va:gən]
descapotável (m)	Kabriolett (n)	[kabʁio'lɛt]
minibus (m)	Kleinbus (m)	['klaɪn͜bʊs]
ambulância (f)	Krankenwagen (m)	['kʁaŋkən͜va:gən]
limpa-neve (m)	Schneepflug (m)	['ʃne:͜pflu:k]
camião (m)	Lastkraftwagen (m)	['lastkʁaft͜va:gən]
camião-cisterna (m)	Tankwagen (m)	['taŋk͜va:gən]
carrinha (f)	Kastenwagen (m)	['kastən͜va:gən]
camião-trator (m)	Sattelzug (m)	['zatəl͜tsu:k]
atrelado (m)	Anhänger (m)	['an͜hɛŋə]
confortável	komfortabel	[kɔmfɔʁ'ta:bəl]
usado	gebraucht	[gə'bʁauχt]

147. Carros. Carroçaria

capô (m)	Motorhaube (f)	['mo:to:ɐ͜haubə]
guarda-lamas (m)	Kotflügel (m)	['ko:tfly:gəl]
tejadilho (m)	Dach (n)	[daχ]
para-brisa (m)	Windschutzscheibe (f)	['vɪntʃuts͜ʃaɪbə]
espelho (m) retrovisor	Rückspiegel (m)	['ʁʏk͜ʃpi:gəl]
lavador (m)	Scheibenwaschanlage (f)	['ʃaɪbən·'vaʃʔan͜la:gə]
limpa-para-brisas (m)	Scheibenwischer (m)	['ʃaɪbən͜vɪʃə]
vidro (m) lateral	Seitenscheibe (f)	['zaɪtən͜ʃaɪbə]
elevador (m) do vidro	Fensterheber (m)	['fɛnstɐ͜he:bɐ]
antena (f)	Antenne (f)	[an'tɛnə]
teto solar (m)	Schiebedach (n)	['ʃi:bə͜daχ]
para-choques (m pl)	Stoßstange (f)	['ʃto:s͜ʃtaŋə]
bagageira (f)	Kofferraum (m)	['kɔfɐ͜ʁaum]
bagageira (f) de tejadilho	Dachgepäckträger (m)	['daχ·gəpɛk͜tʁɛ:gə]
porta (f)	Wagenschlag (m)	['va:gən͜ʃla:k]
maçaneta (f)	Türgriff (m)	['ty:ɐ͜gʁɪf]
fechadura (f)	Türschloss (n)	['ty:ɐ͜ʃlɔs]
matrícula (f)	Nummernschild (n)	['nʊmɐn͜ʃɪlt]
silenciador (m)	Auspufftopf (m)	['auspʊf͜tɔpf]

tanque (m) de gasolina	**Benzintank** (m)	[bɛn'tsiːnˌtaŋk]
tubo (m) de escape	**Auspuffrohr** (n)	['aʊspʊfˌʀoːɐ]

acelerador (m)	**Gas** (n)	[gaːs]
pedal (m)	**Pedal** (n)	[pe'daːl]
pedal (m) do acelerador	**Gaspedal** (n)	['gas·pe'daːl]

travão (m)	**Bremse** (f)	['bʀɛmzə]
pedal (m) do travão	**Bremspedal** (n)	['bʀɛmz·pe'daːl]
travar (vt)	**bremsen** (vi)	['bʀɛmzən]
travão (m) de mão	**Handbremse** (f)	['hantˌbʀɛmzə]

embraiagem (f)	**Kupplung** (f)	['kʊplʊŋ]
pedal (m) da embraiagem	**Kupplungspedal** (n)	['kʊplʊŋs·pe'daːl]
disco (m) de embraiagem	**Kupplungsscheibe** (f)	['kʊplʊŋsˌʃaɪbə]
amortecedor (m)	**Stoßdämpfer** (m)	['ʃtoːs·dɛmpfɐ]

roda (f)	**Rad** (n)	[ʀaːt]
pneu (m) sobresselente	**Reserverad** (n)	[ʀe'zɛʀvəˌʀaːt]
pneu (m)	**Reifen** (m)	['ʀaɪfən]
tampão (m) de roda	**Radkappe** (f)	['ʀaːtˌkapə]

rodas (f pl) motrizes	**Triebräder** (pl)	['tʀiːpˌʀɛːdɐ]
de tração dianteira	**mit Vorderantrieb**	[mɪt 'foːɐdeːɐˌʔantʀiːp]
de tração traseira	**mit Hinterradantrieb**	[mɪt 'hɪnteʀaːtˌʔantʀiːp]
de tração às 4 rodas	**mit Allradantrieb**	[mɪt 'alʀaːtˌʔantʀiːp]

caixa (f) de mudanças	**Getriebe** (n)	[gə'tʀiːbə]
automático	**Automatik-**	[aʊto'maːtɪk]
mecânico	**Schalt-**	['ʃalt]
alavanca (f) das mudanças	**Schalthebel** (m)	['ʃaltˌheːbəl]

farol (m)	**Scheinwerfer** (m)	['ʃaɪnˌvɛʀfɐ]
faróis, luzes	**Scheinwerfer** (pl)	['ʃaɪnˌvɛʀfɐ]

médios (m pl)	**Abblendlicht** (n)	['apblɛntˌlɪçt]
máximos (m pl)	**Fernlicht** (n)	['fɛʀnˌlɪçt]
luzes (f pl) de stop	**Stopplicht** (n)	['ʃtɔpˌlɪçt]

mínimos (m pl)	**Standlicht** (n)	['ʃtantˌlɪçt]
luzes (f pl) de emergência	**Warnblinker** (m)	['vaʀnˌblɪŋkɐ]
faróis (m pl) antinevoeiro	**Nebelscheinwerfer** (pl)	['neːbəlˌʃaɪnvɛʀfɐ]
pisca-pisca (m)	**Blinker** (m)	['blɪŋkɐ]
luz (f) de marcha atrás	**Rückfahrscheinwerfer** (m)	['ʀʏkfaːɐˌʃaɪnvɛʀfɐ]

148. Carros. Habitáculo

interior (m) do carro	**Wageninnere** (n)	['vaːgənˌʔɪnəʀə]
de couro, de pele	**Leder-**	['leːdɐ]
de veludo	**aus Velours**	[aʊs və'luːɐ]
estofos (m pl)	**Polster** (n)	['pɔlstɐ]

indicador (m)	**Instrument** (n)	[ˌɪnstʀu'mɛnt]
painel (m) de instrumentos	**Armaturenbrett** (n)	[aʀma'tuːʀənˌbʀɛt]

| velocímetro (m) | Tachometer (m) | [taxo'me:tɐ] |
| ponteiro (m) | Nadel (f) | ['na:dəl] |

conta-quilómetros (m)	Kilometerzähler (m)	[kilo'me:tɐˌtsɛ:lɐ]
sensor (m)	Anzeige (f)	['anˌtsaɪɡə]
nível (m)	Pegel (m)	['pe:ɡəl]
luz (f) avisadora	Kontrollleuchte (f)	[kɔn'tʀɔlˌlɔɪçtə]

volante (m)	Steuerrad (n)	['ʃtɔɪɐˌʀa:t]
buzina (f)	Hupe (f)	['hu:pə]
botão (m)	Knopf (m)	[knɔpf]
interruptor (m)	Umschalter (m)	['ʊmˌʃaltɐ]

assento (m)	Sitz (m)	[zɪts]
costas (f pl) do assento	Rückenlehne (f)	['ʀʏkənˌle:nə]
cabeceira (f)	Kopfstütze (f)	['kɔpfˌʃtʏtsə]
cinto (m) de segurança	Sicherheitsgurt (m)	['zɪçɐhaɪtsˌɡʊʀt]
apertar o cinto	sich anschnallen	[zɪç 'anˌʃnalən]
regulação (f)	Einstellung (f)	['aɪnˌʃtɛlʊŋ]

| airbag (m) | Airbag (m) | ['ɛ:ɐ·bak] |
| ar (m) condicionado | Klimaanlage (f) | ['kli:maˌʔanla:ɡə] |

rádio (m)	Radio (n)	['ʀa:dɪo]
leitor (m) de CD	CD-Spieler (m)	[tse:'de: 'ʃpi:lɐ]
ligar (vt)	einschalten (vt)	['aɪnʃaltən]
antena (f)	Antenne (f)	[an'tɛnə]
porta-luvas (m)	Handschuhfach (n)	['hantʃu:ˌfax]
cinzeiro (m)	Aschenbecher (m)	['aʃən·bɛçɐ]

149. Carros. Motor

motor (m)	Triebwerk (n)	['tʀi:pˌvɛʀk]
motor (m)	Motor (m)	['mo:to:ɐ]
diesel	Diesel-	['di:zəl]
a gasolina	Benzin-	[bɛn'tsi:n]

cilindrada (f)	Hubraum (m)	['hu:pˌʀaʊm]
potência (f)	Leistung (f)	['laɪstʊŋ]
cavalo-vapor (m)	Pferdestärke (f)	['pfe:ɐdəˌʃtɛʀkə]
pistão (m)	Kolben (m)	[kɔlbən]
cilindro (m)	Zylinder (m)	[tsy'lɪndɐ]
válvula (f)	Ventil (n)	[vɛn'ti:l]

injetor (m)	Injektor (m)	[ɪn'jɛktɔ:ɐ]
gerador (m)	Generator (m)	[ɡenə'ʀa:to:ɐ]
carburador (m)	Vergaser (m)	[fɛɐ'ga:zɐ]
óleo (m) para motor	Motoröl (n)	['mo:to:ɐˌʔø:l]

radiador (m)	Kühler (m)	['ky:lɐ]
refrigerante (m)	Kühlflüssigkeit (f)	[ky:l'flʏsɪçˌkaɪt]
ventilador (m)	Ventilator (m)	[vɛnti'la:to:ɐ]
bateria (f)	Autobatterie (f)	['aʊtobatəˌʀi:]
dispositivo (m) de arranque	Anlasser (m)	['anˌlasɐ]

ignição (f)	**Zündung** (f)	['tsʏndʊŋ]
vela (f) de ignição	**Zündkerze** (f)	['tsʏnt̩kɛʁtsə]

borne (m)	**Klemme** (f)	['klɛmə]
borne (m) positivo	**Pluspol** (m)	['plʊs̩poːl]
borne (m) negativo	**Minuspol** (m)	['miːnʊs̩poːl]
fusível (m)	**Sicherung** (f)	['zɪçəʁʊŋ]

filtro (m) de ar	**Luftfilter** (m, n)	['lʊft̩fɪltɐ]
filtro (m) de óleo	**Ölfilter** (m)	['øːl̩fɪltɐ]
filtro (m) de combustível	**Treibstofffilter** (m)	['tʁaɪpʃtɔf̩fɪltɐ]

150. Carros. Batidas. Reparação

acidente (m) de carro	**Unfall** (m)	['ʊnfal]
acidente (m) rodoviário	**Verkehrsunfall** (m)	[fɛɐ'keːɐs̩ʔʊn̩fal]
ir contra ...	**fahren gegen ...**	['faːʁən 'geːgən]
sofrer um acidente	**verunglücken** (vi)	[fɛɐ'ʔʊnglʏkən]
danos (m pl)	**Schaden** (m)	['ʃaːdən]
intato	**heil**	['haɪl]

avaria (no motor, etc.)	**Panne** (f)	['panə]
avariar (vi)	**kaputtgehen** (vi)	[ka'pʊt̩geːən]
cabo (m) de reboque	**Abschleppseil** (n)	['apʃlɛp̩zaɪl]

furo (m)	**Reifenpanne** (f)	['ʁaɪfən̩panə]
estar furado	**platt sein**	[plat zaɪn]
encher (vt)	**pumpen** (vt)	['pʊmpən]
pressão (f)	**Druck** (m)	[dʁʊk]
verificar (vt)	**prüfen** (vt)	['pʁyːfən]

reparação (f)	**Reparatur** (f)	[ʁepaʁa'tuːɐ]
oficina (f) de reparação de carros	**Reparaturwerkstatt** (f)	[ʁepaʁaˌtuːɐ'vɛʁk̩ʃtat]
peça (f) sobresselente	**Ersatzteil** (m, n)	[ɛɐ'zats̩taɪl]
peça (f)	**Einzelteil** (m, n)	['aɪntsəl̩taɪl]

parafuso (m)	**Bolzen** (m)	['bɔltsən]
parafuso (m)	**Schraube** (f)	['ʃʁaʊbə]
porca (f)	**Mutter** (f)	['mʊtɐ]
anilha (f)	**Scheibe** (f)	['ʃaɪbə]
rolamento (m)	**Lager** (n)	['laːgɐ]

tubo (m)	**Rohr** (n)	[ʁoːɐ]
junta (f)	**Dichtung** (f)	['dɪçtʊŋ]
fio, cabo (m)	**Draht** (m)	[dʁaːt]

macaco (m)	**Wagenheber** (m)	['vaːgən̩heːbɐ]
chave (f) de boca	**Schraubenschlüssel** (m)	['ʃʁaʊbənʃlʏsəl]
martelo (m)	**Hammer** (m)	['hamɐ]
bomba (f)	**Pumpe** (f)	['pʊmpə]
chave (f) de fendas	**Schraubenzieher** (m)	['ʃʁaʊbəntsiːɐ]
extintor (m)	**Feuerlöscher** (m)	['fɔɪɐˌlœʃɐ]
triângulo (m) de emergência	**Warndreieck** (n)	['vaʁn̩dʁaɪɛk]

parar (vi) (motor)	abwürgen (vi)	['apˌvʏʁɡən]
paragem (f)	Anhalten (n)	['anhaltən]
estar quebrado	kaputt sein	[ka'pʊt zaɪn]

superaquecer-se (vr)	überhitzt werden	[yːbe'hɪtst 'veːɛdən]
entupir-se (vr)	verstopft sein	[fɛɐ'ʃtɔpft zaɪn]
congelar (vi)	einfrieren (vi)	['aɪnˌfʁiːʁən]
rebentar (vi)	zerplatzen (vi)	[tsɛɐ'platsən]

pressão (f)	Druck (m)	[dʁʊk]
nível (m)	Pegel (m)	['peːɡəl]
frouxo	schlaff	[ʃlaf]

mossa (f)	Delle (f)	['dɛlə]
ruído (m)	Klopfen (n)	['klɔpfən]
fissura (f)	Riß (m)	[ʁɪs]
aranhão (m)	Kratzer (m)	['kʁatsɐ]

151. Carros. Estrada

estrada (f)	Fahrbahn (f)	['faːɐˌbaːn]
autoestrada (f)	Schnellstraße (f)	['ʃnɛlˌʃtʁaːsə]
rodovia (f)	Autobahn (f)	['aʊtoˌbaːn]
direção (f)	Richtung (f)	['ʁɪçtʊŋ]
distância (f)	Entfernung (f)	[ɛnt'fɛʁnʊŋ]

ponte (f)	Brücke (f)	['bʁʏkə]
parque (m) de estacionamento	Parkplatz (m)	['paʁkˌplats]
praça (f)	Platz (m)	[plats]
nó (m) rodoviário	Autobahnkreuz (n)	['aʊtobaːnˌkʁɔɪts]
túnel (m)	Tunnel (m)	['tʊnəl]

posto (m) de gasolina	Tankstelle (f)	['taŋkˌʃtɛlə]
parque (m) de estacionamento	Parkplatz (m)	['paʁkˌplats]
bomba (f) de gasolina	Zapfsäule (f)	['tsapfˌzɔɪlə]
oficina (f) de reparação de carros	Reparaturwerkstatt (f)	[ʁepaʁaˌtuːɐ'vɛʁkˌʃtat]
abastecer (vi)	tanken (vt)	['taŋkən]
combustível (m)	Treibstoff (m)	['tʁaɪpˌʃtɔf]
bidão (m) de gasolina	Kanister (m)	[ka'nɪstɐ]

asfalto (m)	Asphalt (m)	[as'falt]
marcação (f) de estradas	Markierung (f)	[maʁ'kiːʁʊŋ]
lancil (m)	Bordstein (m)	['bɔʁtˌʃtaɪn]
proteção (f) guard-rail	Leitplanke (f)	['laɪtˌplaŋkə]
valeta (f)	Graben (m)	['ɡʁaːbən]
berma (f) da estrada	Straßenrand (m)	['ʃtʁaːsənˌʁant]
poste (m) de luz	Straßenlaterne (f)	['ʃtʁaːsən·laˌtɛʁnə]

conduzir, guiar (vt)	fahren (vt)	['faːʁən]
virar (ex. ~ à direita)	abbiegen (vi)	['apˌbiːɡən]
dar retorno	umkehren (vi)	['ʊmˌkeːʁən]
marcha-atrás (f)	Rückwärtsgang (m)	['ʁʏkvɛʁtsˌɡaŋ]
buzinar (vi)	hupen (vi)	['huːpən]

buzina (f)	**Hupe** (f)	['hu:pə]
atolar-se (vr)	**stecken** (vi)	['ʃtɛkən]
patinar (na lama)	**durchdrehen** (vi)	['dʊʁç͜dʀe:ən]
desligar (vt)	**abstellen** (vt)	['apʃtɛlən]
velocidade (f)	**Geschwindigkeit** (f)	[gə'ʃvɪndɪç·kaɪt]
exceder a velocidade	**Geschwindigkeit überschreiten**	[gə'ʃvɪndɪç·kaɪt ˌy:bɐ'ʃʀaɪtən]
multar (vt)	**bestrafen** (vt)	[bə'ʃtʀa:fən]
semáforo (m)	**Ampel** (f)	['ampəl]
carta (f) de condução	**Führerschein** (m)	['fy:ʀɐʃaɪn]
passagem (f) de nível	**Bahnübergang** (m)	['ba:nʔy:bɐˌgaŋ]
cruzamento (m)	**Straßenkreuzung** (f)	['ʃtʀa:sənˌkʀɔɪtsʊŋ]
passadeira (f)	**Fußgängerüberweg** (m)	['fu:sˌgɛŋɐ·y:bɐ've:k]
curva (f)	**Kehre** (f)	['ke:ʀə]
zona (f) pedonal	**Fußgängerzone** (f)	['fu:sgɛŋɐˌtso:nə]

PESSOAS. EVENTOS

Eventos

152. Férias. Evento

festa (f)	Fest (n)	[fɛst]
festa (f) nacional	Nationalfeiertag (m)	[natsjo'na:l͜faɪeta:k]
feriado (m)	Feiertag (m)	['faɪe͜ta:k]
festejar (vt)	feiern (vt)	['faɪen]
evento (festa, etc.)	Ereignis (n)	[ɛɐ'ʔaɪgnɪs]
evento (banquete, etc.)	Veranstaltung (f)	[fɛɐ'ʔanʃtaltʊŋ]
banquete (m)	Bankett (n)	[baŋ'kɛt]
receção (f)	Empfang (m)	[ɛm'pfaŋ]
festim (m)	Festmahl (n)	['fɛst͜ma:l]
aniversário (m)	Jahrestag (m)	['ja:ʀəs͜ta:k]
jubileu (m)	Jubiläumsfeier (f)	[jubi'lɛ:ʊms͜faɪe]
celebrar (vt)	begehen (vt)	[bə'ge:ən]
Ano (m) Novo	Neujahr (n)	['nɔɪja:ɐ]
Feliz Ano Novo!	Frohes Neues Jahr!	[ˌfʀo:əs 'nɔɪəs ja:ɐ]
Natal (m)	Weihnachten (n)	['vaɪnaχtən]
Feliz Natal!	Frohe Weihnachten!	[ˌfʀo:ə 'vaɪnaχtən]
árvore (f) de Natal	Tannenbaum (m)	['tanən͜baʊm]
fogo (m) de artifício	Feuerwerk (n)	['fɔɪe͜vɛʀk]
boda (f)	Hochzeit (f)	['hɔχ͜tsaɪt]
noivo (m)	Bräutigam (m)	['bʀɔɪtɪgam]
noiva (f)	Braut (f)	[bʀaʊt]
convidar (vt)	einladen (vt)	['aɪn͜la:dən]
convite (m)	Einladung (f)	['aɪn͜la:dʊŋ]
convidado (m)	Gast (m)	[gast]
visitar (vt)	besuchen (vt)	[bə'zu:χən]
receber os hóspedes	Gäste empfangen	['gɛstə ɛm'pfaŋən]
presente (m)	Geschenk (n)	[gə'ʃɛŋk]
oferecer (vt)	schenken (vt)	['ʃɛŋkən]
receber presentes	Geschenke bekommen	[gə'ʃɛŋkə bə'kɔmən]
ramo (m) de flores	Blumenstrauß (m)	['blu:mənʃtʀaʊs]
felicitações (f pl)	Glückwunsch (m)	['glʏk͜vʊnʃ]
felicitar (dar os parabéns)	gratulieren (vi)	[gʀatu'li:ʀən]
cartão (m) de parabéns	Glückwunschkarte (f)	['glʏkvʊnʃ͜kaʀtə]
enviar um postal	eine Karte abschicken	['aɪnə 'kaʀtə 'ap͜ʃɪkən]

receber um postal	eine Karte erhalten	['aɪnə 'kaʁtə ɛɐ'haltən]
brinde (m)	Trinkspruch (m)	['tʁɪŋkʃpʁʊχ]
oferecer (vt)	anbieten (vt)	['anbi:tən]
champanhe (m)	Champagner (m)	[ʃam'panjɐ]

divertir-se (vr)	sich amüsieren	[zɪç amy'zi:ʁən]
diversão (f)	Fröhlichkeit (f)	['fʁø:lɪç͜kaɪt]
alegria (f)	Freude (f)	['fʁɔɪdə]

| dança (f) | Tanz (m) | [tants] |
| dançar (vi) | tanzen (vi, vt) | ['tantsən] |

| valsa (f) | Walzer (m) | ['valtsɐ] |
| tango (m) | Tango (m) | ['taŋgo] |

153. Funerais. Enterro

cemitério (m)	Friedhof (m)	['fʁi:t͜ho:f]
sepultura (f), túmulo (m)	Grab (n)	[gʁa:p]
cruz (f)	Kreuz (n)	[kʁɔɪts]
lápide (f)	Grabstein (m)	['gʁa:pʃtaɪn]
cerca (f)	Zaun (m)	[tsaʊn]
capela (f)	Kapelle (f)	[ka'pɛlə]

morte (f)	Tod (m)	[to:t]
morrer (vi)	sterben (vi)	['ʃtɛʁbən]
defunto (m)	Verstorbene (m)	[fɛɐ'ʃtɔʁbənɐ]
luto (m)	Trauer (f)	['tʁaʊɐ]

enterrar, sepultar (vt)	begraben (vt)	[bə'gʁa:bən]
agência (f) funerária	Bestattungsinstitut (n)	[bə'ʃtatʊŋs?ɪnsti͜tu:t]
funeral (m)	Begräbnis (n)	[bə'gʁɛ:pnɪs]

coroa (f) de flores	Kranz (m)	[kʁants]
caixão (m)	Sarg (m)	[zaʁk]
carro (m) funerário	Katafalk (m)	[kata'falk]
mortalha (f)	Totenhemd (n)	['to:tən͜hɛmt]

procissão (f) funerária	Trauerzug (m)	['tʁaʊɐ͜tsu:k]
urna (f) funerária	Urne (f)	['ʊʁnə]
crematório (m)	Krematorium (n)	[kʁema'to:ʁiʊm]

obituário (m), necrologia (f)	Nachruf (m)	['na:χʁu:f]
chorar (vi)	weinen (vi)	['vaɪnən]
soluçar (vi)	schluchzen (vi)	['ʃlʊχtsən]

154. Guerra. Soldados

pelotão (m)	Zug (m)	[tsu:k]
companhia (f)	Kompanie (f)	[kɔmpa'ni:]
regimento (m)	Regiment (n)	[ʁegi'mɛnt]
exército (m)	Armee (f)	[aʁ'me:]

divisão (f)	Division (f)	[divi'zjo:n]
destacamento (m)	Abteilung (f)	[ap'taɪlʊŋ]
hoste (f)	Heer (n)	[he:ɐ]

soldado (m)	Soldat (m)	[zɔl'da:t]
oficial (m)	Offizier (m)	[ɔfi'tsi:ɐ]

soldado (m) raso	Soldat (m)	[zɔl'da:t]
sargento (m)	Feldwebel (m)	['fɛlt,ve:bəl]
tenente (m)	Leutnant (m)	['lɔɪtnant]
capitão (m)	Hauptmann (m)	['haʊptman]
major (m)	Major (m)	[ma'jo:ɐ]

coronel (m)	Oberst (m)	['o:bɛst]
general (m)	General (m)	[genə'ʀa:l]

marujo (m)	Matrose (m)	[ma'tʀo:zə]
capitão (m)	Kapitän (m)	[kapi'tɛn]
contramestre (m)	Bootsmann (m)	['bo:tsman]

artilheiro (m)	Artillerist (m)	['aʁtɪləʀɪst]
soldado (m) paraquedista	Fallschirmjäger (m)	['falʃɪʁm,jɛ:gɐ]
piloto (m)	Pilot (m)	[pi'lo:t]

navegador (m)	Steuermann (m)	['ʃtɔɪɐ,man]
mecânico (m)	Mechaniker (m)	[me'ça:nikɐ]

sapador (m)	Pionier (m)	[pɪo'ni:ɐ]
paraquedista (m)	Fallschirmspringer (m)	['falʃɪʁm,ʃpʀɪŋɐ]

explorador (m)	Aufklärer (m)	['aʊf,klɛ:ʀɐ]
franco-atirador (m)	Scharfschütze (m)	['ʃaʁf,ʃʏtsə]

patrulha (f)	Patrouille (f)	[pa'tʀʊljə]
patrulhar (vt)	patrouillieren (vi)	[patʀʊl'ji:ʀən]
sentinela (f)	Wache (f)	['vaxə]

guerreiro (m)	Krieger (m)	['kʀi:gɐ]
patriota (m)	Patriot (m)	[patʀi'o:t]

herói (m)	Held (m)	[hɛlt]
heroína (f)	Heldin (f)	['hɛldɪn]

traidor (m)	Verräter (m)	[fɛɐ'ʀɛ:tɐ]
trair (vt)	verraten (vt)	[fɛɐ'ʀa:tən]

desertor (m)	Deserteur (m)	[dezɛʁ'tø:ɐ]
desertar (vt)	desertieren (vi)	[dezɛʁ'ti:ʀən]

mercenário (m)	Söldner (m)	['zœldnɐ]
recruta (m)	Rekrut (m)	[ʀe'kʀu:t]
voluntário (m)	Freiwillige (m)	[,fʀaɪvɪlɪgə]

morto (m)	Getoetete (m)	[gə'tø:tətə]
ferido (m)	Verwundete (m)	[fɛɐ'vʊndətə]
prisioneiro (m) de guerra	Kriegsgefangene (m)	['kʀi:ks·gə,faŋənə]

155. Guerra. Ações militares. Parte 1

guerra (f)	**Krieg** (m)	[kʀiːk]
guerrear (vt)	**Krieg führen**	[kʀiːk 'fyːʀən]
guerra (f) civil	**Bürgerkrieg** (m)	['bʏʀgəˌkʀiːk]

perfidamente	**heimtückisch**	['haɪmˌtʏkɪʃ]
declaração (f) de guerra	**Kriegserklärung** (f)	['kʀiːksʔɛɐˌklɛːʀʊŋ]
declarar (vt) guerra	**erklären** (vt)	[ɛɐ'klɛːʀən]
agressão (f)	**Aggression** (f)	[agʀɛ'sjoːn]
atacar (vt)	**einfallen** (vt)	['aɪnˌfalən]

invadir (vt)	**einfallen** (vi)	['aɪnˌfalən]
invasor (m)	**Invasoren** (pl)	[ɪnvaˈzoːʀən]
conquistador (m)	**Eroberer** (m)	[ɛɐ'ʔoːbəʀɐ]

defesa (f)	**Verteidigung** (f)	[fɛɐ'taɪdɪgʊŋ]
defender (vt)	**verteidigen** (vt)	[fɛɐ'taɪdɪgən]
defender-se (vr)	**sich verteidigen**	[zɪç fɛɐ'taɪdɪgən]

inimigo (m)	**Feind** (m)	[faɪnt]
adversário (m)	**Gegner** (m)	['geːgnɐ]
inimigo	**Feind-**	[faɪnt]

estratégia (f)	**Strategie** (f)	[ʃtʀateˈgiː]
tática (f)	**Taktik** (f)	['taktɪk]

ordem (f)	**Befehl** (m)	[bə'feːl]
comando (m)	**Anordnung** (f)	['anˌʔoɐdnʊŋ]
ordenar (vt)	**befehlen** (vt)	[ˌbə'feːlən]
missão (f)	**Auftrag** (m)	['aʊfˌtʀaːk]
secreto	**geheim**	[gə'haɪm]

batalha (f)	**Gefecht** (n)	[gə'fɛçt]
combate (m)	**Kampf** (m)	[kampf]

ataque (m)	**Angriff** (m)	['anˌgʀɪf]
assalto (m)	**Sturm** (m)	[ʃtʊʀm]
assaltar (vt)	**stürmen** (vt)	['ʃtʏʀmən]
assédio, sítio (m)	**Belagerung** (f)	[bə'laːgəʀʊŋ]

ofensiva (f)	**Angriff** (m)	['anˌgʀɪf]
passar à ofensiva	**angreifen** (vt)	['anˌgʀaɪfən]

retirada (f)	**Rückzug** (m)	['ʀʏkˌtsuːk]
retirar-se (vr)	**sich zurückziehen**	[zɪç tsu'ʀʏkˌtsiːən]

cerco (m)	**Einkesselung** (f)	['aɪnˌkɛsəlʊŋ]
cercar (vt)	**einkesseln** (vt)	['aɪnˌkɛsəln]

bombardeio (m)	**Bombenangriff** (m)	['bɔmbənˌʔangʀɪf]
lançar uma bomba	**eine Bombe abwerfen**	['aɪnə 'bɔmbə 'apˌvɛʀfən]
bombardear (vt)	**bombardieren** (vt)	[bɔmbaʀ'diːʀən]
explosão (f)	**Explosion** (f)	[ɛksplo'zjoːn]
tiro (m)	**Schuss** (m)	[ʃʊs]

disparar um tiro	schießen (vt)	['ʃi:sən]
tiroteio (m)	Schießerei (f)	[ʃi:sə'ʀaɪ]

apontar para ...	zielen auf ...	['tsi:lən aʊf]
apontar (vt)	richten (vt)	['ʀɪçtən]
acertar (vt)	treffen (vt)	['tʀɛfən]

afundar (um navio)	versenken (vt)	[fɛɐ'zɛŋkən]
brecha (f)	Loch (n)	[lɔχ]
afundar (vi)	versinken (vi)	[fɛɐ'zɪŋkən]

frente (m)	Front (f)	[fʀɔnt]
evacuação (f)	Evakuierung (f)	[evaku'i:ʀʊŋ]
evacuar (vt)	evakuieren (vt)	[evaku'i:ʀən]

trincheira (f)	Schützengraben (m)	['ʃʏtsən‚gʀa:bən]
arame (m) farpado	Stacheldraht (m)	['ʃtaχəl‚dʀa:t]
obstáculo (m) anticarro	Sperre (f)	['ʃpɛʀə]
torre (f) de vigia	Wachtturm (m)	['vaχt‚tʊʁm]

hospital (m)	Lazarett (n)	[latsa'ʀɛt]
ferir (vt)	verwunden (vt)	[fɛɐ'vʊndən]
ferida (f)	Wunde (f)	['vʊndə]
ferido (m)	Verwundete (m)	[fɛɐ'vʊndətə]
ficar ferido	verletzt sein	[fɛɐ'lɛtst zaɪn]
grave (ferida ~)	schwer	[ʃve:ɐ]

156. Armas

arma (f)	Waffe (f)	['vafə]
arma (f) de fogo	Schusswaffe (f)	['ʃʊs‚vafə]
arma (f) branca	blanke Waffe (f)	['blaŋkə 'vafə]

arma (f) química	chemischen Waffen (pl)	[çe:miʃən 'vafən]
nuclear	Kern-, Atom-	[kɛʁn], [a'to:m]
arma (f) nuclear	Kernwaffe (f)	['kɛʁn‚vafə]

bomba (f)	Bombe (f)	['bɔmbə]
bomba (f) atómica	Atombombe (f)	[a'to:m‚bɔmbə]

pistola (f)	Pistole (f)	[pɪs'to:lə]
caçadeira (f)	Gewehr (n)	[gə've:ɐ]
pistola-metralhadora (f)	Maschinenpistole (f)	[ma'ʃi:nən·pɪs‚to:lə]
metralhadora (f)	Maschinengewehr (n)	[ma'ʃi:nən·gə‚ve:ɐ]

boca (f)	Mündung (f)	['mʏndʊŋ]
cano (m)	Lauf (m)	[laʊf]
calibre (m)	Kaliber (n)	[‚ka'li:bɐ]

gatilho (m)	Abzug (m)	['ap‚tsu:k]
mira (f)	Visier (n)	[vi'zi:ɐ]
carregador (m)	Magazin (n)	[maga'tsi:n]
coronha (f)	Kolben (m)	[kɔlbən]
granada (f) de mão	Handgranate (f)	['hant·gʀa‚na:tə]

explosivo (m)	Sprengstoff (m)	['ʃpʀɛŋʃtɔf]
bala (f)	Kugel (f)	['kuːgəl]
cartucho (m)	Patrone (f)	[pa'tʀoːnə]
carga (f)	Ladung (f)	['laːdʊŋ]
munições (f pl)	Munition (f)	[muni'tsjoːn]

bombardeiro (m)	Bomber (m)	['bɔmbɐ]
avião (m) de caça	Kampfflugzeug (n)	['kampffluːkˌtsɔɪk]
helicóptero (m)	Hubschrauber (m)	['huːpʃʀaʊbɐ]

canhão (m) antiaéreo	Flugabwehrkanone (f)	[fluːk'ʔapveːɐkaˌnoːnə]
tanque (m)	Panzer (m)	['pantsɐ]
canhão (de um tanque)	Panzerkanone (f)	['pantsɐˌka'noːnə]

artilharia (f)	Artillerie (f)	['aʁtɪləʀiː]
canhão (m)	Haubitze (f), Kanone (f)	[haʊ'bɪtsə], [ka'noːnə]
fazer a pontaria	richten (vt)	['ʀɪçtən]

obus (m)	Geschoß (n)	[gə'ʃoːs]
granada (f) de morteiro	Wurfgranate (f)	['vʊʁfˌgʀa'naːtə]
morteiro (m)	Granatwerfer (m)	[gʀa'naːtˌvɛʁfɐ]
estilhaço (m)	Splitter (m)	['ʃplɪtɐ]

submarino (m)	U-Boot (n)	['uːboːt]
torpedo (m)	Torpedo (m)	[tɔʁ'peːdo]
míssil (m)	Rakete (f)	[ʀa'keːtə]

carregar (uma arma)	laden (vt)	['laːdən]
atirar, disparar (vi)	schießen (vi)	['ʃiːsən]
apontar para ...	zielen auf ...	['tsiːlən aʊf]
baioneta (f)	Bajonett (n)	[ˌbajo'nɛt]

espada (f)	Degen (m)	['deːgən]
sabre (m)	Säbel (m)	['zɛːbəl]
lança (f)	Speer (m)	[ʃpeːɐ]
arco (m)	Bogen (m)	['boːgən]
flecha (f)	Pfeil (m)	[pfaɪl]
mosquete (m)	Muskete (f)	[mʊs'keːtə]
besta (f)	Armbrust (f)	['aʁmˌbʀʊst]

157. Povos da antiguidade

primitivo	vorzeitlich	['foːɐˌtsaɪtlɪç]
pré-histórico	prähistorisch	[ˌpʀɛhɪs'toːʀɪʃ]
antigo	alt	[alt]

Idade (f) da Pedra	Steinzeit (f)	['ʃtaɪnˌtsaɪt]
Idade (f) do Bronze	Bronzezeit (f)	['bʀɔŋsəˌtsaɪt]
período (m) glacial	Eiszeit (f)	['aɪsˌtsaɪt]

tribo (f)	Stamm (m)	[ʃtam]
canibal (m)	Kannibale (m)	[kani'baːlə]
caçador (m)	Jäger (m)	['jɛːgɐ]
caçar (vi)	jagen (vi)	['jagən]

mamute (m)	**Mammut** (n)	['mamʊt]
caverna (f)	**Höhle** (f)	['hø:lə]
fogo (m)	**Feuer** (n)	['fɔɪɐ]
fogueira (f)	**Lagerfeuer** (n)	['la:gɐˌfɔɪɐ]
pintura (f) rupestre	**Höhlenmalerei** (f)	['hø:lən·ma:ləˌʀaɪ]

ferramenta (f)	**Werkzeug** (n)	['vɛʁkˌtsɔɪk]
lança (f)	**Speer** (m)	[ʃpe:ɐ]
machado (m) de pedra	**Steinbeil** (n), **Steinaxt** (f)	['ʃtaɪnˌbaɪl], ['ʃtaɪnˌakst]
guerrear (vt)	**Krieg führen**	[kʀi:k 'fy:ʀən]
domesticar (vt)	**domestizieren** (vt)	[domɛsti'tsi:ʀən]

ídolo (m)	**Idol** (n)	[i'do:l]
adorar, venerar (vt)	**anbeten** (vt)	['anˌbe:tən]
superstição (f)	**Aberglaube** (m)	['a:bɐˌglaʊbə]
ritual (m)	**Ritus** (m), **Ritual** (n)	['ʀi:tʊs], [ʀi'tua:l]

evolução (f)	**Evolution** (f)	[evolu'tsjo:n]
desenvolvimento (m)	**Entwicklung** (f)	[ɛnt'vɪklʊŋ]
desaparecimento (m)	**Verschwinden** (n)	[fɛɐ'ʃvɪndən]
adaptar-se (vr)	**sich anpassen**	[zɪç 'anˌpasən]

arqueologia (f)	**Archäologie** (f)	[aʁçɛolo'gi:]
arqueólogo (m)	**Archäologe** (m)	[aʁçɛo'lo:gə]
arqueológico	**archäologisch**	[aʁçɛo'lo:gɪʃ]

local (m) das escavações	**Ausgrabungsstätte** (f)	['aʊsgʀa:bʊŋsˌʃtɛtə]
escavações (f pl)	**Ausgrabungen** (pl)	['aʊsgʀa:bʊŋən]
achado (m)	**Fund** (m)	[fʊnt]
fragmento (m)	**Fragment** (n)	[fʀa'gmɛnt]

158. Idade média

povo (m)	**Volk** (n)	[fɔlk]
povos (m pl)	**Völker** (pl)	['fœlkɐ]
tribo (f)	**Stamm** (m)	[ʃtam]
tribos (f pl)	**Stämme** (pl)	['ʃtɛmə]

bárbaros (m pl)	**Barbaren** (pl)	[baʁ'ba:ʀən]
gauleses (m pl)	**Gallier** (pl)	['galɪɐ]
godos (m pl)	**Goten** (pl)	['go:tən]
eslavos (m pl)	**Slawen** (pl)	['sla:vən]
víquingues (m pl)	**Wikinger** (pl)	['vi:kɪŋɐ]

romanos (m pl)	**Römer** (pl)	['ʀø:mɐ]
romano	**römisch**	['ʀø:mɪʃ]

bizantinos (m pl)	**Byzantiner** (pl)	[bytsan'ti:nɐ]
Bizâncio	**Byzanz** (n)	[by'tsants]
bizantino	**byzantinisch**	[bytsan'ti:nɪʃ]

imperador (m)	**Kaiser** (m)	['kaɪzɐ]
líder (m)	**Häuptling** (m)	['hɔɪptlɪŋ]
poderoso	**mächtig**	['mɛçtɪç]

rei (m)	König (m)	['kø:nɪç]
governante (m)	Herrscher (m)	['hɛʁʃe]

cavaleiro (m)	Ritter (m)	['ʀɪte]
senhor feudal (m)	Feudalherr (m)	[fɔɪ'da:l‚hɛʁ]
feudal	feudal, Feudal-	[fɔɪ'da:l]
vassalo (m)	Vasall (m)	[va'zal]

duque (m)	Herzog (m)	['hɛʁtsoːk]
conde (m)	Graf (m)	[gʀaːf]
barão (m)	Baron (m)	[ba'ʀoːn]
bispo (m)	Bischof (m)	['bɪʃɔf]

armadura (f)	Rüstung (f)	['ʀʏstʊŋ]
escudo (m)	Schild (m)	[ʃɪlt]
espada (f)	Schwert (n)	[ʃveːɐt]
viseira (f)	Visier (n)	[vi'ziːe]
cota (f) de malha	Panzerhemd (n)	['pantse‚hɛmt]

cruzada (f)	Kreuzzug (m)	['kʀɔɪts‚tsuːk]
cruzado (m)	Kreuzritter (m)	['kʀɔɪts‚ʀɪte]

território (m)	Territorium (n)	[tɛʀi'toːʀiʊm]
atacar (vt)	einfallen (vt)	['aɪn‚falən]

conquistar (vt)	erobern (vt)	[ɛɐ'ʔoːben]
ocupar, invadir (vt)	besetzen (vt)	[bə'zɛtsən]

assédio, sítio (m)	Belagerung (f)	[bə'laːgəʀʊŋ]
sitiado	belagert	[bə'laːget]
assediar, sitiar (vt)	belagern (vt)	[bə'laːgen]

inquisição (f)	Inquisition (f)	[ɪnkvizi'tsjoːn]
inquisidor (m)	Inquisitor (m)	[ɪnkvi'ziːtoːe]
tortura (f)	Folter (f)	['fɔlte]
cruel	grausam	['gʀaʊ‚zaːm]

herege (m)	Häretiker (m)	[hɛ'ʀetike]
heresia (f)	Häresie (f)	[hɛʀe'ziː]

navegação (f) marítima	Seefahrt (f)	['zeː‚faːɐt]
pirata (m)	Seeräuber (m)	['zeː‚ʀɔɪbe]
pirataria (f)	Seeräuberei (f)	['zeː‚ʀɔɪbəʀaɪ]
abordagem (f)	Enterung (f)	['ɛnteʀʊŋ]

saque (m), pulhagem (f)	Beute (f)	['bɔɪte]
tesouros (m pl)	Schätze (pl)	['ʃɛtse]

descobrimento (m)	Entdeckung (f)	[ɛnt'dɛkʊŋ]
descobrir (novas terras)	entdecken (vt)	[ɛnt'dɛkən]
expedição (f)	Expedition (f)	[ɛkspedi'tsjoːn]

mosqueteiro (m)	Musketier (m)	[mʊske'tiːe]
cardeal (m)	Kardinal (m)	[‚kaʁdi'naːl]
heráldica (f)	Heraldik (f)	[he'ʀaldɪk]
heráldico	heraldisch	[he'ʀaldɪʃ]

159. Líder. Chefe. Autoridades

rei (m)	König (m)	['kø:nɪç]
rainha (f)	Königin (f)	['kø:nɪgɪn]
real	königlich	['kø:nɪklɪç]
reino (m)	Königreich (n)	['kø:nɪk‚ʀaɪç]
príncipe (m)	Prinz (m)	[pʀɪnts]
princesa (f)	Prinzessin (f)	[pʀɪn'tsɛsɪn]
presidente (m)	Präsident (m)	[pʀɛzi'dɛnt]
vice-presidente (m)	Vizepräsident (m)	['fi:tsə·pʀɛzi‚dɛnt]
senador (m)	Senator (m)	[ze'na:to:ɐ]
monarca (m)	Monarch (m)	[mo'naʀç]
governante (m)	Herrscher (m)	['hɛʀʃɐ]
ditador (m)	Diktator (m)	[dɪk'ta:to:ɐ]
tirano (m)	Tyrann (m)	[ty'ʀan]
magnata (m)	Magnat (m)	[ma'gna:t]
diretor (m)	Direktor (m)	[di'ʀɛkto:ɐ]
chefe (m)	Chef (m)	[ʃɛf]
dirigente (m)	Leiter (m)	['laɪtɐ]
patrão (m)	Boss (m)	[bɔs]
dono (m)	Eigentümer (m)	['aɪgənty:mɐ]
chefe (~ de delegação)	Leiter (m)	['laɪtɐ]
autoridades (f pl)	Behörden (pl)	[bə'hø:ɐdən]
superiores (m pl)	Vorgesetzten (pl)	['fo:ɐgə‚zɛtstən]
governador (m)	Gouverneur (m)	[guvɛʀ'nø:ɐ]
cônsul (m)	Konsul (m)	['kɔnzʊl]
diplomata (m)	Diplomat (m)	[‚diplo'ma:t]
prefeito (m)	Bürgermeister (m)	['byʀgɐ‚maɪstɐ]
xerife (m)	Sheriff (m)	['ʃɛʀɪf]
imperador (m)	Kaiser (m)	['kaɪzɐ]
czar (m)	Zar (m)	[tsa:ɐ]
faraó (m)	Pharao (m)	['fa:ʀao]
cã (m)	Khan (m)	[ka:n]

160. Viloação da lei. Criminosos. Parte 1

bandido (m)	Bandit (m)	[ban'di:t]
crime (m)	Verbrechen (n)	[fɛɐ'bʀɛçən]
criminoso (m)	Verbrecher (m)	[fɛɐ'bʀɛçɐ]
ladrão (m)	Dieb (m)	[di:p]
roubar (vt)	stehlen (vt)	['ʃte:lən]
roubo (atividade)	Diebstahl (m)	['di:p‚ʃta:l]
furto (m)	Stehlen (n)	['ʃte:lən]
raptar (ex. ~ uma criança)	kidnappen (vt)	['kɪt‚nɛpən]
rapto (m)	Kidnapping (n)	['kɪt‚nɛpɪŋ]

raptor (m)	Kidnapper (m)	['kɪtˌnɛpɐ]
resgate (m)	Lösegeld (n)	['løːzəˌgɛlt]
pedir resgate	Lösegeld verlangen	['løːzəˌgɛlt fɛɐ'laŋən]

roubar (vt)	rauben (vt)	['ʀaʊbən]
assalto, roubo (m)	Raub (m)	['ʀaʊp]
assaltante (m)	Räuber (m)	['ʀɔɪbɐ]

extorquir (vt)	erpressen (vt)	[ɛɐ'pʀɛsən]
extorsionário (m)	Erpresser (m)	[ɛɐ'pʀɛsɐ]
extorsão (f)	Erpressung (f)	[ɛɐ'pʀɛsʊŋ]

matar, assassinar (vt)	morden (vt)	['mɔʁdən]
homicídio (m)	Mord (m)	[mɔʁt]
homicida, assassino (m)	Mörder (m)	['mœʁdɐ]

tiro (m)	Schuss (m)	[ʃʊs]
dar um tiro	schießen (vt)	['ʃiːsən]
matar a tiro	erschießen (vt)	[ɛɐ'ʃiːsən]
atirar, disparar (vi)	feuern (vi)	['fɔɪɐn]
tiroteio (m)	Schießerei (f)	[ʃiːsə'ʀaɪ]
acontecimento (m)	Vorfall (m)	['foːɐfal]
porrada (f)	Schlägerei (f)	[ʃlɛːgə'ʀaɪ]
Socorro!	Hilfe!	['hɪlfə]
vítima (f)	Opfer (n)	['ɔpfɐ]

danificar (vt)	beschädigen (vt)	[bə'ʃɛːdɪgən]
dano (m)	Schaden (m)	['ʃaːdən]
cadáver (m)	Leiche (f)	['laɪçə]
grave	schwer	[ʃveːɐ]

atacar (vt)	angreifen (vt)	['anˌgʀaɪfən]
bater (espancar)	schlagen (vt)	['ʃlaːgən]
espancar (vt)	verprügeln (vt)	[fɛɐ'pʀyːgəln]
tirar, roubar (dinheiro)	wegnehmen (vt)	['vɛkˌneːmən]
esfaquear (vt)	erstechen (vt)	[ɛɐ'ʃtɛçən]
mutilar (vt)	verstümmeln (vt)	[fɛɐ'ʃtʏməln]
ferir (vt)	verwunden (vt)	[fɛɐ'vʊndən]

chantagem (f)	Erpressung (f)	[ɛɐ'pʀɛsʊŋ]
chantagear (vt)	erpressen (vt)	[ɛɐ'pʀɛsən]
chantagista (m)	Erpresser (m)	[ɛɐ'pʀɛsɐ]

extorsão (em troca de proteção)	Schutzgelderpressung (f)	['ʃʊtsgɛltʔɛʁˌpʀɛsʊŋ]
extorsionário (m)	Erpresser (m)	[ɛɐ'pʀɛsɐ]
gângster (m)	Gangster (m)	['gɛŋstɐ]
máfia (f)	Mafia (f)	['mafɪa]

carteirista (m)	Taschendieb (m)	['taʃənˌdiːp]
assaltante, ladrão (m)	Einbrecher (m)	['aɪnˌbʀɛçɐ]
contrabando (m)	Schmuggel (m)	['ʃmʊgəl]
contrabandista (m)	Schmuggler (m)	['ʃmʊglɐ]
falsificação (f)	Fälschung (f)	['fɛlʃʊŋ]
falsificar (vt)	fälschen (vt)	['fɛlʃən]
falsificado	gefälscht	[gə'fɛlʃt]

161. Viloação da lei. Criminosos. Parte 2

violação (f)	**Vergewaltigung** (f)	[fɛɐgə'valtɪgʊŋ]
violar (vt)	**vergewaltigen** (vt)	[fɛɐgə'valtɪgən]
violador (m)	**Gewalttäter** (m)	[gə'valt‚tɛːtɐ]
maníaco (m)	**Besessene** (m)	[bə'zɛsənə]
prostituta (f)	**Prostituierte** (f)	[‚pʀostitu'iːɐtə]
prostituição (f)	**Prostitution** (f)	[pʀostitu'tsjoːn]
chulo (m)	**Zuhälter** (m)	['tsuː‚hɛltɐ]
toxicodependente (m)	**Drogenabhängiger** (m)	['dʀoːgən‚ʔaphɛŋɪgɐ]
traficante (m)	**Drogenhändler** (m)	['dʀoːgən‚hɛndlɐ]
explodir (vt)	**sprengen** (vt)	['ʃpʀɛŋən]
explosão (f)	**Explosion** (f)	[ɛksplo'zjoːn]
incendiar (vt)	**in Brand stecken**	[ɪn bʀant 'ʃtɛkən]
incendiário (m)	**Brandstifter** (m)	['bʀant‚ʃtɪftɐ]
terrorismo (m)	**Terrorismus** (m)	[tɛʀo'ʀɪsmʊs]
terrorista (m)	**Terrorist** (m)	[tɛʀo'ʀɪst]
refém (m)	**Geisel** (m, f)	['gaɪzəl]
enganar (vt)	**betrügen** (vt)	[bə'tʀyːgən]
engano (m)	**Betrug** (m)	[bə'tʀuːk]
vigarista (m)	**Betrüger** (m)	[bə'tʀyːgɐ]
subornar (vt)	**bestechen** (vt)	[bə'ʃtɛçən]
suborno (atividade)	**Bestechlichkeit** (f)	[bə'ʃtɛçlɪçkaɪt]
suborno (dinheiro)	**Bestechungsgeld** (n)	[bə'ʃtɛçʊŋs‚gɛlt]
veneno (m)	**Gift** (n)	[gɪft]
envenenar (vt)	**vergiften** (vt)	[fɛɐ'gɪftən]
envenenar-se (vr)	**sich vergiften**	[zɪç fɛɐ'gɪftən]
suicídio (m)	**Selbstmord** (m)	['zɛlpst‚mɔʁt]
suicida (m)	**Selbstmörder** (m)	['zɛlpst‚mœʁdɐ]
ameaçar (vt)	**drohen** (vi)	['dʀoːən]
ameaça (f)	**Drohung** (f)	['dʀoːʊŋ]
atentar contra a vida de ...	**versuchen** (vt)	[fɛɐ'zuːxən]
atentado (m)	**Attentat** (n)	['atəntaːt]
roubar (o carro)	**stehlen** (vt)	['ʃteːlən]
desviar (o avião)	**entführen** (vt)	[ɛnt'fyːʀən]
vingança (f)	**Rache** (f)	['ʀaxə]
vingar (vt)	**sich rächen**	[zɪç 'ʀɛçən]
torturar (vt)	**foltern** (vt)	['fɔltɐn]
tortura (f)	**Folter** (f)	['fɔltɐ]
atormentar (vt)	**quälen** (vt)	['kvɛːlən]
pirata (m)	**Seeräuber** (m)	['zeː‚ʀɔɪbɐ]
desordeiro (m)	**Rowdy** (m)	['ʀaʊdi]

armado	bewaffnet	[bə'vafnət]
violência (f)	Gewalt (f)	[gə'valt]
ilegal	ungesetzlich	['ʊngə,zɛtslɪç]

| espionagem (f) | Spionage (f) | [ʃpio'na:ʒə] |
| espionar (vi) | spionieren (vi) | [ʃpɪo'ni:ʀən] |

162. Polícia. Lei. Parte 1

| justiça (f) | Justiz (f) | [jʊs'ti:ts] |
| tribunal (m) | Gericht (n) | [gə'ʀɪçt] |

juiz (m)	Richter (m)	['ʀɪçtɐ]
jurados (m pl)	Geschworenen (pl)	[gə'ʃvo:ʀənən]
tribunal (m) do júri	Geschworenengericht (n)	[gə'ʃvo:ʀənən·gə,ʀɪçt]
julgar (vt)	richten (vt)	['ʀɪçtən]

advogado (m)	Rechtsanwalt (m)	['ʀɛçts?an,valt]
réu (m)	Angeklagte (m)	['angə,kla:ktə]
banco (m) dos réus	Anklagebank (f)	['ankla:gə·baŋk]

| acusação (f) | Anklage (f) | ['ankla:gə] |
| acusado (m) | Beschuldigte (m) | [bə'ʃʊldɪçtə] |

| sentença (f) | Urteil (n) | ['ʊʀ,taɪl] |
| sentenciar (vt) | verurteilen (vt) | [fɛɐ'?ʊʀtaɪlən] |

culpado (m)	Schuldige (m)	['ʃʊldɪgə]
punir (vt)	bestrafen (vt)	[bə'ʃtʀa:fən]
punição (f)	Strafe (f)	['ʃtʀa:fə]

multa (f)	Geldstrafe (f)	['gɛlt,ʃtʀa:fə]
prisão (f) perpétua	lebenslange Haft (f)	['le:bəns,laŋə haft]
pena (f) de morte	Todesstrafe (f)	['to:dəs,ʃtʀa:fə]
cadeira (f) elétrica	elektrischer Stuhl (m)	[e'lɛktʀɪʃə ʃtu:l]
forca (f)	Galgen (m)	[galgən]

| executar (vt) | hinrichten (vt) | ['hɪn,ʀɪçtən] |
| execução (f) | Hinrichtung (f) | ['hɪn,ʀɪçtʊŋ] |

| prisão (f) | Gefängnis (n) | [gə'fɛŋnɪs] |
| cela (f) de prisão | Zelle (f) | ['tsɛlə] |

escolta (f)	Eskorte (f)	[ɛs'kɔʀtə]
guarda (m) prisional	Gefängniswärter (m)	[gə'fɛŋnɪs·vɛʀtɐ]
preso (m)	Gefangene (m)	[gə'faŋənə]

| algemas (f pl) | Handschellen (pl) | ['hantʃɛlən] |
| algemar (vt) | Handschellen anlegen | ['hantʃɛlən 'an,le:gən] |

fuga, evasão (f)	Ausbruch (m)	['aʊs,bʀʊχ]
fugir (vi)	ausbrechen (vi)	['aʊs,bʀɛçən]
desaparecer (vi)	verschwinden (vi)	[fɛɐ'ʃvɪndən]
soltar, libertar (vt)	aus ... entlassen	['aʊs ... ɛnt'lasn]

amnistia (f)	Amnestie (f)	[amnɛs'ti:]
polícia (instituição)	Polizei (f)	[ˌpoli'tsaɪ]
polícia (m)	Polizist (m)	[poli'tsɪst]
esquadra (f) de polícia	Polizeiwache (f)	[poli'tsaɪˌvaχə]
cassetete (m)	Gummiknüppel (m)	['gʊmiˌknʏpəl]
megafone (m)	Sprachrohr (n)	['ʃpʀa:χˌʀo:ɐ]

carro (m) de patrulha	Streifenwagen (m)	['ʃtʀaɪfənˌva:gən]
sirene (f)	Sirene (f)	[ˌzi'ʀe:nə]
ligar a sirene	die Sirene einschalten	[di ˌzi'ʀe:nə 'aɪnʃaltən]
toque (m) da sirene	Sirenengeheul (n)	[zi'ʀe:nən·gə'hɔɪl]

cena (f) do crime	Tatort (m)	['ta:tˌʔɔʁt]
testemunha (f)	Zeuge (m)	['tsɔɪgə]
liberdade (f)	Freiheit (f)	['fʀaɪhaɪt]
cúmplice (m)	Komplize (m)	[kɔm'pli:tsə]
escapar (vi)	verschwinden (vi)	[fɛɐ'ʃvɪndən]
traço (não deixar ~s)	Spur (f)	[ʃpu:ɐ]

163. Polícia. Lei. Parte 2

procura (f)	Fahndung (f)	['fa:ndʊŋ]
procurar (vt)	suchen (vt)	['zu:χən]
suspeita (f)	Verdacht (m)	[fɛɐ'daχt]
suspeito	verdächtig	[fɛɐ'dɛçtɪç]
parar (vt)	anhalten (vt)	['anˌhaltən]
deter (vt)	verhaften (vt)	[fɛɐ'haftən]

caso (criminal)	Fall (m), Klage (f)	[fa:l], ['kla:gə]
investigação (f)	Untersuchung (f)	[ʊntɐ'zu:χʊŋ]
detetive (m)	Detektiv (m)	[detɛk'ti:f]
investigador (m)	Ermittlungsrichter (m)	[ɛɐ'mɪtlʊŋsˌʀɪçtɐ]
versão (f)	Version (f)	[vɛɐ'zjo:n]

motivo (m)	Motiv (n)	[mo'ti:f]
interrogatório (m)	Verhör (n)	[fɛɐ'hø:ɐ]
interrogar (vt)	verhören (vt)	[fɛɐ'hø:ʀən]
questionar (vt)	vernehmen (vt)	[fɛɐ'ne:mən]
verificação (f)	Kontrolle, Prüfung (f)	[kɔn'tʀɔlə], ['pʀy:fʊŋ]

rusga (f)	Razzia (f)	['ʀatsɪa]
busca (f)	Durchsuchung (f)	[dʊɐç'zu:χʊŋ]
perseguição (f)	Verfolgung (f)	[fɛɐ'fɔlgʊŋ]
perseguir (vt)	nachjagen (vi)	['na:χˌja:gən]
seguir (vt)	verfolgen (vt)	[fɛɐ'fɔlgən]

prisão (f)	Verhaftung (f)	[fɛɐ'haftʊŋ]
prender (vt)	verhaften (vt)	[fɛɐ'haftən]
pegar, capturar (vt)	fangen (vt)	['faŋən]
captura (f)	Festnahme (f)	['fɛstˌna:mə]

documento (m)	Dokument (n)	[ˌdoku'mɛnt]
prova (f)	Beweis (m)	[bə'vaɪs]
provar (vt)	beweisen (vt)	[bə'vaɪzən]

pegada (f)	Fußspur (f)	['fuːsˌʃpuːɐ]
impressões (f pl) digitais	Fingerabdrücke (pl)	['fɪŋɐˌʔapdʀʏkə]
prova (f)	Beweisstück (n)	[bə'vaɪsʃtʏk]

álibi (m)	Alibi (n)	['aːlibi]
inocente	unschuldig	['ʊnʃʊldɪç]
injustiça (f)	Ungerechtigkeit (f)	['ʊngəˌʀɛçtɪçkaɪt]
injusto	ungerecht	['ʊngəˌʀɛçt]

criminal	Kriminal-	[kʀimi'naːl]
confiscar (vt)	beschlagnahmen (vt)	[bə'ʃlaːkˌnaːmən]
droga (f)	Droge (f)	['dʀoːgə]
arma (f)	Waffe (f)	['vafə]
desarmar (vt)	entwaffnen (vt)	[ɛnt'vafnən]
ordenar (vt)	befehlen (vt)	[ˌbə'feːlən]
desaparecer (vi)	verschwinden (vi)	[fɛɐ'ʃvɪndən]

lei (f)	Gesetz (n)	[gə'zɛts]
legal	gesetzlich	[gə'zɛtslɪç]
ilegal	ungesetzlich	['ʊngəˌzɛtslɪç]

| responsabilidade (f) | Verantwortlichkeit (f) | [fɛɐ'ʔantvɔʁtlɪçkaɪt] |
| responsável | verantwortlich | [fɛɐ'ʔantvɔʁtlɪç] |

NATUREZA

A Terra. Parte 1

164. Espaço sideral

cosmos (m)	Kosmos (m)	['kɔsmɔs]
cósmico	kosmisch, Raum-	['kɔsmɪʃ], ['ʀaʊm]
espaço (m) cósmico	Weltraum (m)	['vɛltʀaʊm]

mundo (m)	All (n)	[al]
universo (m)	Universum (n)	[uni'vɛʀzʊm]
galáxia (f)	Galaxie (f)	[gala'ksi:]

estrela (f)	Stern (m)	[ʃtɛʀn]
constelação (f)	Gestirn (n)	[gə'ʃtɪʀn]
planeta (m)	Planet (m)	[pla'ne:t]
satélite (m)	Satellit (m)	[zatɛ'li:t]

meteorito (m)	Meteorit (m)	[meteo'ʀi:t]
cometa (m)	Komet (m)	[ko'me:t]
asteroide (m)	Asteroid (m)	[asteʀo'i:t]

órbita (f)	Umlaufbahn (f)	['ʊmlaʊf͜ba:n]
girar (vi)	sich drehen	[zɪç 'dʀe:ən]
atmosfera (f)	Atmosphäre (f)	[ʔatmo'sfɛ:ʀə]

Sol (m)	Sonne (f)	['zɔnə]
Sistema (m) Solar	Sonnensystem (n)	['zɔnən·zʏs͜te:m]
eclipse (m) solar	Sonnenfinsternis (f)	['zɔnən͜fɪnstenɪs]

| Terra (f) | Erde (f) | ['e:ɐdə] |
| Lua (f) | Mond (m) | [mo:nt] |

Marte (m)	Mars (m)	[maʀs]
Vénus (m)	Venus (f)	['ve:nʊs]
Júpiter (m)	Jupiter (m)	['ju:pitɐ]
Saturno (m)	Saturn (m)	[za'tʊʀn]

Mercúrio (m)	Merkur (m)	[mɛʀ'ku:ɐ]
Urano (m)	Uran (m)	[u'ʀa:n]
Neptuno (m)	Neptun (m)	[nɛp'tu:n]
Plutão (m)	Pluto (m)	['plu:to]

Via Láctea (f)	Milchstraße (f)	['mɪlçʃtʀa:sə]
Ursa Maior (f)	Der Große Bär	[de:ɐ 'gʀo:sə bɛ:ɐ]
Estrela Polar (f)	Polarstern (m)	[po'la:ɐʃtɛʀn]
marciano (m)	Marsbewohner (m)	['maʀs·bə͜vo:nɐ]
extraterrestre (m)	Außerirdischer (m)	['aʊsɐ͜ʔɪʀdɪʃɐ]

alienígena (m)	außerirdisches Wesen (n)	['ausɐˌʔɪʁdɪʃəs 'veːzən]
disco (m) voador	fliegende Untertasse (f)	['fliːɡəndə 'ʊntɐˌtasə]

nave (f) espacial	Raumschiff (n)	['ʀaʊmʃɪf]
estação (f) orbital	Raumstation (f)	['ʀaʊmˌʃtatsjoːn]
lançamento (m)	Raketenstart (m)	[ʀa'keːtənˌʃtaʁt]

motor (m)	Triebwerk (n)	['tʀiːpˌvɛʁk]
bocal (m)	Düse (f)	['dyːzə]
combustível (m)	Treibstoff (m)	['tʀaɪpˌʃtɔf]

cabine (f)	Kabine (f)	[ka'biːnə]
antena (f)	Antenne (f)	[an'tɛnə]
vigia (f)	Bullauge (n)	['bʊlˌʔaʊɡə]
bateria (f) solar	Sonnenbatterie (f)	['zɔnənˌbatə'ʀiː]
traje (m) espacial	Raumanzug (m)	['ʀaʊmˌʔantsuːk]

imponderabilidade (f)	Schwerelosigkeit (f)	['ʃveːʀəˌloːzɪçkaɪt]
oxigénio (m)	Sauerstoff (m)	['zaʊɐˌʃtɔf]

acoplagem (f)	Ankopplung (f)	['aŋkɔplʊŋ]
fazer uma acoplagem	koppeln (vi)	['kɔpəln]

observatório (m)	Observatorium (n)	[ɔpzɛʁva'toːʀiʊm]
telescópio (m)	Teleskop (n)	[tele'skoːp]
observar (vt)	beobachten (vt)	[bə'ʔoːbaxtən]
explorar (vt)	erforschen (vt)	[ɛʁ'fɔʁʃən]

165. A Terra

Terra (f)	Erde (f)	['eːɐdə]
globo terrestre (Terra)	Erdkugel (f)	['eːɐtˌkuːɡəl]
planeta (m)	Planet (m)	[pla'neːt]

atmosfera (f)	Atmosphäre (f)	[ʔatmo'sfɛːʀə]
geografia (f)	Geographie (f)	[ˌɡeoɡʀa'fiː]
natureza (f)	Natur (f)	[na'tuːɐ]

globo (mapa esférico)	Globus (m)	['ɡloːbʊs]
mapa (m)	Landkarte (f)	['lantˌkaʁtə]
atlas (m)	Atlas (m)	['atlas]

Europa (f)	Europa (n)	[ɔɪ'ʀoːpa]
Ásia (f)	Asien (n)	['aːziən]

África (f)	Afrika (n)	['aːfʀika]
Austrália (f)	Australien (n)	[aʊs'tʀaːliən]

América (f)	Amerika (n)	[a'meːʀika]
América (f) do Norte	Nordamerika (n)	['nɔʁtʔaˌme'ʀika]
América (f) do Sul	Südamerika (n)	['zyːtʔa'meːʀika]

Antártida (f)	Antarktis (f)	[ant'ʔaʁktɪs]
Ártico (m)	Arktis (f)	['aʁktɪs]

166. Pontos cardeais

norte (m)	**Norden** (m)	['nɔʁdən]
para norte	**nach Norden**	[na:χ 'nɔʁdən]
no norte	**im Norden**	[ɪm 'nɔʁdən]
do norte	**nördlich**	['nœʁtlɪç]
sul (m)	**Süden** (m)	['zy:dən]
para sul	**nach Süden**	[na:χ 'zy:dən]
no sul	**im Süden**	[ɪm 'zy:dən]
do sul	**südlich**	['zy:tlɪç]
oeste, ocidente (m)	**Westen** (m)	['vɛstən]
para oeste	**nach Westen**	[na:χ 'vɛstən]
no oeste	**im Westen**	[ɪm 'vɛstən]
ocidental	**westlich, West-**	['vɛstlɪç], [vɛst]
leste, oriente (m)	**Osten** (m)	['ɔstən]
para leste	**nach Osten**	[na:χ 'ɔstən]
no leste	**im Osten**	[ɪm 'ɔstən]
oriental	**östlich**	['œstlɪç]

167. Mar. Oceano

mar (m)	**Meer** (n), **See** (f)	[me:ɐ], [ze:]
oceano (m)	**Ozean** (m)	['o:tsea:n]
golfo (m)	**Golf** (m)	[gɔlf]
estreito (m)	**Meerenge** (f)	['me:ɐˌʔɛŋə]
terra (f) firme	**Festland** (n)	['fɛstˌlant]
continente (m)	**Kontinent** (m)	['kɔntinɛnt]
ilha (f)	**Insel** (f)	['ɪnzəl]
península (f)	**Halbinsel** (f)	['halpˌʔɪnzəl]
arquipélago (m)	**Archipel** (m)	[ˌaʁçi'pe:l]
baía (f)	**Bucht** (f)	[buχt]
porto (m)	**Hafen** (m)	['ha:fən]
lagoa (f)	**Lagune** (f)	[la'gu:nə]
cabo (m)	**Kap** (n)	[kap]
atol (m)	**Atoll** (n)	[a'tɔl]
recife (m)	**Riff** (n)	[ʁɪf]
coral (m)	**Koralle** (f)	[ko'ʁalə]
recife (m) de coral	**Korallenriff** (n)	[ko'ʁalənˌʁɪf]
profundo	**tief**	[ti:f]
profundidade (f)	**Tiefe** (f)	['ti:fə]
abismo (m)	**Abgrund** (m)	['apˌgʁʊnt]
fossa (f) oceânica	**Graben** (m)	['gʁa:bən]
corrente (f)	**Strom** (m)	[ʃtʁo:m]
banhar (vt)	**umspülen** (vt)	['ʊmʃpy:lən]
litoral (m)	**Ufer** (n)	['u:fɐ]

costa (f)	Küste (f)	['kʏstə]
maré (f) alta	Flut (f)	[flu:t]
maré (f) baixa	Ebbe (f)	['ɛbə]
restinga (f)	Sandbank (f)	['zant‚baŋk]
fundo (m)	Boden (m)	['bo:dən]

onda (f)	Welle (f)	['vɛlə]
crista (f) da onda	Wellenkamm (m)	['vɛlən‚kam]
espuma (f)	Schaum (m)	[ʃaʊm]

tempestade (f)	Sturm (m)	[ʃtʊʁm]
furacão (m)	Orkan (m)	[ɔʁ'ka:n]
tsunami (m)	Tsunami (m)	[tsu'na:mi]
calmaria (f)	Windstille (f)	['vɪntʃtɪlə]
calmo	ruhig	['ʁu:ɪç]

| polo (m) | Pol (m) | [po:l] |
| polar | Polar- | [po'la:ɐ] |

latitude (f)	Breite (f)	['bʁaɪtə]
longitude (f)	Länge (f)	['lɛŋə]
paralela (f)	Breitenkreis (m)	['bʁaɪtəən·kʁaɪs]
equador (m)	Äquator (m)	[ɛ'kva:to:ɐ]

céu (m)	Himmel (m)	['hɪməl]
horizonte (m)	Horizont (m)	[hoʁi'tsɔnt]
ar (m)	Luft (f)	[lʊft]

farol (m)	Leuchtturm (m)	['lɔɪçt‚tʊʁm]
mergulhar (vi)	tauchen (vi)	['taʊxən]
afundar-se (vr)	versinken (vi)	[fɛɐ'zɪŋkən]
tesouros (m pl)	Schätze (pl)	['ʃɛtsə]

168. Montanhas

montanha (f)	Berg (m)	[bɛʁk]
cordilheira (f)	Gebirgskette (f)	[gə'bɪʁks‚kɛtə]
serra (f)	Bergrücken (m)	['bɛʁk‚ʁʏkən]

cume (m)	Gipfel (m)	['gɪpfəl]
pico (m)	Spitze (f)	['ʃpɪtsə]
sopé (m)	Bergfuß (m)	['bɛʁk‚fu:s]
declive (m)	Abhang (m)	['ap‚haŋ]

vulcão (m)	Vulkan (m)	[vʊl'ka:n]
vulcão (m) ativo	tätiger Vulkan (m)	['tɛ:tɪgɐ vʊl'ka:n]
vulcão (m) extinto	schlafender Vulkan (m)	['ʃla:fəndɐ vʊl'ka:n]

erupção (f)	Ausbruch (m)	['aʊs‚bʁʊx]
cratera (f)	Krater (m)	['kʁa:tɐ]
magma (m)	Magma (n)	['magma]
lava (f)	Lava (f)	['la:va]
fundido (lava ~a)	glühend heiß	['gly:ənt 'haɪs]
desfiladeiro (m)	Cañon (m)	[ka'njɔn]

garganta (f)	Schlucht (f)	[ʃlʊxt]
fenda (f)	Spalte (f)	[ˈʃpaltə]
precipício (m)	Abgrund (m)	[ˈap‚gʀʊnt]

passo, colo (m)	Gebirgspass (m)	[gəˈbɪʁks‚pas]
planalto (m)	Plateau (n)	[plaˈtoː]
falésia (f)	Fels (m)	[fɛls]
colina (f)	Hügel (m)	[ˈhyːgəl]

glaciar (m)	Gletscher (m)	[ˈglɛtʃɐ]
queda (f) d'água	Wasserfall (m)	[ˈvasɐ‚fal]
géiser (m)	Geiser (m)	[ˈgaɪzɐ]
lago (m)	See (m)	[zeː]

planície (f)	Ebene (f)	[ˈeːbənə]
paisagem (f)	Landschaft (f)	[ˈlantʃaft]
eco (m)	Echo (n)	[ˈɛço]

alpinista (m)	Bergsteiger (m)	[ˈbɛʁkʃtaɪgɐ]
escalador (m)	Kletterer (m)	[ˈklɛtəʀɐ]
conquistar (vt)	bezwingen (vt)	[bəˈtsvɪŋən]
subida, escalada (f)	Aufstieg (m)	[ˈaʊfʃtiːk]

169. Rios

rio (m)	Fluss (m)	[flʊs]
fonte, nascente (f)	Quelle (f)	[ˈkvɛlə]
leito (m) do rio	Flussbett (n)	[ˈflʊs‚bɛt]
bacia (f)	Stromgebiet (n)	[ˈʃtʀoːm·gəˈbiːt]
desaguar no ...	einmünden in ...	[ˈaɪn‚mʏndən ɪn]

| afluente (m) | Nebenfluss (m) | [ˈneːbən‚flʊs] |
| margem (do rio) | Ufer (n) | [ˈuːfɐ] |

corrente (f)	Strom (m)	[ʃtʀoːm]
rio abaixo	stromabwärts	[ˈʃtʀoːm‚apvɛʁts]
rio acima	stromaufwärts	[ˈʃtʀoːm‚aʊfvɛʁts]

inundação (f)	Überschwemmung (f)	[yːbɐˈʃvɛmʊŋ]
cheia (f)	Hochwasser (n)	[ˈhoːx‚vasɐ]
transbordar (vi)	aus den Ufern treten	[ˈaʊs den ˈuːfɐn ˈtʀeːtən]
inundar (vt)	überfluten (vt)	[‚yːbɐˈfluːtən]

| baixio (m) | Sandbank (f) | [ˈzant‚baŋk] |
| rápidos (m pl) | Stromschnelle (f) | [ˈʃtʀoːm‚ʃnɛlə] |

barragem (f)	Damm (m)	[dam]
canal (m)	Kanal (m)	[kaˈnaːl]
reservatório (m) de água	Stausee (m)	[ˈʃtaʊzeː]
eclusa (f)	Schleuse (f)	[ˈʃlɔɪzə]

corpo (m) de água	Gewässer (n)	[gəˈvɛsɐ]
pântano (m)	Sumpf (m), Moor (n)	[zʊmpf], [moːɐ]
tremedal (m)	Marsch (f)	[maʁʃ]

remoinho (m)	Strudel (m)	['ʃtʀuːdəl]
arroio, regato (m)	Bach (m)	[baχ]
potável	Trink-	['tʀɪŋk]
doce (água)	Süß-	[zyːs]

| gelo (m) | Eis (n) | [aɪs] |
| congelar-se (vr) | zufrieren (vi) | ['tsuː͵fʀiːʀən] |

170. Floresta

| floresta (f), bosque (m) | Wald (m) | [valt] |
| florestal | Wald- | ['valt] |

mata (f) cerrada	Dickicht (n)	['dɪkɪçt]
arvoredo (m)	Gehölz (n)	[gə'hœlts]
clareira (f)	Lichtung (f)	['lɪçtʊŋ]

| matagal (f) | Dickicht (n) | ['dɪkɪçt] |
| mato (m) | Gebüsch (n) | [gə'bʏʃ] |

| vereda (f) | Fußweg (m) | ['fuːs͵veːk] |
| ravina (f) | Erosionsrinne (f) | [eʀo'zɪoːns'ʀɪnə] |

árvore (f)	Baum (m)	[baʊm]
folha (f)	Blatt (n)	[blat]
folhagem (f)	Laub (n)	[laʊp]

queda (f) das folha	Laubfall (m)	['laʊp͵fal]
cair (vi)	fallen (vi)	['falən]
topo (m)	Wipfel (m)	['vɪpfəl]

ramo (m)	Zweig (m)	[tsvaɪk]
galho (m)	Ast (m)	[ast]
botão, rebento (m)	Knospe (f)	['knɔspə]
agulha (f)	Nadel (f)	['naːdəl]
pinha (f)	Zapfen (m)	['tsapfən]

buraco (m) de árvore	Höhlung (f)	['høː͵luŋ]
ninho (m)	Nest (n)	[nɛst]
toca (f)	Höhle (f)	['høːlə]

tronco (m)	Stamm (m)	[ʃtam]
raiz (f)	Wurzel (f)	['vʊʀtsəl]
casca (f) de árvore	Rinde (f)	['ʀɪndə]
musgo (m)	Moos (n)	['moːs]

arrancar pela raiz	entwurzeln (vt)	[ɛnt'vʊʀtsəln]
cortar (vt)	fällen (vt)	['fɛlən]
desflorestar (vt)	abholzen (vt)	['ap͵hɔltsən]
toco, cepo (m)	Baumstumpf (m)	['baʊmʃtʊmpf]

fogueira (f)	Lagerfeuer (n)	['laːgɐ͵fɔɪɐ]
incêndio (m) florestal	Waldbrand (m)	['valt͵bʀant]
apagar (vt)	löschen (vt)	['lœʃən]

guarda-florestal (m)	Förster (m)	['fœʁstɐ]
proteção (f)	Schutz (m)	[ʃʊts]
proteger (a natureza)	beschützen (vt)	[bə'ʃʏtsən]
caçador (m) furtivo	Wilddieb (m)	['vɪlt,diːp]
armadilha (f)	Falle (f)	['falə]

colher (cogumelos)	sammeln (vt)	['zaməln]
colher (bagas)	pflücken (vt)	['pflʏkən]
perder-se (vr)	sich verirren	[zɪç fɛɐ'ʔɪʁən]

171. Recursos naturais

recursos (m pl) naturais	Naturressourcen (pl)	[na'tuːɐ·ʁɛ'suʁsən]
minerais (m pl)	Bodenschätze (pl)	['boːdən,ʃɛtsə]
depósitos (m pl)	Vorkommen (n)	['foːɐ,kɔmən]
jazida (f)	Feld (n)	[fɛlt]

extrair (vt)	gewinnen (vt)	[gə'vɪnən]
extração (f)	Gewinnung (f)	[gə'vɪnʊŋ]
minério (m)	Erz (n)	[eːɐts]
mina (f)	Bergwerk (n)	['bɛʁk,vɛʁk]
poço (m) de mina	Schacht (m)	[ʃaxt]
mineiro (m)	Bergarbeiter (m)	['bɛʁk?aʁ,baɪtɐ]

gás (m)	Erdgas (n)	['eːɐt·gaːs]
gasoduto (m)	Gasleitung (f)	['gaːs,laɪtʊŋ]
petróleo (m)	Erdöl (n)	['eːɐt,ʔøːl]
oleoduto (m)	Erdölleitung (f)	['eːɐtʔøːl,laɪtʊŋ]
poço (m) de petróleo	Ölquelle (f)	['øːl,kvɛlə]
torre (f) petrolífera	Bohrturm (m)	['boːɐ,tuʁm]
petroleiro (m)	Tanker (m)	['taŋkɐ]

areia (f)	Sand (m)	[zant]
calcário (m)	Kalkstein (m)	['kalk,ʃtaɪn]
cascalho (m)	Kies (m)	[kiːs]
turfa (f)	Torf (m)	[tɔʁf]
argila (f)	Ton (m)	[toːn]
carvão (m)	Kohle (f)	['koːlə]

ferro (m)	Eisen (n)	['aɪzən]
ouro (m)	Gold (n)	[gɔlt]
prata (f)	Silber (n)	['zɪlbɐ]
níquel (m)	Nickel (n)	['nɪkəl]
cobre (m)	Kupfer (n)	['kʊpfɐ]

zinco (m)	Zink (n)	[tsɪŋk]
manganês (m)	Mangan (n)	[maŋ'gaːn]
mercúrio (m)	Quecksilber (n)	['kvɛk,zɪlbɐ]
chumbo (m)	Blei (n)	[blaɪ]

mineral (m)	Mineral (n)	[mɪne'ʁaːl]
cristal (m)	Kristall (m)	[kʁɪs'tal]
mármore (m)	Marmor (m)	['maʁmoːɐ]
urânio (m)	Uran (n)	[u'ʁaːn]

A Terra. Parte 2

172. Tempo

tempo (m)	**Wetter** (n)	['vɛtɐ]
previsão (f) do tempo	**Wetterbericht** (m)	['vɛtɐbə‚ʀɪçt]
temperatura (f)	**Temperatur** (f)	[tɛmpəʀa'tu:ɐ]
termómetro (m)	**Thermometer** (n)	[tɛʁmo'me:tɐ]
barómetro (m)	**Barometer** (n)	[baʀo'me:tɐ]

húmido	**feucht**	[fɔɪçt]
humidade (f)	**Feuchtigkeit** (f)	['fɔɪçtɪçkaɪt]
calor (m)	**Hitze** (f)	['hɪtsə]
cálido	**glutheiß**	['glu:t‚haɪs]
está muito calor	**ist heiß**	[ist haɪs]

está calor	**ist warm**	[ist vaʁm]
quente	**warm**	[vaʁm]

está frio	**ist kalt**	[ist kalt]
frio	**kalt**	[kalt]

sol (m)	**Sonne** (f)	['zɔnə]
brilhar (vi)	**scheinen** (vi)	['ʃaɪnən]
de sol, ensolarado	**sonnig**	['zɔnɪç]
nascer (vi)	**aufgehen** (vi)	['aʊf‚ge:ən]
pôr-se (vr)	**untergehen** (vi)	['ʊntɐ‚ge:ən]

nuvem (f)	**Wolke** (f)	['vɔlkə]
nublado	**bewölkt**	[bə'vœlkt]
nuvem (f) preta	**Regenwolke** (f)	['ʀe:gən‚vɔlkə]
escuro, cinzento	**trüb**	[tʀy:p]

chuva (f)	**Regen** (m)	['ʀe:gən]
está a chover	**Es regnet**	[ɛs 'ʀe:gnət]

chuvoso	**regnerisch**	['ʀe:gnəʀɪʃ]
chuviscar (vi)	**nieseln** (vi)	['ni:zəln]

chuva (f) torrencial	**strömender Regen** (m)	['ʃtʀø:məntdə 'ʀe:gən]
chuvada (f)	**Regenschauer** (m)	['ʀe:gən‚ʃaʊɐ]
forte (chuva)	**stark**	[ʃtaʁk]

poça (f)	**Pfütze** (f)	['pfʏtsə]
molhar-se (vr)	**nass werden** (vi)	[nas 've:ɐdən]

nevoeiro (m)	**Nebel** (m)	['ne:bəl]
de nevoeiro	**neblig**	['ne:blɪç]
neve (f)	**Schnee** (m)	[ʃne:]
está a nevar	**Es schneit**	[ɛs 'ʃnaɪt]

173. Tempo extremo. Catástrofes naturais

trovoada (f)	Gewitter (n)	[gə'vɪtɐ]
relâmpago (m)	Blitz (m)	[blɪts]
relampejar (vi)	blitzen (vi)	['blɪtsən]
trovão (m)	Donner (m)	['dɔnɐ]
trovejar (vi)	donnern (vi)	['dɔnɐn]
está a trovejar	Es donnert	[ɛs 'dɔnɐt]
granizo (m)	Hagel (m)	['ha:gəl]
está a cair granizo	Es hagelt	[ɛs 'ha:gəlt]
inundar (vt)	überfluten (vt)	[ˌy:bɐ'flu:tən]
inundação (f)	Überschwemmung (f)	[y:bɐ'ʃvɛmʊŋ]
terremoto (m)	Erdbeben (n)	['e:ɐtˌbe:bən]
abalo, tremor (m)	Erschütterung (f)	[ɛɐ'ʃʏtəRʊŋ]
epicentro (m)	Epizentrum (n)	[ˌepi'tsɛntRʊm]
erupção (f)	Ausbruch (m)	['aʊsˌbRʊχ]
lava (f)	Lava (f)	['la:va]
turbilhão (m)	Wirbelsturm (m)	['vɪRbəlˌʃtʊRm]
tornado (m)	Tornado (m)	[tɔR'na:do]
tufão (m)	Taifun (m)	[taɪ'fu:n]
furacão (m)	Orkan (m)	[ɔR'ka:n]
tempestade (f)	Sturm (m)	[ʃtʊRm]
tsunami (m)	Tsunami (m)	[tsu'na:mi]
ciclone (m)	Zyklon (m)	[tsy'klo:n]
mau tempo (m)	Unwetter (n)	['ʊnˌvɛtɐ]
incêndio (m)	Brand (m)	[bRant]
catástrofe (f)	Katastrophe (f)	[ˌkatas'tRo:fə]
meteorito (m)	Meteorit (m)	[meteo'Ri:t]
avalanche (f)	Lawine (f)	[la'vi:nə]
deslizamento (f) de neve	Schneelawine (f)	['ʃne:laˌvi:nə]
nevasca (f)	Schneegestöber (n)	['ʃne:gəˌʃtø:bɐ]
tempestade (f) de neve	Schneesturm (m)	['ʃne:ˌʃtʊRm]

Fauna

174. Mamíferos. Predadores

predador (m)	Raubtier (n)	['ʀaʊptiːɐ]
tigre (m)	Tiger (m)	['tiːgɐ]
leão (m)	Löwe (m)	['løːvə]
lobo (m)	Wolf (m)	[vɔlf]
raposa (f)	Fuchs (m)	[fʊks]
jaguar (m)	Jaguar (m)	['jaːguaːɐ]
leopardo (m)	Leopard (m)	[leo'paʀt]
chita (f)	Gepard (m)	[ge'paʀt]
pantera (f)	Panther (m)	['pantɐ]
puma (m)	Puma (m)	['puːma]
leopardo-das-neves (m)	Schneeleopard (m)	['ʃneːleoˌpaʀt]
lince (m)	Luchs (m)	[lʊks]
coiote (m)	Kojote (m)	[kɔ'joːtə]
chacal (m)	Schakal (m)	[ʃa'kaːl]
hiena (f)	Hyäne (f)	['hyɛːnə]

175. Animais selvagens

animal (m)	Tier (n)	[tiːɐ]
besta (f)	Bestie (f)	['bɛstɪə]
esquilo (m)	Eichhörnchen (n)	['aɪçˌhœʀnçən]
ouriço (m)	Igel (m)	['iːgəl]
lebre (f)	Hase (m)	['haːzə]
coelho (m)	Kaninchen (n)	[ka'niːnçən]
texugo (m)	Dachs (m)	[daks]
guaxinim (m)	Waschbär (m)	['vaʃˌbɛːɐ]
hamster (m)	Hamster (m)	['hamstɐ]
marmota (f)	Murmeltier (n)	['mʊʀməlˌtiːɐ]
toupeira (f)	Maulwurf (m)	['maʊlˌvʊʀf]
rato (m)	Maus (f)	[maʊs]
ratazana (f)	Ratte (f)	['ʀatə]
morcego (m)	Fledermaus (f)	['fleːdɐˌmaʊs]
arminho (m)	Hermelin (n)	[hɛʀmə'liːn]
zibelina (f)	Zobel (m)	['tsoːbəl]
marta (f)	Marder (m)	['maʀdɐ]
doninha (f)	Wiesel (n)	['viːzəl]
vison (m)	Nerz (m)	[nɛʀts]

castor (m)	Biber (m)	['bi:bɐ]
lontra (f)	Fischotter (m)	['fɪʃˌʔɔtɐ]
cavalo (m)	Pferd (n)	[pfe:ɐt]
alce (m) americano	Elch (m)	[ɛlç]
veado (m)	Hirsch (m)	[hɪʁʃ]
camelo (m)	Kamel (n)	[ka'me:l]
bisão (m)	Bison (m)	['bi:zɔn]
auroque (m)	Wisent (m)	['vi:zɛnt]
búfalo (m)	Büffel (m)	['bʏfəl]
zebra (f)	Zebra (n)	['tse:bʀa]
antílope (m)	Antilope (f)	[anti'lo:pə]
corça (f)	Reh (n)	[ʀe:]
gamo (m)	Damhirsch (m)	['damhɪʁʃ]
camurça (f)	Gämse (f)	['gɛmzə]
javali (m)	Wildschwein (n)	['vɪltʃvaɪn]
baleia (f)	Wal (m)	[va:l]
foca (f)	Seehund (m)	['ze:ˌhʊnt]
morsa (f)	Walroß (n)	['va:lˌʀɔs]
urso-marinho (m)	Seebär (m)	['ze:ˌbɛ:ɐ]
golfinho (m)	Delfin (m)	[dɛl'fi:n]
urso (m)	Bär (m)	[bɛ:ɐ]
urso (m) branco	Eisbär (m)	['aɪsˌbɛ:ɐ]
panda (m)	Panda (m)	['panda]
macaco (em geral)	Affe (m)	['afə]
chimpanzé (m)	Schimpanse (m)	[ʃɪm'panzə]
orangotango (m)	Orang-Utan (m)	['o:ʀaŋˌʔu:tan]
gorila (m)	Gorilla (m)	[go'ʀɪla]
macaco (m)	Makak (m)	[ma'kak]
gibão (m)	Gibbon (m)	['gɪbɔn]
elefante (m)	Elefant (m)	[ele'fant]
rinoceronte (m)	Nashorn (n)	['na:sˌhɔʁn]
girafa (f)	Giraffe (f)	[ˌgi'ʀafə]
hipopótamo (m)	Flusspferd (n)	['flʊsˌpfe:ɐt]
canguru (m)	Känguru (n)	['kɛŋguʀu]
coala (m)	Koala (m)	[ko'a:la]
mangusto (m)	Manguste (f)	[maŋ'gʊstə]
chinchila (f)	Chinchilla (n)	[tʃɪn'tʃɪla]
doninha-fedorenta (f)	Stinktier (n)	['ʃtɪŋkˌti:ɐ]
porco-espinho (m)	Stachelschwein (n)	['ʃtaχəlʃvaɪn]

176. Animais domésticos

gata (f)	Katze (f)	['katsə]
gato (m) macho	Kater (m)	['ka:tɐ]
cão (m)	Hund (m)	[hʊnt]

cavalo (m)	Pferd (n)	[pfeːɐt]
garanhão (m)	Hengst (m)	['hɛŋst]
égua (f)	Stute (f)	['ʃtuːtə]

vaca (f)	Kuh (f)	[kuː]
touro (m)	Stier (m)	[ʃtiːɐ]
boi (m)	Ochse (m)	['ɔksə]

ovelha (f)	Schaf (n)	[ʃaːf]
carneiro (m)	Widder (m)	['vɪdɐ]
cabra (f)	Ziege (f)	['tsiːgə]
bode (m)	Ziegenbock (m)	['tsiːgənˌbɔk]

| burro (m) | Esel (m) | ['eːzəl] |
| mula (f) | Maultier (n) | ['maʊlˌtiːɐ] |

porco (m)	Schwein (n)	[ʃvaɪn]
porquinho (m)	Ferkel (n)	['fɛʁkəl]
coelho (m)	Kaninchen (n)	[ka'niːnçən]

| galinha (f) | Huhn (n) | [huːn] |
| galo (m) | Hahn (m) | [haːn] |

pato (m), pata (f)	Ente (f)	['ɛntə]
pato (macho)	Enterich (m)	['ɛntəʁɪç]
ganso (m)	Gans (f)	[gans]

| peru (m) | Puter (m) | ['puːtɐ] |
| perua (f) | Pute (f) | ['puːtə] |

animais (m pl) domésticos	Haustiere (pl)	['haʊsˌtiːʁə]
domesticado	zahm	[tsaːm]
domesticar (vt)	zähmen (vt)	['tsɛːmən]
criar (vt)	züchten (vt)	['tsʏçtən]

quinta (f)	Farm (f)	[faʁm]
aves (f pl) domésticas	Geflügel (n)	[gə'flyːgəl]
gado (m)	Vieh (n)	[fiː]
rebanho (m), manada (f)	Herde (f)	['heːɐdə]

estábulo (m)	Pferdestall (m)	['pfeːɐdəˌʃtal]
pocilga (f)	Schweinestall (m)	['ʃvaɪnəˌʃtal]
estábulo (m)	Kuhstall (m)	['kuːʃtal]
coelheira (f)	Kaninchenstall (m)	[ka'niːnçənˌʃtal]
galinheiro (m)	Hühnerstall (m)	['hyːnɐˌʃtal]

177. Cães. Raças de cães

cão (m)	Hund (m)	[hʊnt]
cão pastor (m)	Schäferhund (m)	['ʃɛːfɐˌhʊnt]
pastor-alemão (m)	Deutsche Schäferhund (m)	['dɔɪtʃə 'ʃɛːfɐˌhʊnt]
caniche (m)	Pudel (m)	['puːdəl]
teckel (m)	Dachshund (m)	['daksˌhʊnt]
buldogue (m)	Bulldogge (f)	['bʊlˌdɔgə]

boxer (m)	Boxer (m)	['bɔksɐ]
mastim (m)	Mastiff (m)	['mastɪf]
rottweiler (m)	Rottweiler (m)	['ʀɔtvaɪlɐ]
dobermann (m)	Dobermann (m)	['doːbɐˌman]

basset (m)	Basset (m)	[baˈseː]
pastor inglês (m)	Bobtail (m)	['bɔpteːl]
dálmata (m)	Dalmatiner (m)	[ˌdalmaˈtiːnɐ]
cocker spaniel (m)	Cocker-Spaniel (m)	['kɔkɐ 'ʃpanɪəl]

| terra-nova (m) | Neufundländer (m) | [nɔɪˈfʊntˌlɛndɐ] |
| são-bernardo (m) | Bernhardiner (m) | [bɛʀnhaʁˈdiːnɐ] |

husky (m)	Eskimohund (m)	['ɛskimoˌhʊnt]
Chow-chow (m)	Chow-Chow (m)	['tʃauˈtʃau]
spitz alemão (m)	Spitz (m)	[ʃpɪts]
carlindogue (m)	Mops (m)	[mɔps]

178. Sons produzidos pelos animais

latido (m)	Gebell (n)	[gəˈbɛl]
latir (vi)	bellen (vi)	['bɛlən]
miar (vi)	miauen (vi)	[miˈauən]
ronronar (vi)	schnurren (vi)	['ʃnʊʀən]

mugir (vaca)	muhen (vi)	['muːən]
bramir (touro)	brüllen (vi)	['bʀʏlən]
rosnar (vi)	knurren (vi)	['knʊʀən]

uivo (m)	Heulen (n)	['hɔɪlən]
uivar (vi)	heulen (vi)	['hɔɪlən]
ganir (vi)	winseln (vi)	['vɪnzəln]

balir (vi)	meckern (vi)	['mɛkɐn]
grunhir (porco)	grunzen (vi)	['gʀʊntsən]
guinchar (vi)	kreischen (vi)	['kʀaɪʃən]

coaxar (sapo)	quaken (vi)	['kvaːkən]
zumbir (inseto)	summen (vi)	['zʊmən]
estridular, ziziar (vi)	zirpen (vi)	['tsɪʁpən]

179. Pássaros

pássaro, ave (m)	Vogel (m)	['foːgəl]
pombo (m)	Taube (f)	['taʊbə]
pardal (m)	Spatz (m)	[ʃpats]
chapim-real (m)	Meise (f)	['maɪzə]
pega-rabuda (f)	Elster (f)	['ɛlstɐ]

corvo (m)	Rabe (m)	['ʀaːbə]
gralha (f) cinzenta	Krähe (f)	['kʀɛːə]
gralha-de-nuca-cinzenta (f)	Dohle (f)	['doːlə]

gralha-calva (f)	Saatkrähe (f)	['za:tˌkʀɛ:ə]
pato (m)	Ente (f)	['ɛntə]
ganso (m)	Gans (f)	[gans]
faisão (m)	Fasan (m)	[fa'za:n]
águia (f)	Adler (m)	['a:dlɐ]
açor (m)	Habicht (m)	['ha:bɪçt]
falcão (m)	Falke (m)	['falkə]
abutre (m)	Greif (m)	[gʀaɪf]
condor (m)	Kondor (m)	['kɔndo:ɐ]
cisne (m)	Schwan (m)	[ʃva:n]
grou (m)	Kranich (m)	['kʀa:nɪç]
cegonha (f)	Storch (m)	[ʃtɔʀç]
papagaio (m)	Papagei (m)	[papa'gaɪ]
beija-flor (m)	Kolibri (m)	['ko:libʀi]
pavão (m)	Pfau (m)	[pfaʊ]
avestruz (f)	Strauß (m)	[ʃtʀaʊs]
garça (f)	Reiher (m)	['ʀaɪɐ]
flamingo (m)	Flamingo (m)	[fla'mɪŋgo]
pelicano (m)	Pelikan (m)	['pe:lika:n]
rouxinol (m)	Nachtigall (f)	['naχtɪgal]
andorinha (f)	Schwalbe (f)	['ʃvalbə]
tordo-zornal (m)	Drossel (f)	['dʀɔsəl]
tordo-músico (m)	Singdrossel (f)	['zɪŋˌdʀɔsəl]
melro-preto (m)	Amsel (f)	['amzəl]
andorinhão (m)	Segler (m)	['ze:glɐ]
cotovia (f)	Lerche (f)	['lɛʀçə]
codorna (f)	Wachtel (f)	['vaχtəl]
pica-pau (m)	Specht (m)	[ʃpɛçt]
cuco (m)	Kuckuck (m)	['kʊkʊk]
coruja (f)	Eule (f)	['ɔɪlə]
corujão, bufo (m)	Uhu (m)	['u:hu]
tetraz-grande (m)	Auerhahn (m)	['aʊɐˌha:n]
tetraz-lira (m)	Birkhahn (m)	['bɪʀkˌha:n]
perdiz-cinzenta (f)	Rebhuhn (n)	['ʀe:pˌhu:n]
estorninho (m)	Star (m)	[ʃta:ɐ]
canário (m)	Kanarienvogel (m)	[ka'na:ʀiənˌfo:gəl]
galinha-do-mato (f)	Haselhuhn (n)	['ha:zəlˌhu:n]
tentilhão (m)	Buchfink (m)	['bu:χfɪŋk]
dom-fafe (m)	Gimpel (m)	['gɪmpəl]
gaivota (f)	Möwe (f)	['mø:və]
albatroz (m)	Albatros (m)	['albatʀɔs]
pinguim (m)	Pinguin (m)	['pɪŋgui:n]

180. Pássaros. Canto e sons

cantar (vi)	**singen** (vt)	['zɪŋən]
gritar (vi)	**schreien** (vi)	['ʃʁaɪən]
cantar (o galo)	**kikeriki schreien**	[ˌkikəʁi'ki: 'ʃʁaɪən]
cocorocó (m)	**kikeriki**	[ˌkikəʁi'ki:]

cacarejar (vi)	**gackern** (vi)	['gakɐn]
crocitar (vi)	**krächzen** (vi)	['kʁɛçtsən]
grasnar (vi)	**schnattern** (vi)	['ʃnatɐn]
piar (vi)	**piepsen** (vi)	['pi:psən]
chilrear, gorjear (vi)	**zwitschern** (vi)	['tsvɪtʃɐn]

181. Peixes. Animais marinhos

brema (f)	**Brachse** (f)	['bʁaksə]
carpa (f)	**Karpfen** (m)	['kaʁpfən]
perca (f)	**Barsch** (m)	[baʁʃ]
siluro (m)	**Wels** (m)	[vɛls]
lúcio (m)	**Hecht** (m)	[hɛçt]

salmão (m)	**Lachs** (m)	[laks]
esturjão (m)	**Stör** (m)	[ʃtø:ɐ]

arenque (m)	**Hering** (m)	['he:ʁɪŋ]
salmão (m)	**atlantische Lachs** (m)	[at'lantɪʃə laks]
cavala, sarda (f)	**Makrele** (f)	[ma'kʁe:lə]
solha (f)	**Scholle** (f)	['ʃɔlə]

lúcio perca (m)	**Zander** (m)	['tsandɐ]
bacalhau (m)	**Dorsch** (m)	[dɔʁʃ]
atum (m)	**Tunfisch** (m)	['tu:nfɪʃ]
truta (f)	**Forelle** (f)	[ˌfo'ʁɛlə]

enguia (f)	**Aal** (m)	[a:l]
raia elétrica (f)	**Zitterrochen** (m)	['tsɪtɐˌʁɔχən]
moreia (f)	**Muräne** (f)	[mu'ʁɛ:nə]
piranha (f)	**Piranha** (m)	[pi'ʁanja]

tubarão (m)	**Hai** (m)	[haɪ]
golfinho (m)	**Delfin** (m)	[dɛl'fi:n]
baleia (f)	**Wal** (m)	[va:l]

caranguejo (m)	**Krabbe** (f)	['kʁabə]
medusa, alforreca (f)	**Meduse** (f)	[me'du:zə]
polvo (m)	**Krake** (m)	['kʁa:kə]

estrela-do-mar (f)	**Seestern** (m)	['ze:ˌʃtɛʁn]
ouriço-do-mar (m)	**Seeigel** (m)	['ze:ˌʔi:gəl]
cavalo-marinho (m)	**Seepferdchen** (n)	['ze:ˌpfe:ɐtçən]

ostra (f)	**Auster** (f)	['aʊstɐ]
camarão (m)	**Garnele** (f)	[gaʁ'ne:lə]

| lavagante (m) | Hummer (m) | ['humɐ] |
| lagosta (f) | Languste (f) | [laŋ'gʊstə] |

182. Amfíbios. Répteis

| serpente, cobra (f) | Schlange (f) | ['ʃlaŋə] |
| venenoso | Gift-, giftig | [gɪft], ['gɪftɪç] |

víbora (f)	Viper (f)	['vi:pɐ]
cobra-capelo, naja (f)	Kobra (f)	['ko:bʀa]
pitão (m)	Python (m)	['py:tɔn]
jiboia (f)	Boa (f)	['bo:a]

cobra-de-água (f)	Ringelnatter (f)	['ʀɪŋəlˌnatɐ]
cascavel (f)	Klapperschlange (f)	['klapɐˌʃlaŋə]
anaconda (f)	Anakonda (f)	[ana'kɔnda]

lagarto (m)	Eidechse (f)	['aɪdɛksə]
iguana (f)	Leguan (m)	['le:gua:n]
varano (m)	Waran (m)	[va'ʀa:n]
salamandra (f)	Salamander (m)	[zala'mandɐ]
camaleão (m)	Chamäleon (n)	[ka'mɛ:leˌɔn]
escorpião (m)	Skorpion (m)	[skɔʁ'pjo:n]

tartaruga (f)	Schildkröte (f)	['ʃɪltˌkʀø:tə]
rã (f)	Frosch (m)	[fʀɔʃ]
sapo (m)	Kröte (f)	['kʀø:tə]
crocodilo (m)	Krokodil (n)	[kʀoko'di:l]

183. Insetos

inseto (m)	Insekt (n)	[ɪn'zɛkt]
borboleta (f)	Schmetterling (m)	['ʃmɛtɐlɪŋ]
formiga (f)	Ameise (f)	['a:maɪzə]
mosca (f)	Fliege (f)	['fli:gə]
mosquito (m)	Mücke (f)	['mʏkə]
escaravelho (m)	Käfer (m)	['kɛ:fɐ]

vespa (f)	Wespe (f)	['vɛspə]
abelha (f)	Biene (f)	['bi:nə]
zangão (m)	Hummel (f)	['hʊməl]
moscardo (m)	Bremse (f)	['bʀɛmzə]

| aranha (f) | Spinne (f) | ['ʃpɪnə] |
| teia (f) de aranha | Spinnennetz (n) | ['ʃpɪnənˌnɛts] |

libélula (f)	Libelle (f)	[li'bɛlə]
gafanhoto-do-campo (m)	Grashüpfer (m)	['gʀa:sˌhʏpfɐ]
traça (f)	Schmetterling (m)	['ʃmɛtɐlɪŋ]

| barata (f) | Schabe (f) | ['ʃa:bə] |
| carraça (f) | Zecke (f) | ['tsɛkə] |

pulga (f)	Floh (m)	[flo:]
borrachudo (m)	Kriebelmücke (f)	['kʀi:bəlˌmʏkə]
gafanhoto (m)	Heuschrecke (f)	['hɔɪʃʀɛkə]
caracol (m)	Schnecke (f)	['ʃnɛkə]
grilo (m)	Heimchen (n)	['haɪmçən]
pirilampo (m)	Leuchtkäfer (m)	['lɔɪçtˌkɛ:fɐ]
joaninha (f)	Marienkäfer (m)	[ma'ʀi:ənˌkɛ:fɐ]
besouro (m)	Maikäfer (m)	['maɪˌkɛ:fɐ]
sanguessuga (f)	Blutegel (m)	['blu:tˌʔe:gəl]
lagarta (f)	Raupe (f)	['ʀaʊpə]
minhoca (f)	Wurm (m)	[vʊʀm]
larva (f)	Larve (f)	['laʀfə]

184. Animais. Partes do corpo

bico (m)	Schnabel (m)	['ʃna:bəl]
asas (f pl)	Flügel (pl)	['fly:gəl]
pata (f)	Fuß (m)	[fu:s]
plumagem (f)	Gefieder (n)	[gə'fi:dɐ]
pena, pluma (f)	Feder (f)	['fe:dɐ]
crista (f)	Haube (f)	['haʊbə]
brânquias, guelras (f pl)	Kiemen (pl)	['ki:mən]
ovas (f pl)	Laich (m)	[laɪç]
larva (f)	Larve (f)	['laʀfə]
barbatana (f)	Flosse (f)	['flɔsə]
escama (f)	Schuppe (f)	['ʃʊpə]
canino (m)	Stoßzahn (m)	['ʃto:sˌtsa:n]
pata (f)	Pfote (f)	['pfo:tə]
focinho (m)	Schnauze (f)	['ʃnaʊtsə]
boca (f)	Rachen (m)	['ʀaxən]
cauda (f), rabo (m)	Schwanz (m)	[ʃvants]
bigodes (m pl)	Barthaar (n)	['ba:ɐtˌha:ɐ]
casco (m)	Huf (m)	[hu:f]
corno (m)	Horn (n)	[hɔʀn]
carapaça (f)	Panzer (m)	['pantsɐ]
concha (f)	Muschel (f)	['mʊʃl]
casca (f) de ovo	Schale (f)	['ʃa:lə]
pelo (m)	Fell (n)	[fɛl]
pele (f), couro (m)	Haut (f)	[haʊt]

185. Animais. Habitats

habitat (m)	Lebensraum (f)	['le:bənsˌʀaʊm]
migração (f)	Wanderung (f)	['vandəʀʊŋ]
montanha (f)	Berg (m)	[bɛʀk]

| recife (m) | Riff (n) | [ʀɪf] |
| falésia (f) | Fels (m) | [fɛls] |

floresta (f)	Wald (m)	[valt]
selva (f)	Dschungel (m, n)	['dʒʊŋəl]
savana (f)	Savanne (f)	[za'vanə]
tundra (f)	Tundra (f)	['tʊndʀa]

estepe (f)	Steppe (f)	['ʃtɛpə]
deserto (m)	Wüste (f)	['vy:stə]
oásis (m)	Oase (f)	[o'a:zə]

mar (m)	Meer (n), See (f)	[me:ɐ], [ze:]
lago (m)	See (m)	[ze:]
oceano (m)	Ozean (m)	['o:tsea:n]

pântano (m)	Sumpf (m)	[zʊmpf]
de água doce	Süßwasser-	['zy:sˌvasɐ]
lagoa (f)	Teich (m)	[taɪç]
rio (m)	Fluss (m)	[flʊs]

toca (f) do urso	Höhle (f), Bau (m)	['hø:lə], [baʊ]
ninho (m)	Nest (n)	[nɛst]
buraco (m) de árvore	Höhlung (f)	['hø:ˌlʊŋ]
toca (f)	Loch (n)	[lɔx]
formigueiro (m)	Ameisenhaufen (m)	['a:maɪzən·haʊfən]

Flora

186. Árvores

árvore (f)	**Baum** (m)	[baʊm]
decídua	**Laub-**	[laʊp]
conífera	**Nadel-**	['na:dəl]
perene	**immergrün**	['ɪmɐˌɡʀy:n]
macieira (f)	**Apfelbaum** (m)	['apfəiˌbaʊm]
pereira (f)	**Birnbaum** (m)	['bɪʁnˌbaʊm]
cerejeira (f)	**Süßkirschbaum** (m)	['zy:skɪʁʃˌbaʊm]
ginjeira (f)	**Sauerkirschbaum** (m)	[zaʊə'kɪʁʃˌbaʊm]
ameixeira (f)	**Pflaumenbaum** (m)	['pflaʊmənˌbaʊm]
bétula (f)	**Birke** (f)	['bɪʁkə]
carvalho (m)	**Eiche** (f)	['aɪçə]
tília (f)	**Linde** (f)	['lɪndə]
choupo-tremedor (m)	**Espe** (f)	['ɛspə]
bordo (m)	**Ahorn** (m)	['a:hoʁn]
espruce-europeu (m)	**Fichte** (f)	['fɪçtə]
pinheiro (m)	**Kiefer** (f)	['ki:fɐ]
alerce, lariço (m)	**Lärche** (f)	['lɛʁçə]
abeto (m)	**Tanne** (f)	['tanə]
cedro (m)	**Zeder** (f)	['tse:dɐ]
choupo, álamo (m)	**Pappel** (f)	['papəl]
tramazeira (f)	**Vogelbeerbaum** (m)	['fo:gəlbe:ɐˌbaʊm]
salgueiro (m)	**Weide** (f)	['vaɪdə]
amieiro (m)	**Erle** (f)	['ɛʁlə]
faia (f)	**Buche** (f)	['bu:χə]
ulmeiro (m)	**Ulme** (f)	['ʊlmə]
freixo (m)	**Esche** (f)	['ɛʃə]
castanheiro (m)	**Kastanie** (f)	[kas'ta:niə]
magnólia (f)	**Magnolie** (f)	[mag'no:lɪə]
palmeira (f)	**Palme** (f)	['palmə]
cipreste (m)	**Zypresse** (f)	[tsy'pʀɛsə]
mangue (m)	**Mangrovenbaum** (m)	[maŋ'gʀo:vənˌbaʊm]
embondeiro, baobá (m)	**Baobab** (m)	['ba:obap]
eucalipto (m)	**Eukalyptus** (m)	[ɔɪka'lʏptʊs]
sequoia (f)	**Mammutbaum** (m)	['mamʊtˌbaʊm]

187. Arbustos

arbusto (m)	**Strauch** (m)	[ʃtʀaʊχ]
arbusto (m), moita (f)	**Gebüsch** (n)	[gə'bʏʃ]

| videira (f) | Weinstock (m) | ['vaɪnˌʃtɔk] |
| vinhedo (m) | Weinberg (m) | ['vaɪnˌbɛʁk] |

framboeseira (f)	Himbeerstrauch (m)	['hɪmbeːɐʃtʀaʊχ]
groselheira-preta (f)	schwarze Johannisbeere (f)	['ʃvaʁtsə joː'hanɪsbeːʀə]
groselheira-vermelha (f)	rote Johannisbeere (f)	['ʀoːtə joː'hanɪsbeːʀə]
groselheira (f) espinhosa	Stachelbeerstrauch (m)	['ʃtaχəlbeːɐʃtʀaʊχ]

acácia (f)	Akazie (f)	[a'kaːtsiə]
bérberis (f)	Berberitze (f)	[bɛʁbə'ʀɪtsə]
jasmim (m)	Jasmin (m)	[jas'miːn]

junípero (m)	Wacholder (m)	[va'χɔldɐ]
roseira (f)	Rosenstrauch (m)	['ʀoːzənʃtʀaʊχ]
roseira (f) brava	Heckenrose (f)	['hɛkənˌʀoːzə]

188. Cogumelos

cogumelo (m)	Pilz (m)	[pɪlts]
cogumelo (m) comestível	essbarer Pilz (m)	['ɛsbaːʀɐ pɪlts]
cogumelo (m) venenoso	Giftpilz (m)	['gɪftˌpɪlts]
chapéu (m)	Hut (m)	[huːt]
pé, caule (m)	Stiel (m)	[ʃtiːl]

cepe-de-bordéus (m)	Steinpilz (m)	['ʃtaɪnˌpɪlts]
boleto (m) áspero	Rotkappe (f)	['ʀoːtˌkapə]
boleto (m) castanho	Birkenpilz (m)	['bɪʁkənˌpɪlts]
cantarelo (m)	Pfifferling (m)	['pfɪfɛlɪŋ]
rússula (f)	Täubling (m)	['tɔyplɪŋ]

morchela (f)	Morchel (f)	['mɔʁçəl]
agário-das-moscas (m)	Fliegenpilz (m)	['fliːgənˌpɪlts]
cicuta (f) verde	Grüner Knollenblätterpilz (m)	['gʀyːnɐ 'knɔlən·blɛtəˌpɪlts]

189. Frutos. Bagas

fruta (f)	Frucht (f)	[fʀʊχt]
frutas (f pl)	Früchte (pl)	['fʀʏçtə]
maçã (f)	Apfel (m)	['apfəl]
pera (f)	Birne (f)	['bɪʁnə]
ameixa (f)	Pflaume (f)	['pflaʊmə]

morango (m)	Erdbeere (f)	['eːɐtˌbeːʀə]
ginja (f)	Sauerkirsche (f)	['zaʊɐˌkɪʁʃə]
cereja (f)	Süßkirsche (f)	['zyːsˌkɪʁʃə]
uva (f)	Weintrauben (pl)	['vaɪnˌtʀaʊbən]

framboesa (f)	Himbeere (f)	['hɪmˌbeːʀə]
groselha (f) preta	schwarze Johannisbeere (f)	['ʃvaʁtsə joː'hanɪsbeːʀə]
groselha (f) vermelha	rote Johannisbeere (f)	['ʀoːtə joː'hanɪsbeːʀə]
groselha (f) espinhosa	Stachelbeere (f)	['ʃtaχəlˌbeːʀə]

oxicoco (m)	Moosbeere (f)	['mo:s‚be:ʀə]
laranja (f)	Apfelsine (f)	[apfəl'zi:nə]
tangerina (f)	Mandarine (f)	[‚manda'ʀi:nə]
ananás (m)	Ananas (f)	['ananas]
banana (f)	Banane (f)	[ba'na:nə]
tâmara (f)	Dattel (f)	['datəl]

limão (m)	Zitrone (f)	[tsi'tʀo:nə]
damasco (m)	Aprikose (f)	[‚apʀi'ko:zə]
pêssego (m)	Pfirsich (m)	['pfɪʀzɪç]
kiwi (m)	Kiwi, Kiwifrucht (f)	['ki:vi], ['ki:vi‚fʀuxt]
toranja (f)	Grapefruit (f)	['gʀɛɪp‚fʀu:t]

baga (f)	Beere (f)	['be:ʀə]
bagas (f pl)	Beeren (pl)	['be:ʀən]
arando (m) vermelho	Preiselbeere (f)	['pʀaɪzəl‚be:ʀə]
morango-silvestre (m)	Walderdbeere (f)	['valt?e:ɐt‚be:ʀə]
mirtilo (m)	Heidelbeere (f)	['haɪdəl‚be:ʀə]

190. Flores. Plantas

flor (f)	Blume (f)	['blu:mə]
ramo (m) de flores	Blumenstrauß (m)	['blu:mənʃtʀaʊs]

rosa (f)	Rose (f)	['ʀo:zə]
tulipa (f)	Tulpe (f)	['tʊlpə]
cravo (m)	Nelke (f)	['nɛlkə]
gladíolo (m)	Gladiole (f)	[‚gla'dɪo:lə]

centáurea (f)	Kornblume (f)	['kɔʀn‚blu:mə]
campânula (f)	Glockenblume (f)	['glɔkən‚blu:mə]
dente-de-leão (m)	Löwenzahn (m)	['lø:vən‚tsa:n]
camomila (f)	Kamille (f)	[ka'mɪlə]

aloé (m)	Aloe (f)	['a:loe]
cato (m)	Kaktus (m)	['kaktʊs]
fícus (m)	Gummibaum (m)	['gʊmi‚baʊm]

lírio (m)	Lilie (f)	['li:liə]
gerânio (m)	Geranie (f)	[ge'ʀa:nɪə]
jacinto (m)	Hyazinthe (f)	[hya'tsɪntə]

mimosa (f)	Mimose (f)	[mi'mo:zə]
narciso (m)	Narzisse (f)	[naʀ'tsɪsə]
capuchinha (f)	Kapuzinerkresse (f)	[‚kapu'tsi:nɐ‚kʀɛsə]

orquídea (f)	Orchidee (f)	[‚ɔʀçi'de:ə]
peónia (f)	Pfingstrose (f)	['pfɪŋst‚ʀo:zə]
violeta (f)	Veilchen (n)	['faɪlçən]

amor-perfeito (m)	Stiefmütterchen (n)	['ʃti:f‚mʏteçən]
não-me-esqueças (m)	Vergissmeinnicht (n)	[‚fɛɐ'gɪs·maɪn·nɪçt]
margarida (f)	Gänseblümchen (n)	['gɛnzə‚bly:mçən]
papoula (f)	Mohn (m)	[mo:n]

cânhamo (m)	Hanf (m)	[hanf]
hortelã (f)	Minze (f)	['mɪntsə]

lírio-do-vale (m)	Maiglöckchen (n)	['maɪˌglœkçən]
campânula-branca (f)	Schneeglöckchen (n)	['ʃneːglœkçən]

urtiga (f)	Brennnessel (f)	['bʀɛnˌnɛsəl]
azeda (f)	Sauerampfer (m)	['zaʊɐˌʔampfɐ]
nenúfar (m)	Seerose (f)	['zeːˌʀoːzə]
feto (m), samambaia (f)	Farn (m)	[faʀn]
líquen (m)	Flechte (f)	['flɛçtə]

estufa (f)	Gewächshaus (n)	[gə'vɛksˌhaʊs]
relvado (m)	Rasen (m)	['ʀaːzən]
canteiro (m) de flores	Blumenbeet (n)	['bluːmən·beːt]

planta (f)	Pflanze (f)	['pflantsə]
erva (f)	Gras (n)	[gʀaːs]
folha (f) de erva	Grashalm (m)	['gʀaːsˌhalm]

folha (f)	Blatt (n)	[blat]
pétala (f)	Blütenblatt (n)	['blyːtənˌblat]
talo (m)	Stiel (m)	[ʃtiːl]
tubérculo (m)	Knolle (f)	['knɔlə]

broto, rebento (m)	Jungpflanze (f)	['jʊŋˌpflantsə]
espinho (m)	Dorn (m)	[dɔʀn]

florescer (vi)	blühen (vi)	['blyːən]
murchar (vi)	welken (vi)	['vɛlkən]
cheiro (m)	Geruch (m)	[gə'ʀʊχ]
cortar (flores)	abschneiden (vt)	['apʃnaɪdən]
colher (uma flor)	pflücken (vt)	['pflʏkən]

191. Cereais, grãos

grão (m)	Getreide (n)	[gə'tʀaɪdə]
cereais (plantas)	Getreidepflanzen (pl)	[gə'tʀaɪdəˌpflantsən]
espiga (f)	Ähre (f)	['ɛːʀə]

trigo (m)	Weizen (m)	['vaɪtsən]
centeio (m)	Roggen (m)	['ʀɔgən]
aveia (f)	Hafer (m)	['haːfɐ]
milho-miúdo (m)	Hirse (f)	['hɪʀzə]
cevada (f)	Gerste (f)	['gɛʀstə]
milho (m)	Mais (m)	['maɪs]
arroz (m)	Reis (m)	[ʀaɪs]
trigo-sarraceno (m)	Buchweizen (m)	['buːχˌvaɪtsən]

ervilha (f)	Erbse (f)	['ɛʀpsə]
feijão (m)	weiße Bohne (f)	['vaɪsə 'boːnə]
soja (f)	Sojabohne (f)	['zoːjaˌboːnə]
lentilha (f)	Linse (f)	['lɪnzə]
fava (f)	Bohnen (pl)	['boːnən]

GEOGRAFIA REGIONAL

Países. Nacionalidades

192. Política. Governo. Parte 1

política (f)	**Politik** (f)	[poli'tɪk]
político	**politisch**	[po'li:tɪʃ]
político (m)	**Politiker** (m)	[po'li:tikɐ]
estado (m)	**Staat** (m)	[ʃta:t]
cidadão (m)	**Bürger** (m)	['bYʁgɐ]
cidadania (f)	**Staatsbürgerschaft** (f)	['ʃta:tsbYʁgɐ͵ʃaft]
brasão (m) de armas	**Staatswappen** (n)	['ʃta:ts͵vapən]
hino (m) nacional	**Nationalhymne** (f)	[natsjɔ'na:l͵hYmnə]
governo (m)	**Regierung** (f)	[ʀe'gi:ʀʊŋ]
Chefe (m) de Estado	**Staatschef** (m)	['ʃta:tsʃɛf]
parlamento (m)	**Parlament** (n)	[paʁla'mɛnt]
partido (m)	**Partei** (f)	[paʁ'taɪ]
capitalismo (m)	**Kapitalismus** (m)	[kapita'lɪsmʊs]
capitalista	**kapitalistisch**	[kapita'lɪstɪʃ]
socialismo (m)	**Sozialismus** (m)	[zotsɪa'lɪsmʊs]
socialista	**sozialistisch**	[zotsɪa'lɪstɪʃ]
comunismo (m)	**Kommunismus** (m)	[͵kɔmu'nɪsmʊs]
comunista	**kommunistisch**	[kɔmu'nɪstɪʃ]
comunista (m)	**Kommunist** (m)	[kɔmu'nɪst]
democracia (f)	**Demokratie** (f)	[demokʀa'ti:]
democrata (m)	**Demokrat** (m)	[demo'kʀa:t]
democrático	**demokratisch**	[demo'kʀa:tɪʃ]
Partido (m) Democrático	**demokratische Partei** (f)	[demo'kʀa:tɪʃe paʁ'taɪ]
liberal (m)	**Liberale** (m)	[libe'ʀa:lɐ]
liberal	**liberal**	[libe'ʀa:l]
conservador (m)	**Konservative** (m)	[͵kɔnzɛʁva'ti:və]
conservador	**konservativ**	[͵kɔnzɛʁva'ti:f]
república (f)	**Republik** (f)	[ʀepu'bli:k]
republicano (m)	**Republikaner** (m)	[ʀepubli'ka:nɐ]
Partido (m) Republicano	**Republikanische Partei** (f)	[ʀepubli'ka:nɪʃə paʁ'taɪ]
eleições (f pl)	**Wahlen** (pl)	['va:lən]
eleger (vt)	**wählen** (vt)	['vɛ:lən]

| eleitor (m) | Wähler (m) | ['vɛːlɐ] |
| campanha (f) eleitoral | Wahlkampagne (f) | ['vaːlˈkamˌpanjə] |

votação (f)	Abstimmung (f)	['apˌʃtɪmʊŋ]
votar (vi)	abstimmen (vi)	['apˌʃtɪmən]
direito (m) de voto	Abstimmungsrecht (n)	['apʃtɪmʊŋsˈʀɛçt]

candidato (m)	Kandidat (m)	[kandi'daːt]
candidatar-se (vi)	kandidieren (vi)	[kandi'diːʀən]
campanha (f)	Kampagne (f)	[kam'panjə]

| da oposição | Oppositions- | [ɔpozi'tsjoːns] |
| oposição (f) | Opposition (f) | [ɔpozi'tsjoːn] |

visita (f)	Besuch (m)	[bə'zuːχ]
visita (f) oficial	Staatsbesuch (m)	['ʃtaːtsbəˌzuːχ]
internacional	international	[ˌɪntɛnatsjɔ'naːl]

| negociaçôes (f pl) | Verhandlungen (pl) | [fɛɐ'handlʊŋən] |
| negociar (vi) | verhandeln (vi) | [fɛɐ'handəln] |

193. Política. Governo. Parte 2

sociedade (f)	Gesellschaft (f)	[gə'zɛlʃaft]
constituição (f)	Verfassung (f)	[fɛɐ'fasʊŋ]
poder (ir para o ~)	Macht (f)	[maχt]
corrupção (f)	Korruption (f)	[kɔʀʊp'tsjoːn]

| lei (f) | Gesetz (n) | [gə'zɛts] |
| legal | gesetzlich | [gə'zɛtslɪç] |

| justiça (f) | Gerechtigkeit (f) | [gə'ʀɛçtɪçˈkaɪt] |
| justo | gerecht | [gə'ʀɛçt] |

comité (m)	Komitee (n)	[komi'teː]
projeto-lei (m)	Gesetzentwurf (m)	[gə'zɛts?ɛntˌvʊɐf]
orçamento (m)	Budget (n)	[by'dʒeː]
política (f)	Politik (f)	[poli'tɪk]
reforma (f)	Reform (f)	[ʀe'fɔɐm]
radical	radikal	[ʀadi'kaːl]

força (f)	Macht (f)	[maχt]
poderoso	mächtig	['mɛçtɪç]
partidário (m)	Anhänger (m)	['anˌhɛŋə]
influência (f)	Einfluss (m)	['aɪnˌflʊs]

regime (m)	Regime (n)	[ʀe'ʒiːm]
conflito (m)	Konflikt (m)	[kɔn'flɪkt]
conspiração (f)	Verschwörung (f)	[fɛɐ'ʃvøːʀʊŋ]
provocação (f)	Provokation (f)	[pʀovoka'tsjoːn]

derrubar (vt)	stürzen (vt)	['ʃtʏɐtsən]
derrube (m), queda (f)	Sturz (m)	[ʃtʊɐts]
revolução (f)	Revolution (f)	[ʀevolu'tsjoːn]

| golpe (m) de Estado | Staatsstreich (m) | ['ʃta:ts͜ʃtʀaɪç] |
| golpe (m) militar | Militärputsch (m) | [mili'tɛ͜e͜putʃ] |

crise (f)	Krise (f)	['kʀi:zə]
recessão (f) económica	Rezession (f)	[ʀetsɛ'sjo:n]
manifestante (m)	Demonstrant (m)	[demɔn'stʀant]
manifestação (f)	Demonstration (f)	[demɔnstʀa'tsjo:n]
lei (f) marcial	Ausnahmezustand (m)	['aʊsna:mə͜tsu:ʃtant]
base (f) militar	Militärbasis (f)	[mili'tɛ͜e͜ba:zɪs]

| estabilidade (f) | Stabilität (f) | [ʃtabili'tɛ:t] |
| estável | stabil | [ʃta'bi:l] |

| exploração (f) | Ausbeutung (f) | ['aʊs͜bɔɪtʊŋ] |
| explorar (vt) | ausbeuten (vt) | ['aʊs͜bɔɪtən] |

racismo (m)	Rassismus (m)	[ʀa'sɪsmʊs]
racista (m)	Rassist (m)	[ʀa'sɪst]
fascismo (m)	Faschismus (m)	[fa'ʃɪsmʊs]
fascista (m)	Faschist (m)	[fa'ʃɪst]

194. Países. Diversos

estrangeiro (m)	Ausländer (m)	['aʊs͜lɛndɐ]
estrangeiro	ausländisch	['aʊs͜lɛndɪʃ]
no estrangeiro	im Ausland	[ɪm 'aʊslant]

emigrante (m)	Auswanderer (m)	['aʊs͜vandəʀɐ]
emigração (f)	Auswanderung (f)	['aʊs͜vandəʀʊŋ]
emigrar (vi)	auswandern (vi)	['aʊs͜vandɐn]

Ocidente (m)	Westen (m)	['vɛstən]
Oriente (m)	Osten (m)	['ɔstən]
Extremo Oriente (m)	Ferner Osten (m)	['fɛʀnɐ 'ɔstən]

civilização (f)	Zivilisation (f)	[tsiviliza'tsjo:n]
humanidade (f)	Menschheit (f)	['mɛnʃhaɪt]
mundo (m)	Welt (f)	[vɛlt]
paz (f)	Frieden (m)	['fʀi:dən]
mundial	Welt-	[vɛlt]

pátria (f)	Heimat (f)	['haɪma:t]
povo (m)	Volk (n)	[fɔlk]
população (f)	Bevölkerung (f)	[bə'fœlkəʀʊŋ]
gente (f)	Leute (pl)	['lɔɪtə]
nação (f)	Nation (f)	[na'tsjo:n]
geração (f)	Generation (f)	[genɐʀa'tsjo:n]

território (m)	Territorium (n)	[tɛʀi'to:ʀiʊm]
região (f)	Region (f)	[ʀe'gjo:n]
estado (m)	Staat (m)	[ʃta:t]

| tradição (f) | Tradition (f) | [tʀadi'tsjo:n] |
| costume (m) | Brauch (m) | [bʀaʊχ] |

ecologia (f)	Ökologie (f)	[ˌøkolo'gi:]
índio (m)	Indianer (m)	[ɪn'dɪaːnɐ]
cigano (m)	Zigeuner (m)	[tsi'gɔɪnɐ]
cigana (f)	Zigeunerin (f)	[tsi'gɔɪnɐʁɪn]
cigano	Zigeuner-	[tsi'gɔɪnɐ]

império (m)	Reich (n)	['ʁaɪç]
colónia (f)	Kolonie (f)	[kolo'ni:]
escravidão (f)	Sklaverei (f)	[sklavə'ʁaɪ]
invasão (f)	Einfall (m)	['aɪnˌfal]
fome (f)	Hunger (m)	['hʊŋɐ]

195. Grupos religiosos mais importantes. Confissões

| religião (f) | Religion (f) | [ʁeli'gjo:n] |
| religioso | religiös | [ʁeli'gɪøːs] |

crença (f)	Glaube (m)	['glaʊbə]
crer (vt)	glauben (vt)	['glaʊbən]
crente (m)	Gläubige (m)	['glɔɪbɪgə]

| ateísmo (m) | Atheismus (m) | [ate'ʔɪsmʊs] |
| ateu (m) | Atheist (m) | [ate'ɪst] |

cristianismo (m)	Christentum (n)	['kʁɪstəntuːm]
cristão (m)	Christ (m)	[kʁɪst]
cristão	christlich	['kʁɪstlɪç]

catolicismo (m)	Katholizismus (m)	['katolizɪsmus]
católico (m)	Katholik (m)	[kato'li:k]
católico	katholisch	[ka'to:lɪʃ]

protestantismo (m)	Protestantismus (m)	[pʁotɛs'tantɪsmʊs]
Igreja (f) Protestante	Protestantische Kirche (f)	[pʁotɛs'tantɪʃə 'kɪʁçə]
protestante (m)	Protestant (m)	[pʁotɛs'tant]

ortodoxia (f)	Orthodoxes Christentum (n)	[ɔʁto'dɔksəs 'kʁɪstəntuːm]
Igreja (f) Ortodoxa	Orthodoxe Kirche (f)	[ɔʁto'dɔksə 'kɪʁçə]
ortodoxo (m)	orthodoxer Christ (m)	[ɔʁto'dɔks]

presbiterianismo (m)	Presbyterianismus (m)	[pʁɛsbyte'ʁɪaːnɪsmʊs]
Igreja (f) Presbiteriana	Presbyterianische Kirche (f)	[pʁɛsbyte'ʁɪaː nɪʃə 'kɪʁçə]
presbiteriano (m)	Presbyterianer (m)	[pʁɛsbyte'ʁɪaːnɐ]

| Igreja (f) Luterana | Lutherische Kirche (f) | ['lʊtəʁɪʃə 'kɪʁçə] |
| luterano (m) | Lutheraner (m) | [lʊtə'ʁaːnɐ] |

| Igreja (f) Batista | Baptismus (m) | [bap'tɪsmʊs] |
| batista (m) | Baptist (m) | [bap'tɪst] |

Igreja (f) Anglicana	Anglikanische Kirche (f)	[aŋgli'kaːnɪʃə 'kɪʁçə]
anglicano (m)	Anglikaner (m)	[aŋgli'kanɐ]
mormonismo (m)	Mormonismus (m)	[mɔʁmoː'nɪsmʊs]
mórmon (m)	Mormone (m)	[mɔʁ'moːnə]

| Judaísmo (m) | Judentum (n) | ['juːdəntuːm] |
| judeu (m) | Jude (m) | ['juːdə] |

| budismo (m) | Buddhismus (m) | [bʊ'dɪsmʊs] |
| budista (m) | Buddhist (m) | [bʊ'dɪst] |

| hinduísmo (m) | Hinduismus (m) | [hɪndu'ʔɪsmʊs] |
| hindu (m) | Hindu (m) | ['hɪndu] |

Islão (m)	Islam (m)	[ɪs'laːm]
muçulmano (m)	Moslem (m)	['mɔslɛm]
muçulmano	moslemisch	[mɔs'leːmɪʃ]

| Xiismo (m) | Schiismus (m) | [ʃi'ɪsmʊs] |
| xiita (m) | Schiit (m) | [ʃi'iːt] |

| sunismo (m) | Sunnismus (m) | [zʊ'nɪsmʊs] |
| sunita (m) | Sunnit (m) | [zʊ'niːt] |

196. Religiões. Padres

| padre (m) | Priester (m) | ['pʀiːstə] |
| Papa (m) | Papst (m) | [papst] |

monge (m)	Mönch (m)	[mœnç]
freira (f)	Nonne (f)	['nɔnə]
pastor (m)	Pfarrer (m)	['pfaʀɐ]

abade (m)	Abt (m)	[apt]
vigário (m)	Vikar (m)	[vi'kaːɐ]
bispo (m)	Bischof (m)	['bɪʃɔf]
cardeal (m)	Kardinal (m)	[ˌkaʀdi'naːl]

pregador (m)	Prediger (m)	['pʀeːdɪgɐ]
sermão (m)	Predigt (f)	['pʀeːdɪçt]
paroquianos (pl)	Gemeinde (f)	[gə'maɪndə]

| crente (m) | Gläubige (m) | ['glɔɪbɪgə] |
| ateu (m) | Atheist (m) | [ate'ɪst] |

197. Fé. Cristianismo. Islão

| Adão | Adam | ['aːdam] |
| Eva | Eva | ['eːva] |

Deus (m)	Gott (m)	[gɔt]
Senhor (m)	Herr (m)	[hɛʀ]
Todo Poderoso (m)	Der Allmächtige	[deːɐ al'mɛçtɪgə]

pecado (m)	Sünde (f)	['zʏndə]
pecar (vi)	sündigen (vi)	['zʏndɪgən]
pecador (m)	Sünder (m)	['zʏndɐ]

pecadora (f)	Sünderin (f)	['zʏndəʀɪn]
inferno (m)	Hölle (f)	['hœlə]
paraíso (m)	Paradies (n)	[paʀa'di:s]

| Jesus | Jesus (m) | ['je:zʊs] |
| Jesus Cristo | Jesus Christus (m) | ['je:zʊs 'kʀɪstʊs] |

Espírito (m) Santo	der Heiliger Geist	[de:ɐ 'haɪlɪgɐ 'gaɪst]
Salvador (m)	der Erlöser	[de:ɐ ɛɐ'lø:zɐ]
Virgem Maria (f)	die Jungfrau Maria	[di 'jʊŋfʀaʊ ma'ʀi:a]

Diabo (m)	Teufel (m)	['tɔɪfl]
diabólico	teuflisch	['tɔɪflɪʃ]
Satanás (m)	Satan (m)	['za:tan]
satânico	satanisch	[za'ta:nɪʃ]

anjo (m)	Engel (m)	['ɛŋəl]
anjo (m) da guarda	Schutzengel (m)	['ʃʊts,ʔɛŋəl]
angélico	Engel(s)-	['ɛŋəls]

apóstolo (m)	Apostel (m)	[a'pɔstəl]
arcanjo (m)	Erzengel (m)	['e:ɐts,ʔɛŋəl]
anticristo (m)	Antichrist (m)	['anti,kʀɪst]

Igreja (f)	Kirche (f)	['kɪʀçə]
Bíblia (f)	Bibel (f)	['bi:bl]
bíblico	biblisch	['bi:blɪʃ]

Velho Testamento (m)	Altes Testament (n)	['altəs tɛsta'mɛnt]
Novo Testamento (m)	Neues Testament (n)	['nɔɪəs tɛsta'mɛnt]
Evangelho (m)	Evangelium (n)	[evaŋ'ge:lɪʊm]
Sagradas Escrituras (f pl)	Heilige Schrift (f)	['haɪlɪgə ʃʀɪft]
Céu (m)	Himmelreich (n)	['hɪməl,ʀaɪç]

mandamento (m)	Gebot (n)	[gə'bo:t]
profeta (m)	Prophet (m)	[pʀo'fe:t]
profecia (f)	Prophezeiung (f)	[pʀofe'tsaɪʊŋ]

Alá	Allah	['ala]
Maomé	Mohammed (m)	['mo:hamɛt]
Corão, Alcorão (m)	Koran (m)	[ko'ʀa:n]

mesquita (f)	Moschee (f)	[mɔ'ʃe:]
mulá (m)	Mullah (m)	['mʊla]
oração (f)	Gebet (n)	[gə'be:t]
rezar, orar (vi)	beten (vi)	['be:tən]

peregrinação (f)	Wallfahrt (f)	['val,fa:ɐt]
peregrino (m)	Pilger (m)	['pɪlgɐ]
Meca (f)	Mekka (n)	['mɛka]

igreja (f)	Kirche (f)	['kɪʀçə]
templo (m)	Tempel (m)	['tɛmpəl]
catedral (f)	Kathedrale (f)	[kate'dʀa:lə]
gótico	gotisch	['go:tɪʃ]
sinagoga (f)	Synagoge (f)	[zyna'go:gə]

mesquita (f)	**Moschee** (f)	[mɔ'ʃeː]
capela (f)	**Kapelle** (f)	[ka'pɛlə]
abadia (f)	**Abtei** (f)	[ap'taɪ]
convento (m)	**Nonnenkloster** (n)	['nɔnən‚kloːstɐ]
mosteiro (m)	**Frauenkloster** (n)	['fʀaʊən‚kloːstɐ]
mosteiro (m)	**Kloster** (n), **Konvent** (m)	['kloːstɐ], [kɔn'vɛnt]

sino (m)	**Glocke** (f)	['glɔkə]
campanário (m)	**Glockenturm** (m)	['glɔkən‚tʊʀm]
repicar (vi)	**läuten** (vi)	['lɔɪtən]

cruz (f)	**Kreuz** (n)	[kʀɔɪts]
cúpula (f)	**Kuppel** (f)	['kʊpl]
ícone (m)	**Ikone** (f)	[i'koːnə]

alma (f)	**Seele** (f)	['zeːlə]
destino (m)	**Schicksal** (n)	['ʃɪk‚zaːl]
mal (m)	**das Böse**	['bøːzə]
bem (m)	**Gute** (n)	['guːtə]

vampiro (m)	**Vampir** (m)	[vam'piːɐ]
bruxa (f)	**Hexe** (f)	['hɛksə]
demónio (m)	**Dämon** (m)	['dɛːmɔn]
espírito (m)	**Geist** (m)	[gaɪst]

redenção (f)	**Sühne** (f)	['zyːnə]
redimir (vt)	**sühnen** (vt)	['zyːnən]

missa (f)	**Gottesdienst** (m)	['gɔtəs‚diːnst]
celebrar a missa	**die Messe lesen**	[di 'mɛsə 'leːzən]
confissão (f)	**Beichte** (f)	['baɪçtə]
confessar-se (vr)	**beichten** (vi)	['baɪçtən]

santo (m)	**Heilige** (m)	['haɪlɪgə]
sagrado	**heilig**	['haɪlɪç]
água (f) benta	**Weihwasser** (n)	['vaɪ‚vasɐ]

ritual (m)	**Ritual** (n)	[ʀi'tuaːl]
ritual	**rituell**	[ʀi'tuɛl]
sacrifício (m)	**Opfer** (n)	['ɔpfɐ]

superstição (f)	**Aberglaube** (m)	['aːbɐ‚glaʊbə]
supersticioso	**abergläubisch**	['aːbɐ‚glɔɪbɪʃ]
vida (f) depois da morte	**Nachleben** (n)	['naːχ‚leːbən]
vida (f) eterna	**ewiges Leben** (n)	['eːvɪgəs 'leːbn]

TEMAS DIVERSOS

198. Várias palavras úteis

ajuda (f)	Hilfe (f)	['hɪlfə]
barreira (f)	Barriere (f)	[ba'ʀɪeːʀə]
base (f)	Basis (f)	['baːzɪs]
categoria (f)	Kategorie (f)	[ˌkatego'ʀiː]
causa (f)	Ursache (f)	['uːɐˌzaχə]
coincidência (f)	Zufall (m)	['tsuːˌfal]
coisa (f)	Ding (n)	[dɪŋ]
começo (m)	Anfang (m)	['anfaŋ]
cómodo (ex. poltrona ~a)	bequem	[bə'kveːm]
comparação (f)	Vergleich (m)	[fɛɐ'glaɪç]
compensação (f)	Kompensation (f)	[kɔmpɛnza'tsjoːn]
crescimento (m)	Wachstum (n)	['vakstuːm]
desenvolvimento (m)	Entwicklung (f)	[ɛnt'vɪklʊŋ]
diferença (f)	Unterschied (m)	['ʊntɐˌʃiːt]
efeito (m)	Effekt (m)	[ɛ'fɛkt]
elemento (m)	Element (n)	[ele'mɛnt]
equilíbrio (m)	Bilanz (f)	[bi'lants]
erro (m)	Fehler (m)	['feːlɐ]
esforço (m)	Anstrengung (f)	['anʃtʀɛŋʊŋ]
estilo (m)	Stil (m)	[ʃtiːl]
exemplo (m)	Beispiel (n)	['baɪʃpiːl]
facto (m)	Tatsache (f)	['taːtˌzaχə]
fim (m)	Ende (n)	['ɛndə]
forma (f)	Form (f)	[fɔʀm]
frequente	häufig	['hɔɪfɪç]
fundo (ex. ~ verde)	Hintergrund (m)	['hɪntɐˌgʀʊnt]
género (tipo)	Art (f)	[aːɐt]
grau (m)	Grad (m)	[gʀaːt]
ideal (m)	Ideal (n)	[ide'aːl]
labirinto (m)	Labyrinth (n)	[laby'ʀɪnt]
modo (m)	Weise (f)	['vaɪzə]
momento (m)	Moment (m)	[mo'mɛnt]
objeto (m)	Gegenstand (m)	['geːgənʃtant]
obstáculo (m)	Hindernis (n)	['hɪndɛnɪs]
original (m)	Original (n)	[oʀigi'naːl]
padrão	Standard-	['standaʁt]
padrão (m)	Standard (m)	['standaʁt]
paragem (pausa)	Halt (m)	[halt]
parte (f)	Anteil (m)	['anˌtaɪl]

partícula (f)	**Teilchen** (n)	['taɪlçən]
pausa (f)	**Pause** (f)	['pauzə]
posição (f)	**Position** (f)	[pozi'tsjo:n]
princípio (m)	**Prinzip** (n)	[pʀɪn'tsi:p]
problema (m)	**Problem** (n)	[pʀo'ble:m]
processo (m)	**Prozess** (m)	[pʀo'tsɛs]
progresso (m)	**Fortschritt** (m)	['foʀtʃʀɪt]
propriedade (f)	**Eigenschaft** (f)	['aɪgənʃaft]
reação (f)	**Reaktion** (f)	[ˌʀeak'tsjo:n]
risco (m)	**Risiko** (n)	['ʀi:ziko]
ritmo (m)	**Tempo** (n)	['tɛmpo]
segredo (m)	**Geheimnis** (n)	[gə'haɪmnɪs]
série (f)	**Serie** (f)	['ze:ʀiə]
sistema (m)	**System** (n)	[zʏs'te:m]
situação (f)	**Situation** (f)	[zitua'tsjo:n]
solução (f)	**Lösung** (f)	['lø:zʊŋ]
tabela (f)	**Tabelle** (f)	[ta'bɛlə]
termo (ex. ~ técnico)	**Fachwort** (n)	['faχˌvɔʀt]
tipo (m)	**Typ** (m)	[ty:p]
urgente	**dringend**	['dʀɪŋənt]
urgentemente	**dringend**	['dʀɪŋənt]
utilidade (f)	**Nutzen** (m)	['nʊtsən]
variante (f)	**Variante** (f)	[va'ʀɪantə]
variedade (f)	**Auswahl** (f)	['ausvaːl]
verdade (f)	**Wahrheit** (f)	['va:ɐhaɪt]
vez (f)	**Reihe** (f)	['ʀaɪə]
zona (f)	**Zone** (f)	['tso:nə]